AF139404

www.tredition.de

© 2016 Sascha Mané

Verlag: tredition GmbH, Hamburg

ISBN
Paperback: 978-3-7323-6565-4
Hardcover: 978-3-7323-6566-1
e-Book: 978-3-7323-6567-8

Printed in Germany

Sascha Mané

Evolution des Krieges

vom Krieg zum Terrorismus

Inhaltsverzeichnis

Geschichte des Krieges

Die Antike

Aus dem alten Ägypten, stammen die ältesten Berichte über Kriegsführung und Schlachten. Die Schlacht um Kadesh beispielsweise, in der Ramses der II gegen die Hethiter ein Patt errang und diesen in Ägypten als Sieg verkaufte. Sie fand im Jahre 1300 v. Chr. Statt und gilt als die früheste, vom Ablauf rekonstruierbare Schlacht. Auf beiden Seiten wurden Infanterie und Streitwagen eingesetzt. Oftmals wurden aus offenen Feldschlachten, erbitterte Belagerungen. Mit den „Seevölkern", den Phöniziern und Griechen, kamen zu den bekannten Landschlachten nun auch die Seekrieg dazu. So schlug 480 v. Chr., die griechische Flotte bei Salamis die zahlenmäßig weit stärkere persische Flotte und stoppten damit die persischen Hegemonialbestrebungen in Griechenland.

Alexander der Große

Als größten Feldherren aller Zeiten, kann man getrost Alexander den Großen bezeichnen, der mit seiner äußerst disziplinierten Armee Eroberungsfeldzüge innerhalb kürzester Zeit durchführte und damit als Erfinder des Blitzkrieges gelten kann. Alexander der Große bzw. Alexander III. von Makedonien (* 20. Juli 356 v. Chr. in Pella; † 10. Juni 323 v. Chr., in Babylon) war von 336 v. Chr. bis zu seinem Tod König von Makedonien und Hegemon des Korinthischen Bundes. Phillip II., der Vater Alexanders, errichtete in Makedonien sein Königreich unter Einbeziehung mehrerer griechischer Städte, aus dem vormals belanglosen Kleinstaat. Alexander erweiterte dieses Territorium durch den sogenannten Alexanderzug und die Eroberung des Archämenidenreiches bis nach Indien. Nach seinem siegreichen Ägyptenfeldzug, wurde er dort zum Pharao gekrönt. Die Hafenstadt Alexandria wurde nach ihm benannt.

Durch seine großen militärischen Erfolge wurde das Leben Alexanders ein beliebtes Motiv in Literatur und Kunst, von Makedonien bis Baktrien. Mit Alexander dem Großen begann das Zeitalter des Hellenismus, während dieser Zeit verbreitete sich die griechische Kultur über das Weltreich Alexanders. Die hellenistische Zivilisation, die Alexander in seinem Reich manifestierte, überstand den politischen Zusammenbruch des Weltreiches und seiner Nachfolgestaaten und assimilierte sich allmählich in die großen Zivilisationen Roms und Byzanz'.

„Si fractus inlabatur orbis inpavidum ferient ruinae.

Wenn über ihm der Weltkreis einbräche,

träfen die Trümmer ihn unerschrocken."

Horaz

Das römisches Reich

Die römische Zivilisation begünstigte die Entwicklung eines straff organisierten, disziplinierten Heeres, welches rasch zu einer Militärmacht heranwuchs. Als wichtigstes Heereskontingent galten die Fußsoldaten. Eine römische Legion (lat. *legio*, von *legere* „lesen" im Sinne von: „auslesen", „auswählen") war ein selbstständig operierender Armeeverband. Die aus ca. 3.000 bis 6.000 Legionären bestehende Legion wurde meist unterstützt von schwerer Infanterie und einer Abteilung Legions Reiterei. Die Legionen operierten meistens zusammen mit nicht römischen Bündnistruppen aus Infanteristen, Berittenen, Bogenschützen und Schleuderern in etwa gleicher Zahl. Sie waren zwar formal nicht Teil der Legion, wurden aber durch diese im Einsatz geführt und unterstützten diese unmittelbar mit ihren spezialisierten Fähigkeiten.

Der Erfolg der römischen Legionen resultierte neben der überlegenen Ausrüstung, der intensiven Ausbildung und der Disziplin im Gefecht, aber hauptsächlich aus ihrer taktischen Flexibilität und der Fähigkeit, sich gegen Guerilla Taktiken zur Wehr zu setzen. Sie bildete damit einen wesentlichen Faktor für die Expansion des römischen Reiches.Nachdem die Römer im ersten punischen Krieg nur knapp der Niederlage entkamen, lernten sie im zweiten soviel dazu, dass sie im dritten punischen Krieg, mittels ihrer Marine, in der Lage waren Karthago total zu zerstören. Aus diesen letzten beiden Kriegen stammen auch die frühesten Aufzeichnungen über Entervorgänge die römische Legionen, mithilfe von sog. Enterbrücken (Corvi), auf gegnerische Schiffe ausübten. Bereits das ägyptische Heer bestand zum großen Teil aus Fremdenlegionären. Auch das römische Heer bestand, in der Kaiserzeit nach Cäsar, zu einem erheblichen Teil aus Bündnistruppen. Einer dieser nicht Römer, Arminius der Cherusker (17 v. Chr. - 21 n. Chr.), schlug bei Kalkriese bzw. im Teutoburger Wald, drei römische Legionen unter der Führung des Publius Quintilius Varus, unter Mithilfe der vereinigten lokalen germanischen Stämme. Arminius gelang es, den römischen Legionen ein Territorium aufzuzwingen, das den Germanen erlaubte, durch guerillataktische Schockangriffe, die Oberhand zu gewinnen.

„Pax Optima Rerum
Der Friede ist das beste der Dinge."

Silius Italicus

Das Mittelalter

Das Geschlecht der Karolinger, das sich auf Karl Martell „den Hammer" aus dem Geschlecht der Arnulfinger beruft, gehörte wie verschiedene andere Familiengeschlechter zum Frankenreich. Die fränkische Königskrone beanspruchte bis ins 8. Jahrhundert das Geschlecht der Merowinger.

Unter der merowingischen Dynastie versahen die Karolinger das Amt des "Hausmeiers", des ersten Mannes im Staat. Pippin der Mittlere, der die militärische Befehlsgewalt und die finanziellen Befugnisse an sich gerissen hatte, brachte in seiner Stellung als Hausmeier das fränkische Reich immer stärker unter seine Kontrolle. Im Jahr 751 n. Chr. schickte er den letzten Merowingerkönig Childerich ins Kloster und krönte sich selbst zum fränkischen König. Nach dem Tode Pippins teilte sich sein Sohn Karl zunächst die Herrschaft mit seinem Bruder Karlmann. Als auch dieser 771 stirbt, wurde Karl der Große zum alleinigen Herrscher der Franken. Um sein Reich an den Grenzen zu festigen, führte Karl jahrelang einen Mehrfrontenkrieg. So kämpfte er auf der Seite von Papst Hadrian I. gegen die Langobarden und besiegte deren letzten König Desiderius. An der Westgrenze gelang es Karl nach mehrmaligen Feldzügen über die Pyrenäen, die dort ansässigen Mauren zu schlagen. Am längsten dauerte sein Krieg gegen die Sachsen, die sich vehement der Christianisierung widersetzten. Am Anfang der Sachsenkriege stand die Zerstörung der Irminsul im Jahr 772. In diesem heidnischen Baumheiligtum vermuteten die Sachsen die Weltenesche Yggdrasil aus der Edda (germanische Göttersage). Karl sah sich in den folgenden Jahren einem Gegner gegenüber, der einen Guerillakrieg gegen seine Truppen führte. In kleinen Trupps verschanzten sich die Sachsen immer wieder in den Sümpfen und Wäldern Norddeutschlands und überfielen die übermächtigen Franken aus dem Hinterhalt. Immer wieder drangen Karls Truppen auf sächsisches Gebiet vor und gründeten Ansiedlungen wie die Karlsburg, das heutige Paderborn. Durch die Entvölkerung großer Gebiete wurden viele Sachsen, vor allem aus den Führungsschichten der Stammesgesellschaften, in das fränkische Reich deportiert. Durch diese Massaker und die Umsiedlungsaktionen, gelang es Karl schließlich die Sachsenstämme, nach einem letzten Aufstand im Jahr 804 zu schlagen. Während der Krieg, Karls des Großen gegen die Sachsen, noch in vielen, kurzen Feldzügen ablief, änderte sich die Kriegsführung mit den Kreuzzügen grundlegend.

Da die Techniken des Festungsbaus immer fortschrittlicher wurden, dauerten die Kriege im Mittelalter viel länger und benötigten wesentlich mehr Material zur Erstürmung von Festungen, d.h. Die Armeen wurden größer und symmetrisch dazu wuchs der Materialtross einer Armee. Bestimmender Faktor waren nun die gewaltigen Ritterheere, die unterstützt von Bogenschützen und Fußsoldaten in die Schlacht geworfen wurden. Die Zivilbevölkerung war die Leidtragende, da die riesigen Heere in der Regel aus dem Land ernährt wurden, während die Bevölkerung Mangel litt.

„Der waffenlose Sieg des Mönches Gregor VII. Über Heinrich IV. Hat mehr Anrecht auf die Bewunderung der Welt, als alle Siege eines Alexanders, Cäsars oder Napoleons. Die Schlachten, welche die Päpste des Mittelalters schlugen, wurden nicht durch Eisen und Blei, sondern durch moralische Macht erkämpft und die Anwendung so feiner und geistiger Mittel ist es, welche das Mittelalter weit über unsere Zeit erhebt. Ein Napoleon erscheint einem Gregor gegenüber nur als Barbar."

Ferdinand Gregorovius

Die Kreuzzüge

Die Heilige Stadt Jerusalem war das Ziel der meisten Kreuzritter, die sich zwischen dem 11. und 13. Jahrhundert auf den Weg in den Nahen Osten machten. Ihr Vorhaben, Jerusalem für die Christenheit zu erobern, war selten von Erfolg gekrönt. Die meisten Kreuzritterheere verwüsteten zwar weite Landstriche und zogen marodierend umher, doch die heilige Stadt bekamen sie nie zu Gesicht. Durch die Kreuzzüge begann ein fruchtbarer Austausch mit der orientalischen Kultur.

Als am 8. Juni 632 ein Mann namens Mohammed in den Armen seiner Frau Aisha stirbt, weiß die Welt noch nicht, was für eine kraftvolle Bewegung sich in den kommenden Jahrhunderten von der Arabischen Halbinsel aus verbreiten wird. In kurzer Zeit erobert der Islam große Teile des Nahen Ostens und Nordafrikas. Bis 643 n. Chr. hat der islamische Glaube durch die Expansionspolitik Kalif Omar Ibn al-Chattabunters, Damaskus (im heutigen Syrien), Jerusalem, Mesopotamien, Ägypten und Teile Persiens unter seine Kontrolle gebracht. Ab 711 n. Chr. gründeten Muslime auf der Iberischen Halbinsel unter Kalif Al-Walid ein Emirat (al Andalus) und dringen bis nach Südfrankreich vor. Nur ein Jahrhundert nach dem Tod des Propheten Mohammed erstreckt sich der arabische Einfluss vom Atlantik im Westen bis ins heutige Pakistan im Osten. „Gott will es" mit diesen Worten ruft Papst Urban II. Zum heiligen Krieg auf. Jerusalem ist für die Christen des Mittelalters neben Santiago de Compostela eine der bedeutendsten Wallfahrtsstätten. Als 1096 n. Chr. eine Armee aus französischen, lothringischen und normannischen Rittern zum eigentlichen ersten Kreuzzug aufbricht und mit Zwischenhalt in Konstantinopel, 1099 n. Chr. Jerusalem erreicht und einnimmt, folgt ein Blutbad. Zahlreiche muslimische, jüdische und sogar christliche Bewohner, darunter viele Kinder und Frauen, werden von den Kreuzrittern niedergemetzelt. Mit Edessa, Antiochia und Tripolis entstehen drei weitere Kreuzfahrerstaaten. Edessa wird im Jahr 1144 n. Chr. von einem muslimischen Heer erobert. Jetzt ruft Papst Eugen III. zum zweiten Kreuzzug auf, doch der Feldzug ist schlecht geplant und endet 1149 n. Chr. Edessa bleibt unerobert. Jerusalem wollen die Muslime den Kreuzfahrern unter keinen Umständen kampflos überlassen. Dem legendären Sultan Saladin, gelingt es 1187 n. Chr., die Heilige Stadt unter seine Herrschaft zu bringen. Daraufhin ruft Papst Gregor VIII. zum dritten Kreuzzug auf – dem folgen unter anderem Kaiser Friedrich Barbarossa, König Philipp II. von Frankreich und der englische Herrscher Richard Löwenherz. Doch keinem von ihnen war Erfolg beschieden. Barbarossa erlag einem Sturz von seinem Pferd, Philipp der II. war durch seinen Krieg mit Johann von England verhindert und Richard Löwenherz erreichte lediglich einen Waffenstillstand mit Sultan Saladin. Bis zum Jahr 1270 n. Chr. werden vier weitere Kreuzzüge organisiert.

Doch einzig Kaiser Friedrich II. gelingt es während des fünften Kreuzzugs noch einmal, Jerusalem für die Christen zu gewinnen. Allerdings erreichte Friedrich II. sein Ziel allein durch die Hilfe der Diplomatie. In einem Friedensvertrag mit dem ägyptischen Sultan al-Kamil werden den Christen 1229 n. Chr. große Teile Jerusalems für zehn Jahre zugesprochen. Ihre Feldzüge haben die Kreuzfahrer zwar nicht an ihr Ziel gebracht, aber durch den Kontakt mit der islamischen Kultur, wurde der westlichen Zivilisation in ihrer Geisteswelt, im medizinischen Denken, in der Mathematik und in den kulinarischen Künsten, ein enormer Dienst erwiesen.

„Caedite eos; novit enim Dominus qui sunt eius!"
„Tötet sie Alle, denn der Herr kennet die Seinen!"

Arnold von Citeaux
(Erzbischof von Narbonne)

Der hundertjährige Krieg

Der hundertjährige Krieg war ein sog. Thronfolgekrieg zwischen Frankreich und England. Das Thronerbe Karls des IV., wurde von gleich zwei Kandidaten beansprucht. Philipp VI. von Valois aus Frankreich und Eduard III. aus England. Diese Auseinandersetzung, die mit diversen Unterbrechungen über hundert Jahre dauerte, bekamen in der Geschichte die Bezeichnung "Hundertjähriger Krieg". Frankreich stand vor einer Zerreißprobe. Nach den Niederlagen der französischen Armee verschlechterte sich die Situation zusehends. Mehrere Aufstände und interne Kämpfe zwischen dem Haus von Orléans und den Burgundern schwächten die französische Position und erlaubte den Engländern, große Teile Frankreichs zu besetzen. Der Anwärter auf den Thron aus dem Hause Valois konnte sich nur im Süden behaupten. Das Wunder welches die Franzosen brauchten, kam in Gestalt der Jeanne D'Arc. Das Erscheinen der Jungfrau von Orléans änderte die Situation umgehend. Dem jungen Mädchen aus dem lothringischen Dorf Domrémy gelang es, die nationalen Gefühle und die verlorene Hoffnung im Volk zu erwecken. Durch Jeanne D'Arc ermutigt, kämpfte sich die französische Armee von Sieg zu Sieg. 1429 n. Chr. wurde Karl VII. Aus dem Hause Valois, in Reims feierlich gekrönt. 1436 wurde Paris eingenommen; 1453 verloren die Engländer (mit Ausnahme von Calais) das bis 1558 noch besetzt blieb) alle französischen Gebiete. Der Hundertjährige Krieg dauerte offiziell 114 Jahre.

„Meine Worte und Werke habe ich
auf Gottes Geheiß vollbracht. Ich lege
sie niemandem zur Last: weder dem König
noch einem anderen; und wenn daran ein
Falsch ist, so fällt es auf mich und niemand
anderen zurück. "

Jeanne d'Arc

Der dreißigjährige Krieg

Während im ausgehenden Mittelalter die Kreuzzüge die Ära der Religionskriege einläuteten, wurden sie in Deutschland und Europa mit dem dreißigjährigen Krieg besonders verheerend fortgeführt. Gustav II.Adolf (08*19.12.1594 + 06.11.1632) „der Löwe aus Mitternacht", sicherte die Existenz des Protestantismus in Europa und verhinderte den Sieg der Habsburger unter ihrem Feldherren Albrecht Wenzel Eusebius Wallenstein (*24.09.1583 +25.02.1634). Ganz Mitteleuropa wurde von marodierenden Söldnertruppen durchstreift, die die Bevölkerung drangsalierten, ausplünderten und abschlachteten. Durch Brandschatzung und grauenvolle Pogrome, wurde die Bevölkerung in manchen Landstrichen um bis zu 50 Prozent dezimiert.

Dies war die Zeit der Musketiere und Landsknechte und mit ihnen gewannen die frühen Schusswaffen an Beachtung.

„Der Krieg ernährt den Krieg. Gehen Bauern drauf,
Ei, so gewinnt der Kaiser mehr Soldaten."

Friedrich Schiller

Das 18. Jahrhundert

Dies ist das Jahrhundert der stehenden Heere. Vor Allem Preußen, England und Frankreich unterhielten große, straff organisierte Heere, die durch intensiven Formal Dienst zu präzisen Schlachtaufstellungen und taktischen Manövern fähig waren. Unmenschlicher Drill, sorgte für absoluten Gehorsam. Eine gezielte Logistik, versorgte die Heere mit Nahrungsmitteln und Munition. Häufig wurden Seewege blockiert, um an Landkriegen beteiligte Nationen zu schwächen. Ein typischer Vertreter des straff organisierten Heeres, war die napoleonische Armee Frankreichs.

Napoleon Bonaparte

Geboren wurde Napoleon Bonaparte am 15. August 1769. Sein Geburtsort liegt auf Korsika, in der Stadt Ajaccio. Seine Eltern waren Carlo Buonaparte und Lätitia Ramolina. Napoleon hatte zwölf Geschwister, wovon allerdings nur acht überlebten. Napoleons Muttersprache war italienisch. Der spätere Kaiser von Frankreich lernte erst mit neun Jahren französisch, im College in Autun. Die Militärschulen in Brienne und Paris ermöglichten dem jungen Bonaparte zwischen 1779 und 1785 eine Ausbildung die er am 28. Oktober 1785 als Secondeleutnant der Artillerie (ein verhältnismäßig niedriger Dienstrang) bestand.

Obwohl seine Eltern von adligem Stand waren und sein Vater Rechtsanwalt war, wurde er doch von seinen Kameraden als schlecht ausgebildeter Inselbewohner wahrgenommen. Obwohl Napoleon Angehöriger des französischen Militärs war, förderte er die Unabhängigkeit von Korsika. Am 11. Juni 1793 musste er deswegen Korsika verlassen. Am 19. Februar 1797 unterzeichnete Napoleon, zu dem Zeitpunkt noch General, eigenmächtig einen Friedensvertrag mit dem Papst. Dem folgte am 9. November 1799,der Staatsstreich. Napoleon und seine Getreuen erreichen die Auflösung des Direktoriums und die Ernennung Bonapartes zum Konsul für zehn Jahre. Am 2. August 1802 wurde Bonaparte zum Konsul auf Lebenszeit ernannt.

1.Koalitionskrieg (1792-97)   Frankreich - Österreich

Der Frieden von Campoformio von 1797 beendet den Waffengang Frankreichs mit Österreich. Österreich muss darin der Abtretung des linken Rheinufers zustimmen. und Belgien und Mailand mit Frankreich gegen Venetien tauschen. Danach baut Napoleon das französische Satellitensystem durch Tochterrepubliken aus.

2.Koalitionskrieg (1799 - 1802)   Frankreich – Österreich, Portugal, Neapel, Russland, Osmanisches Reich und England

Im Frieden von Luneville 1801 muss Österreich erneut die Bedingungen des Friedens von Campioformio anerkennen. Auf den Friedensschluss mit Portugal, Neapel, Russland und mit dem Osmanischen Reich, folgt 1802 der Friede von Amiens mit England. England verzichtet darin auf alle kolonialen Eroberungen außer Ceylon und Trinidad, im Tausch gegen die Aufgabe Ägyptens durch Frankreich. 1802 beginnt Napoleon mit der Neuordnung Italiens. Frankreich bricht den Baseler Frieden, durch die Besetzung Hannovers und bereitet ab 1804 die Invasion Englands von Boulogne aus vor.

3.Koalitionskrieg (1805)   Frankreich – Russland, Österreich

In der Dreikaiserschlacht von Austerlitz, siegt Napoleon 1805 über Österreicher und Russen. Im Dezember 1805 wurde der Vertrag von Schönbrunn unterzeichnet, indem Preußen im Tausch gegen Kleve, Neuenburg, Ansbach und Bayreuth das Kurfürstentum Hannover erhält und sich durch ein Beistandsbündnis in das Napoleonische System eingliedert. Der Frieden von Preßburg Ende Dezember 1805 verpflichtet Österreich zur Rückgabe Venetiens und Dalmatiens an die Republik Italien; Tirols, Vorarlbergs und Lindaus an Bayern und des Breisgaus und Konstanz' an Baden und Württemberg dafür erhält es Salzburg. Außerdem erklärt Bonaparte die bourbonische Dynastie in Neapel für abgesetzt.

4.Koalitionskrieg (1806-1807)   Frankreich – Preußen, Sachsen

Napoleon besiegt Preußen in der Doppelschlacht von Jena und Auerstedt 1806, daraufhin löst sich Sachsen aus dem Bündnis mit Preußen, schließt mit Frankreich den Frieden von Posen und tritt dem von Napoleon gegründeten Rheinbund bei. 1806 verkündet Napoleon die Kontinentalsperre gegen Großbritannien und schließt 1807 den Frieden zu Tilsit zwischen Frankreich und Russland. Der Preußische Staat wird beschränkt auf die Gebiete östlich der Elbe, das Königreich Westfalen und das Großherzogtum Warschau entstehen neu, während Russland sich mit Frankreich zu einem Bündnis der Kontinentalsperre gegen England anschließt. Europa wird in eine französische und russische Interessensphäre geteilt.

5.Koalitionskrieg (1809)   Frankreich - Österreich

Im Frieden von Schönbrunn muss Österreich an Bayern, Salzburg, das Innviertel und Nordtirol abtreten, an Italien Südtirol, an Frankreich die Illyrische Provinz, an Warschau Westgalizien und Krakau, an Russland Tarnopol. Am 11. 8. 1813 schloss sich Österreich den verbündeten Russen, Preußen und Schweden an.

Unter dem Oberbefehl von Karl Fürst zu Schwarzenberg wurde Napoleon von 16. 10. 1813 – 18.10.1813 in der Völkerschlacht bei Leipzig entscheidend geschlagen. Die verbündeten Heere rückten in Frankreich ein, Napoleon wurde zur Abdankung gezwungen und der Wiener Kongress zur Neuordnung Europas einberufen. In Zusammenhang mit den Napoleonischen Kriegen standen die Bildung des Kaisertums Österreich und die Auflösung des Heiligen Römischen Reichs deutscher Nation. Napoleon starb am 5. Mai 1821 auf Sankt Helena.

„Je stärker wir sind, desto
Unwahrscheinlicher ist der Krieg.“

Otto von Bismarck

Der erste Weltkrieg

Der erste Weltkrieg begann im Sommer 1914 und hielt bis in den November des Jahres 1918 an. Er ist das Resultat langjähriger Spannungen zwischen den europäischen Großmächten. Er endete mit der Niederlage der Mittelmächte und kostete rund 17 Millionen Menschen das Leben. Im 1. WK stehen sich die Triple Entente und die Mittelmächte gegenüber. Die Triple Entente ist ein Militärbündnis, das zwischen Frankreich, England und Russland bestand. Diese entwickelte sich aus der Entente cordiale (herzliches Einverständnis), die ein Bündnis zwischen England und Frankreich war. Es ging neben kolonialen Fragen auch darum die Macht des dt. Reiches einzuschränken, das mit dem Programm des "Neuen Kurses" unter Wilhelm II. eine Weltmachtpolitik anstrebte. Vor allem durch das Flottenbauprogramm sah das Vereinigte Königreich seine Rolle als Seemacht gefährdet. Später im Jahre 1917 trat auch die USA auf Seiten der Entente in den Krieg ein. Die Mittelmächte bestanden aus dem dt. Reich und Österreich-Ungarn.

Die deutsche Regierung hatte es seit Jahrzehnten versäumt sich den Mächten von Russland und England anzunähern. An eine Annäherung an Frankreich war, durch die antifranzösische Politik aus der Ära Bismarck und der Idee der Erbfeindschaft bedingt, nicht zu denken. So blieb dem dt. Reich nur noch Österreich-Ungarn als Bündnispartner, doch gerade dieses sah sich in den explosiven Balkankonflikt verstrickt. Dort versuchte die KuK-Monarchie seine Machtstellung auszudehnen. Dies rief harten Widerstand unter serbischen Nationalisten hervor. Doch auch Russland stellte Ansprüche an den Raum in Balkan, u.a um sich einen strategisch wichtigen Zugang zur Adria zu verschaffen. Wesentlich ist auch die Ideologie des Panslawismus, der ein vereinigtes Reich aller slawischen Völker vorsah. In der sogenannten Julikrise entluden sich die Konflikte. Ende Juni des Jahres 1914 stirbt der österreichische Thronfolger Franz Ferdinand in einem Attentat serbischer Nationalisten. Daraufhin kommt es zur Mobilmachung sowohl österreichischer, als auch russischer Kräfte und, nach einigen missglückten Versuchen der dt. Regierung den kommenden Krieg noch zu verhindern, erklärte am 1. August die dt. Reichsregierung Russland und wenige Tage später Frankreich den Krieg. Im Rahmen des Schlieffenplans versucht das deutsche Militär die französische Armee über einen Einmarsch von der belgischen Grenze aus möglichst schnell zu überfallen und ganz Frankreich zu besetzen, um sich dann in einem zweiten Zug gegen Russland zu werfen. Ein Einmarsch in Belgien rief allerdings England auf den Plan, denn Belgien galt als neutral, wodurch sich England zum Kriegsbeitritt gezwungen sah. Die anfänglichen Erfolge der deutschen Armee kamen schnell zum Erliegen; es folgte ein Stellungskrieg, der sich an einer 700km langen Front von der belgischen Küste bis an die Grenzen von Schweiz abspielte. Im Osten wurden die deutschen Streitkräfte von der russischen Armee sogar weit zurückgedrängt. In der folgenden Zeit gab es kaum Fortschritte. Der Krieg war für alle Nationen höchst kostspielig und stellte eine hohe Belastung für die Bevölkerungen dar. Infolge kam es in Deutschland im Steckrübenwinter von 1916/17 zu Hungersnöten. In Russland löste die schlechte Versorgungssituation und die damit verbundene Unzufriedenheit eine liberale Revolution aus, die den Zaren zur Abdankung zwang; doch auch diese Regierung hielt am Krieg fest und kümmerte sich nicht um die Bedürfnisse des Volkes.

In Folge gelang es Lenin mit Hilfe der Obersten Heeres-Leitung aus seinem schweizerischen Exil zurück zu kehren und die kriegsmüde Bevölkerung für sich zu gewinnen. In der folgenden Novemberrevolution übernehmen die Bolschewiken die Macht und nehmen im Frieden von Brest-Litowsk auch schlechte Bedingungen für einen Frieden in Kauf. Doch der Erfolg der Deutschen im Osten lässt sich im Westen nicht fortsetzen. Im Gegenteil als die USA, als Reaktion auf den deutschen, völkerrechtswidrigen U-Boot-Krieg, in den Krieg beitreten, ist die Situation aussichtslos. In der Frühjahrsoffensive von 1918 versucht die OHL ein letztes Mal eine Entscheidung herbeizuführen, doch auch dieser Versuch scheitert. Im weiteren Verlauf gelang die Aussicht über den verlorenen Krieg allmählich auch in die Bevölkerung und der Matrosenaufstand, in dem sich einige Seestreitkräfte weigerten als "Kanonenfutter" zu enden, kann als Auslöser für die folgende Novemberrevolution gesehen werden, in der die etablierten Mächte gestürzt werden und durch die provisorische Regierung der SPD ersetzt wird. Diese prov. Regierung handelt letztendlich einen Frieden mit der Entente aus. Deutschland musste sich der Niederlage stellen. Die Bedingungen für diesen Frieden werden in Versailles ausgehandelt. Mit diesem Vertrag musste das dt. Reich u.a die alleinige Kriegsschuld, hohe Reparationszahlungen und viele Gebietsabtretungen akzeptieren.

„Die Neigung, sich für fremde Nationalitäten und Nationalbestrebungen zu begeistern, auch dann, wenn dieselben nur auf Kosten des eigenen Vaterlandes verwirklicht werden können, ist eine politische Krankheitsform, deren geographische Verbreitung leider auf Deutschland beschränkt ist."

Otto von Bismarck

Der zweite Weltkrieg

Weit mehr als im Ersten Weltkrieg wurden Kriegsführung und Kriegs-verlauf im Zweiten Weltkrieg durch den Einsatz hochentwickelter Kriegstechnik bestimmt. Deshalb möchte ich hier einmal detailiert, auf den Verlauf des Krieges und die zu seiner Führung benötigte Technik eingehen. Die raumgreifende Mobilität von Kraftfahrzeugen und Pan-zern verlieh den Kampfhandlungen einen ausgeprägten Bewegungscha-rakter. Den deutschen Feldzügen zu Kriegsbeginn lag das von der Wehr-macht entwickelte Konzept des überfallartigen "Blitzkriegs" zugrunde. Angesichts der für einen langen Stellungskrieg unzureichenden Ressour-cen sollte der Gegner durch massiven Einsatz von Heer und Luftwaffe in gewaltigen Umfassungsschlachten innerhalb kürzester Zeit besiegt werden. Vor allem die Flächenbombardements der Luftstreitkräfte for-derten enorme Verluste in der Zivilbevölkerung. Der Krieg hatte von Anfang an einen globalen Charakter. Seit September 1939 befanden sich die Commonwealth-Mitglieder Australien, Neuseeland, Kanada und Südafrika sowie Indien im Krieg gegen Deutschland. Während das Deut-sche Reich eine hegemoniale Großmachtstellung in Europa anstrebte, verfolgte das mit Deutschland befreundete Japan ähnliche Ziele im Fer-nen Osten.

1939

Nach fingierten Grenzzwischenfällen begann am 1. September 1939 der deutsche Überfall auf Polen. In zwei Angriffskeilen stießen die Heeres-gruppen Nord und Süd in einer umfassenden Zangenbewegung konzent-risch Richtung Warschau vor. Mit der geballten Kraft der technisch hochgerüsteten Wehrmacht wurde die polnische Armee bis zum 6. Ok-tober vernichtend geschlagen. Die Wehrmacht führte den Krieg in Polen vom ersten Tag an mit grausamer Härte. Bereits auf dem Vormarsch er-mordeten deutsche Truppen, aber auch spezielle "Einsatzgruppen" der Polizei und der SS eine große Zahl polnischer Zivilisten und Kriegsge-fangener.

Als Vorwand für diese Morde dienten der Wehrmacht und den paramilitärischen Verbänden angebliche Partisanenüberfälle, Morde sowie Gewalttaten von Polen an deutschen Zivilisten. Gemäß einem Geheimen Zusatzprotokoll des "Hitler-Stalin-Pakts" war die Rote Armee am 17. September in Ostpolen einmarschiert. Am 28. September unterzeichnete Reichsaußenminister Joachim von Ribbentrop in Moskau den deutsch-sowjetischen Grenz- und Freundschaftsvertrag, der die deutsche Interessensphäre nach Osten bis zum Bug verschob. Etwa die Hälfte des von der Wehrmacht besetzten polnischen Gebiets wurde dem Deutschen Reich als Reichsgaue "Danzig-Westpreußen" und "Wartheland" eingegliedert. "Restpolen" stand als "Generalgouvernement" fortan unter der Schreckensherrschaft eines von Hans Frank geführten Besatzungsregimes. Zwei Tage nach Beginn des Angriffs auf Polen erfolgten die Kriegserklärungen Frankreichs und Großbritanniens an das Deutsche Reich. In Überschätzung der militärischen Stärke der Wehrmacht unterließen sie jedoch einen Angriff. Frankreich war ganz auf seine Defensivtaktik hinter der Maginot-Linie eingestellt, wo während des "Sitzkrieges" von September 1939 bis Mai 1940 über 20 Divisionen untätig in Bunkern ausharrten. Die Regierungen in Paris und London setzten ganz auf den Erfolg einer umfassenden Wirtschaftsblockade gegen Deutschland. In der Nordsee sollte die britische Royal Navy den Handel neutraler Staaten mit Deutschland verhindern. Der Seekrieg brachte in den ersten Kriegstagen aber vor allem Erfolge der zahlenmäßig unterlegenen deutschen Kriegsmarine.

1940

Der Krieg weitete sich 1940 auf Nord- und Westeuropa aus. Unabhängig von dem britischen Vorhaben, zur Durchsetzung der Wirtschaftsblockade Norwegen zu besetzen, plante auch das Oberkommando der Wehrmacht (OKW) seit Kriegsbeginn aus rüstungswirtschaftlichen und militärstrategischen Aspekten die Besetzung Norwegens. Aus Furcht vor einem Festsetzen der Alliierten in Skandinavien und einer Front im Norden des Reiches begann am 9. April die Landung von sieben deutschen Divisionen entlang der norwegischen Küste.

Die Wehrmacht kam der bevorstehenden britischen Norwegenaktion dabei nur um wenige Stunden zuvor. Zur Sicherung der Nachschubverbindungen und der Ostseezugänge erfolgte gleichzeitig die Besetzung Dänemarks. Während die dänische Armee angesichts der militärischen Übermacht der Deutschen nahezu kampflos kapitulierte, leisteten die von britischen, französischen und exilpolnischen Verbänden unterstützten sechs norwegischen Divisionen zwei Monate erbitterten Widerstand. In der heftig geführten Schlacht um Narvik erlitt vor allem die deutsche Kriegsmarine erhebliche Verluste. Die Kapitulation Norwegens am 10. Juni erfolgte erst, nachdem die britischen und französischen Einheiten aufgrund der deutschen Westoffensive gegen Frankreich und die Benelux-Staaten Anfang Juni 1940 abgezogen worden waren. Die Offensive von drei Heeresgruppen der Wehrmacht gegen Frankreich war am 10. Mai erfolgt: Im Norden griff die Heeresgruppe B die neutralen Niederlande, Belgien und Luxemburg an, um die im Gegenzug in die Benelux-Staaten vorrückenden alliierten Streitkräfte zu binden. Der Angriffsschwerpunkt der deutschen Offensive lag bei der Heeresgruppe A im mittleren Frontabschnitt. Nach dem Vorstoß durch die Ardennen erreichten deutsche Panzerverbände nach zehn Tagen die Mündung der Somme und die französische Kanalküste. Belgien kapitulierte daraufhin am 28. Mai. Die Niederlande hatten nach deutschen Luftlandeunternehmen und der Bombardierung von Rotterdam bereits am 15. Mai ihre Kapitulation erklärt. Am 5. Juni setzte mit der "Schlacht um Frankreich" die zweite Phase der Offensive ein. In mehreren Stoßrichtungen rückte die Wehrmacht nach Süden und Südosten vor. Die Heeresgruppe B erreichte am 9. Juni die untere Seine. Fünf Tage später erfolgte kampflos der deutsche Einmarsch in Paris, nachdem sich die französische Regierung nach Bordeaux zurückgezogen hatte. In Richtung Schweiz vorstoßende deutsche Panzerverbände schlossen die Maginot-Linie in Elsass-Lothringen von Westen her ein. Der Heeresgruppe C gelang gleichzeitig der Einbruch in die Verteidigungsstellung von Osten über den Oberrhein, wodurch das Gros der französischen Armee eingekesselt wurde. Die aussichtslose militärische Lage zwang die französische Regierung am 17. Juni, um Waffenstillstand nachzusuchen.

Der fünf Tage später im Wald von Compiègn unterzeichnete Waffenstillstandsvertrag stellte drei Fünftel Frankreichs mit den wichtigsten Industriestädten unter deutsche Besatzung. Das unbesetzte südliche Gebiet wurde dem Vichy-Regime unterstellt. In London bildete Charles de Gaulle die französische Exilregierung. Nach dem kaum erwarteten schnellen deutschen Triumph über Frankreich schien das Deutsche Reich die Hegemonie über weite Teile Europas errungen zu haben. Einen herben Rückschlag erlitten die deutschen Expansionsgelüste jedoch durch das Scheitern der geplanten Invasion in Großbritannien, zu deren Vorbereitung am 13. August die "Luftschlacht um England" begann. Die deutsche Luftwaffe scheiterte allerdings an der Eroberung der Luftüberlegenheit und der Zerstörung englischer Rüstungsindustrien. Der Invasionsplan wurde nach schweren Verlusten Ende des Jahres aufgegeben.

1941

Für das Jahr 1941 verlangte Hitler den ursprünglich für Herbst 1940 vorgesehenen Krieg gegen die Sowjetunion und die Eroberung von "Lebensraum im Osten". Zuvor sah sich die deutsche Führung jedoch auf Bitte von Benito Mussolini gezwungen, dem in Nordafrika bedrängten italienischen Bündnispartner zu Hilfe zu eilen. Um das Mittelmeer und die damit verwundbare europäische Südflanke nicht dem britischen Aktionsradius zu überlassen, landete im Februar das Deutsche Afrikakorps in Tripolis. Zu Beginn des Afrikafeldzugs stießen italienische und deutsche Truppen unter Führung von Erwin Rommel gegen überlegene britische Streitkräfte in den Osten Libyens vor. Starke Gegenangriffe der Briten warfen Rommels Afrikakorps allerdings bis Ende des Jahres auf seine Ausgangsstellung zurück. Ein weiterer Nebenkriegsschauplatz wurde im Frühjahr durch den Balkanfeldzug eröffnet. Nach ihrem Angriff auf Griechenland Ende Oktober 1940 waren die italienischen Truppen auch auf dem Balkan durch die Briten arg in Bedrängnis geraten. Zur Abwendung einer italienischen Niederlage und zur Sicherung der Südostflanke beim geplanten "Russlandfeldzug" begannen am 6. April die deutschen Angriffe auf Griechenland und Jugoslawien. Die jugoslawische Armee kapitulierte am 17. April bedingungslos. Vier Tage später ergab sich die griechische Heeresführung nach zum Teil erbittert geführten Kämpfen, am 27. April wehte die Hakenkreuzfahne auf der Akropolis. Bis Mitte Mai war das griechische Festland vollständig besetzt. Anfang Juni war auch die von den Briten als Rückzugsgebiet genutzte Mittelmeerinsel Kreta durch die Luftlandeoperation Merkur in der Hand deutscher Fallschirmjäger. Die Planungen galten anschließend dem Überfall auf die Sowjetunion und der "Zerschlagung des Bolschewismus". Die deutsche Führung war überzeugt, die durch blutige "Säuberungen" von Josef W. Stalin geschwächte Rote Armee innerhalb weniger Monate bezwingen zu können. Die militärischen Anfangserfolge der Wehrmacht nach der Offensive vom 22. Juni 1941 schienen diese Auffassung zu bestätigen. Begünstigt wurde der schnelle Vorstoß von drei deutschen Heeresgruppen und ihren Verbündeten auf einer Linie zwischen Ostsee und Karpaten durch die äußerst offensiv ausgerichtete Aufstellung der Roten Armee unmittelbar hinter der deutsch-sowjetischen Demarkationslinie. Die sowjetische Luftwaffe war bereits nach wenigen Tagen durch Zerstörung auf dem Boden nahezu vollständig ausgeschaltet worden. Schon in den ersten Wochen gelang es deutschen Panzerkeilen in gewaltigen Kesselschlachten, Teile der Roten Armee zu besiegen. Hunderttausende Soldaten gerieten in deutsche Kriegsgefangenschaft, die kaum einer von ihnen in improvisierten Lagern ohne ausreichende Verpflegung überlebte. Im Spätsommer waren das Baltikum sowie große Teile der Ukraine und Weißrußlands besetzt, welche mit ihren riesigen landwirtschaftlichen Anbauflächen die Lebensmittelversorgung im Deutschen Reich sicherstellen sollten. Die Deutschen wurden vor allem von den Ukrainern als "Befreier" aus dem "stalinistischen Joch" bejubelt. In den eroberten Gebieten begann jedoch unmittelbar hinter der Front der Terror von "Einsatzgruppen" mit der systematischen Ermordung von Juden, von kommunistischen Funktionären und von anderen als "Untermenschen" diffamierter Bewohner der Sowjetunion. Im Laufe der Zeit erhob sich daher ein erbitterter Partisanenkrieg gegen die deutschen Besatzer, die Teile der einheimischen Bevölkerung zur Zwangsarbeit ins Deutsche Reich verschleppten.

Entgegen dem Rat führender Militärs suchte Hitler den "tödlichen Stoß" gegen die Rote Armee auf den Flügeln auszuführen. Während die Heeresgruppe Süd Richtung Krim vorstieß, um das Erz- und Industrierevier im Donezbecken sowie kaukasische Erdölgebiete zu erobern, begann die Heeresgruppe Nord mit der Eroberung der Ostseebasen und der 900 Tage andauernden Belagerung von Leningrad, die Hunderttausenden von Eingeschlossenen den Tod brachte. Erst für den 2. Oktober befahl Hitler den Angriff auf Moskau. In keiner Weise für die eisigen Temperaturen ausgerüstet, endete die Winterschlacht 1941/42 für die Wehrmacht in einer Katastrophe. Ende des Jahres 1941 war die deutsche Angriffskraft erlahmt. Die sowjetische Gegenoffensive setzte unmittelbar ein.

1942

Der weitgehend auf Europa beschränkte Krieg weitete sich um die Jahreswende 1941/42 zu einem Weltkrieg aus. Vier Tage nach dem japanischen Angriff auf den US-Stützpunkt Pearl Harbour erklärte Hitler in völliger Überschätzung der militärischen Situation seinerseits am 11. Dezember 1941 den USA den Krieg. Der Kriegseintritt der Vereinigten Staaten mit ihrem überlegenen Rüstungspotential sowie eine zu erwartende Landung der Amerikaner in Europa setzten den Feldzug im Osten unter erheblichen Zeitdruck. In Nordafrika mussten die Deutschen Anfang November einen weiträumigen Rückzug einleiten. Nach einem erfolgreichen Vorstoß des Afrikakorps bis nach Ägypten in der ersten Jahreshälfte wurde ihre Stellung in El-Alamein am 2. November von den Briten überrannt. Im Westen Nordafrikas eröffnete die Landung alliierter Streitkräfte in Marokko und Algerien am 7./8. November eine zweite Front. Deutschland reagierte mit dem Einmarsch in die unbesetzte südliche Hälfte Frankreichs, um dort einer möglichen Invasion der Alliierten entgegentreten zu können. In der Sowjetunion konnte die Wehrmacht bis zum Frühjahr 1942 nur unter enormen Verlusten den Zusammenbruch der Front verghindern. Monatelang waren starke deutsche Verbände ab Januar 1942 bei Demjansk und Cholm eingeschlossen.

Die Kesselschlacht bei Charkow und die Eroberung von Sewastopol leiteten Ende Juni die große Sommeroffensive der Heeresgruppe Süd zu den kaukasischen Ölfeldern ein. Bedingt durch einen taktischen Rückzug der Roten Armee stieß die Heeresgruppe bis zum Don, der Wolga und tief in den Kaukasus vor. Die deutsche Machtausdehnung erreichte im Spätsommer 1942 ihren Höhepunkt, bevor die Wende des Kriegs einsetzte. Am 22. November schlossen die Sowjets die deutsche 6. Armee im Kessel von Stalingrad ein. Ein Entsatzversuch scheiterte im Dezember an unzureichenden Kräften und katastrophalem Nachschub. Zur selben Zeit zogen sich die Wehrmachtsverbände aus dem Kaukasus zurück.

1943

An sämtlichen Kriegsschauplätzen ging das Gesetz des Handelns 1943 an die Alliierten über. Am 18. Februar, zweieinhalb Wochen nach der deutschen Kapitulation von Stalingrad, rief Propagandaminister Joseph Goebbels den "Totalen Krieg" aus. Allerdings konnte auch die Mobilisierung aller Kräfte an der Front und in der Heimat die zunehmenden Risse in der von Hitler gegen östlichen Bolschewismus und westlichen Kapitalismus proklamierten "Festung Europa" nicht überdecken. Die zunächst auf westdeutsche Städte wie Köln und Essen konzentrierten alliierten Flächenbombardements dehnten sich seit Beginn des Jahrs über ganz Deutschland aus. Amerikanische Tagesangriffe und die Nachteinsätze der Briten prägten das Alltagsleben der Großstadtbewohner in immer stärkerem Umfang. Trotz der zahlreich angeordneten Evakuierungsmaßnahmen waren die Folgen der Luftangriffe verheerend: Die Bombardierung von Hamburg im Juli 1943 forderte über 30.000 Menschenleben. An der Ostfront geriet die Wehrmacht 1943 vollständig in die Defensive. Ihre Rückzugsstrategie der "verbrannten Erde" oder das sinnlose Verteidigen von nicht haltbaren Stellungen wurden nur noch gelegentlich von kleineren Teiloffensiven unterbrochen.

Auch die letzte deutsche Großoffensive "Zitadelle" mit der größten Panzerschlacht des Kriegs bei Kursk blieb nach nur wenigen Kilometern in der tief gestaffelten gegnerischen Verteidigung stecken. Der unmittelbar darauf einsetzenden sowjetischen Sommeroffensive 1943 in den südlichen Frontabschnitten zwischen Asowschem Meer und Dnepr gelangen dagegen tiefe Einbrüche in die deutschen Verteidigungsstellungen. Anfang November waren weite Teile der Ukraine einschließlich Kiews von der Roten Armee zurückerobert. Auch die Winteroffensive 1943/44 führte die Sowjets weiter unaufhaltsam nach Westen. Im Gegensatz zur Sowjetunion verfügte das Deutsche Reich über keine nennenswerten Reserven an Mensch und Material. Erschöpfung, schlechte Versorgung und Nachschubprobleme ließen die Kampfkraft der deutschen Infanterie rapide sinken. Zudem mussten starke Wehrmachtsverbände von Osten nach Italien verlegt werden, um die europäische Südflanke nach der Kapitulation der letzten deutsch-italienischen Afrikatruppen im Mai sowie der alliierten Landung auf Sizilien im Juli zu stabilisieren. Nachdem das kriegsmüde Italien Ende Juli 1943 Mussolini staatsstreichartig als "Duce" abgesetzt und Deutschland im Oktober den Krieg erklärt hatte, musste sich die Wehrmacht dem alliierten Vormarsch in Italien ohne Unterstützung des ehemaligen Bündnispartners entgegenstellen.

1944

Sämtliche Fronten verschoben sich 1944 in Richtung Deutsches Reich. Unter dem Druck der deutschen Niederlagen fielen die Bündnispartner von Deutschland ab: Rumänien (25. August), Bulgarien (8. September), Finnland (19. September). Eine Absetzbewegung des Verbündeten Ungarn wurde im letzten Moment verhindert. Auch die deutsche Bevölkerung zweifelte 1944 zunehmend an dem vom NS-Regime unermüdlich propagierten "Endsieg". Die militärische Situation konnte weder von den als "Wunderwaffen" angekündigten V-Raketen noch vom verzweifelt einberufenen Volkssturm verbessert werden.

Die sich immer deutlicher abzeichnende Niederlage setzte auch regime-feindliche Verschwörer in der Wehrmacht unter erheblichen Zeitdruck, wenn sie nach ihrem geplanten Umsturzversuch nicht sämtliche Faust-pfänder für Waffenstillstandsverhandlungen verlieren wollten. Das ge-scheiterte Attentat vom 20. Juli 1944 auf Hitler verschärfte aber nicht nur den innenpolitischen Terror durch die Geheime Staatspolizei (Ge-stapo); Hunderte verhafteter und ermordeter Offiziere waren für die Wehrmacht nicht mehr zu ersetzen. Die sowjetische Frühjahrsoffensive 1944 auf einer Breite von 1.100 Kilometern endete mit der Rückerobe-rung der Krim und der restlichen Ukraine. Die Sommeroffensive 1944 setzte konzentrisch gegen die Heeresgruppe Mitte an, der innerhalb von vier Wochen 28 ihrer 40 Divisionen verlorengingen. Durch einen gewal-tigen Einbruch in die deutsche Mittelfront stieß die Rote Armee Rich-tung Ostpreußen und Weichsel vor. Anfang August kam sie 25 Kilome-ter vor Warschau zum Stehen. Dem beim Nähern der Sowjets von der nationalpolnischen Untergrundarmee entfachten Warschauer Aufstand verweigerte Stalin jedoch jede Hilfe in Form von Entlastungsoffensiven oder Luftunterstützung. Nach ihrem Vordringen über Rumänien und Bulgarien stand die Rote Armee auch in Jugoslawien und Ungarn. Sämt-liche Frontabschnitte zwischen Ostpreußen und Karpaten konnten von den Deutschen aber Ende des Jahrs ein letztes Mal stabilisiert werden. Im Westen stießen 1,5 Millionen alliierte Soldaten nach der Invasion in der Normandie vom 6. Juni aufgrund einer enormen Luftüberlegenheit - und unterstützt durch Sabotageaktionen der Résistance - unaufhaltsam Richtung Deutschland vor. Nach der Befreiung Frankreichs scheiterte die Eroberung des Ruhrgebiets im September allerdings an der fehlge-schlagenen Besetzung der Rheinbrücken bei Arnheim und Nimwegen hinter den deutschen Linien. Zwar wurde am 21. Oktober Aachen als erste deutsche Großstadt von den Amerikanern eingenommen, doch der Frontdurchbruch an der Reichsgrenze mißlang. Bei Wintereinbruch ge-lang der Wehrmacht unter Ausnutzung aller verfügbaren Reserven eine Stabilisierung der Westfront von der Schweizer Grenze bis zum West-wall. Mit der Ardennenoffensive Mitte Dezember versuchte das OKW in einer letzten Kraftanstrengung noch einmal vergeblich, dem Kriegs-verlauf im Westen eine Wende zu geben.

1945

Trotz eindringlicher Durchhalteparolen hielten die geschlossenen Frontlinien gegen die Übermacht der Angreifer nicht lange stand. Obwohl die Wehrmachtsverbände unmittelbar vor der sich abzeichnenden Niederlage kaum Auflösungserscheinungen zeigten, war ihre Kampfkraft erschöpft. Im Westen besetzten die Alliierten bis zum 5. März das linksrheinische Gebiet. Von den Brückenköpfen Remagen im Süden und Wesel im Norden ausgehend, trieben sie anschließend einen Umfassungskeil um das Ruhrgebiet. Der von Hitler angesichts der Bedrohung der deutschen "Waffenschmiede" ausgegebene Nero-Befehl, der die vollständige Zerstörung sämtlicher Industrie-, Verkehrs- und Versorgungseinrichtungen beinhaltete, wurde von den deutschen Befehlshabern unterlaufen. Am 18. April kapitulierten die im Ruhrkessel eingeschlossenen 325.000 Wehrmachtssoldaten. Bis Mitte April waren nahezu die gesamten nordwestlichen Reichsgebiete auf der Linie Wittenberge-Magdeburg-Leipzig-Nürnberg von den Alliierten erobert. Am 25. April trafen sich Amerikaner und Sowjets in Torgau an der Elbe. Das Propagandabild vom Bolschewisten sowie Grausamkeiten sowjetischer Soldaten an deutschen Zivilisten lösten parallel zum sowjetischen Vormarsch im Osten in den Wintermonaten 1944/45 eine Massenflucht der deutschen Bevölkerung vor der Roten Armee aus Ostpreußen, Pommern und Schlesien in das westliche Reichsgebiet aus. Die an der gesamten Ostfront zwischen Memel und Karpaten einsetzende Winteroffensive führte die Sowjets binnen weniger Wochen an die Oder und Neiße. Am 16. April begann die erbittert geführte Schlacht um Berlin, die Hitler in seinem Wahn mit einem letzten Aufgebot an Hitlerjungen und schlecht ausgerüsteten Wehrmachtseinheiten noch glaubte gewinnen zu können. Erst als sich Soldaten der Roten Armee wenige hundert Meter an die von der französischen Waffen-SS-Einheit "Charlemagne" verteidigte Reichskanzlei herankämpften und auch dem "Führer" die vollkommen ausweglose militärische Situation deutlich wurde, verübte Hitler am Abend des 30. April Selbstmord.

Um eine noch möglichst große Anzahl von Wehrmachtsangehörigen und flüchtenden Zivilisten in das westliche Reichsgebiet gelangen zu lassen, verfolgte der zu seinem Nachfolger ernannte Dönitz eine Taktik der Teilkapitulation gegenüber den Westalliierten. Im Hauptquartier des britischen Oberbefehlshabers Bernard L. Montgomery in der Lüneburger Heide erfolgte am 4. Mai die Kapitulation der deutschen Truppen in Dänemark, Nordwestdeutschland und den Niederlanden. Nach massivem Drängen der Alliierten erfolgte drei Tage später in Reims die bedingungslose Kapitulation aller deutschen Streitkräfte durch Generaloberst Alfred Jodl, die am 8./9. Mai vom Chef des Oberkommandos der Wehrmacht, Wilhelm Keitel, im sowjetischen Hauptquartier in Berlin-Karlshorst wiederholt wurde. Weltweit fielen dem Zweiten Weltkrieg mehr als 50 Millionen Soldaten und Zivilisten zum Opfer, unter ihnen über sechs Millionen in den Vernichtungs- und Konzentrationslagern (KZ) ermordete Menschen. Das Deutsche Reich verlor während des Krieges schätzungsweise 3,8 bis 4 Millionen deutsche Soldaten und 1,65 Millionen Zivilisten. Die weitaus meisten Toten beklagte mit über 25 Millionen Menschen die Sowjetunion. Relativ zur Bevölkerungszahl hatte jedoch Polen den höchsten Blutzoll entrichtet: Rund 6 Millionen tote Polen entsprachen etwa 17 Prozent der Vorkriegsbevölkerung.

„Das unverzeihliche Verbrechen Deutschlands vor dem Zweiten Weltkrieg war der Versuch, seine Wirtschaftskraft aus dem Welthandelssystem herauszulösen und ein eigenes Austauschsystem zu schaffen, bei dem die Weltfinanz nicht mehr mitverdienen konnte."

Winston Churchill

Philosophie des Krieges

Sunzi – Die Kunst des Krieges
Sūnzǐ (Meister Sun', eigentlich Sūn Wǔ; alternative Transkription: Sun Tsu, Sun Tzu, Sun Tse, Ssun-ds ', *um 544 v. Chr. In Wu oder Qi; † um 496 v. Chr.) war ein chinesischer General, Militärstratege und Philosoph. Über das Leben von Sunzi ist wenig bekannt. Er wurde als Sohn einer adeligen Familie im damaligen Reich Qi (Pinyin Qí) in Le'an (PinyinLè'ān) geboren, dem heutigen Kreis Huimin (Pinyin Huìmín) in der Provinz Shandong (Pinyin Shāndŏng), nach anderen Quellen war sein Geburtsort der Staat Wu. Sunzis bedeutendes Werk, „Die Kunst des Krieges" (Pinyin Sūnzǐ bīngfǎ ‚Sun Zi über die Kriegskunst') gilt als eines der frühesten Werke über Strategie und ist bis zum heutigen Tage eines der bedeutenden Bücher zu diesem Thema. Noch heute ist es Lektüre für Manager und Militärstrategen auf der ganzen Welt. Das Buch beschreibt die Notwendigkeit des Einsatzes aller zur Verfügung stehenden Mittel und aller zur Verfügung stehenden Flexibilität, zur Erreichung des Zieles und wie dies zu erreichen sei. In 13 Kapiteln und 68 Thesen gegliedert, geht das Buch auf die unterschiedlichsten Aspekte der Kriegsvorbereitung und Kriegsführung sowie deren Rahmenbedingungen ein.

Die 13 Kapitel

Planung (Strategie)
Über die Kriegskunst (Kriegsführung)
Das Schwert in der Scheide (Angriff mit Strategie)
Taktik (Disposition militärischer Stärke)
Energie (Nutzung der Kraft)
Schwache und starke Punkte (Schwächen und Stärken)
Manöver (Kampf um die Initiative)
Taktische Varianten (Neun Varianten der Taktik)
Die Armee auf dem Marsch (Marsch)

Terrain (Gelände)
Die neun Situationen (Neun Varianten der Gebiete)
Angriff durch Feuer (Feuerangriff)
Der Einsatz von Spionen (Spionageeinsatz)

Die ganze Kriegskunst basiert auf List und Tücke. Mit viel Planung kann man siegen, mit wenig kann man es nicht! Behandle deine Gefangenen gut und sorge für sie. Im Kriege ist es von größter Wichtigkeit, die strategischen Pläne des Feindes zu durchkreuzen. Ohne jeden Kampf einen Feind zu unterwerfen, ist in der Tat wahrer Genius. Hierin erkennt man deutlich den Unterschied zwischen der östlichen und der westlichen Militärtheorie, während die östliche (asiatische), den diplomatischen bzw. den Sieg aus der stärkeren Position ohne Kampf favorisiert, bevorzugt die westliche Militärtheorie Gewalt als Mittel zur Erreichung politischer Ziele.

Unter fünf Bedingungen kann der Sieg vorausgesagt werden

Derjenige der genau weiß, wann er kämpfen darf und wann nicht, wird sicher siegen

Derjenige, der die Verwendung von großen wie auch kleinen Truppeneinheiten beherrscht, wird sicher siegen

Derjenige, dessen Armee wie ein Mann hinter ihm steht, wird sicher siegen

Der Vorsichtige, der sich gegenüber einem unvorsichtigen Feind auf die Lauer legt,wird sicher siegen.

Der Feldherr, dessen Generäle fähig sind, Truppen zu führen und nicht vom Herrscher beeinflusst werden, wird siegen.

Sätze des Sunzi

Kenne Deinen Feind und kenne dich selbst, und in hundert Schlachten wirst du nie in Gefahr geraten. Unschlagbarkeit liegt in der Verteidigung – Die Möglichkeit des Sieges liegt im Angriff.

Ein Meister der Kriegskunst erringt seine Siege immer. Das bedeutet: Was immer er tut sichert seinen Sieg.

Deswegen wird ein erfahrener Heerführer immer zuerst eine Position einnehmen, in der er nicht geschlagen werden kann. Dann lässt er keine Gelegenheit aus, seinen Feind zu vernichten.

Wer in der Kunst des Krieges erfahren ist, legt sein Hauptaugenmerk auf die moralischen Gesetze (Tao) und hält sich genau an seine Pläne und die Disziplin. Nur so kann man den Sieg herbeiführen.

Wesentliches Merkmal asiatischer Militärtheorie ist ihre ethisch, taoistische Ausrichtung. Entscheidungen werden unter moralischen Aspekten gefällt.

„Bestimme ich die Stärken des Feindes, während meine Gestalt nicht wahrnehmbar erscheint, so kann ich meine Stärke konzentrieren, während der Feind unvollständig ist. Der Höhepunkt militärischer Entfaltung findet Sich im Formlosen: Weiset keine Formen auf und sogar der sinnestiefste Spion suchet Euch vergebens, Der Weise kann keine Pläne gegen Euch schmieden."

Sunzi (um 500 v. Chr.)

Tu Mu:

Das Tao ist der Weg von Menschlichkeit und Gerechtigkeit,
die Gesetze sind Verordnungen und Regeln.
Diejenigen, die ihr Kriegshandwerk vorzüglich verstehen,
beachten zuerst die Menschlichkeit und Gerechtigkeit
und halten sich an ihre Gesetze. So machen sie ihre
Regierung unverwundbar.

Die Hauptelemente der Kriegskunst sind:

Die Beschaffenheit
des Geländes.

Die Bereitstellung
des benötigten
Materials

Die militärische Planung

Abwägen der Möglichkeiten

Der Sieg

Das Befehligen einer großen Streitmacht geschieht im Allgemeinen nicht anders als das Befehligen einer Kleinen. Man muss die große Streitmacht nur entsprechend in kleinere Verbände aufteilen. Durch Kenntnis der Stärken und Schwächen des Feindes ist der Angriff deiner, Armee wie der Schlag eines Mühlsteins gegen Holz. Es gibt nur fünf Noten in der Musik, aber die Kombination der Melodien, die man daraus machen kann, ist unendlich. Wenn ein reißender Fluss große Steine bewegt, so geschieht dies durch das Bewegungsmoment. Wenn der Falke im Sturz den Körper seiner Beute zerbricht, ist es durch das Zuschlagen im richtigen Zeitpunkt. Deswegen ist Derjenige ein guter Kämpfer, der im richtigen Moment einen kraftvollen Angriff genau geplant hat und den Feind überwältigt. Scheinbares Durcheinander ist das Produkt guter Planung, scheinbare Schwäche, ein Zeichen von Stärke. Ordnung oder Unordnung hängen von der Organisation ab; Mut oder Feigheit von den Umständen; Stärke oder Schwäche von der richtigen Einteilung. Deswegen sucht ein guter Befehlshaber, den Sieg aus der Situation heraus und verlangt von seinen Unterführern nicht Zuviel.Der gute Befehlshaber wählt die richtigen Leute für die entsprechende Tätigkeit aus, die dann jede gegebene Situation voll ausnutzen.

Li Chüan:

So können die Mutigen kämpfen,
die Vorsichtigen verteidigen und
die Klugen beraten, Es gibt in diesem Fall Niemanden, dessen Talent verlorengeht.

Chang Yü:

Die richtige Methode, Menschen effektiv einzusetzen und den Gierigen, Dummen, Klugen und den Tapferen gleichermaßen zu verwenden, ist ihnen eine nach ihrer Veranlagung zu stellen. Gib nie Leuten etwas zu tun, was sie nicht können. Suche sie aus und gib ihnen die Verantwortung, die zu ihren Fähigkeiten passt.

Ein Meister der Kriegsführung ist immer durchtrieben und geheimnisvoll, er hinterlässt keine Spur.

Eine Truppe ohne Nachschubeinheiten, ohne ausreichende Verpflegung und ohne feste Ergänzungslager ist verloren.

Leicht kann eine Armee um ihren Angriffsgeist und ihr Befehlshaber um seinen Wagemut gebracht werden.

Mit Disziplin und Ruhe erwarten erfahrene Soldaten einen aufgelösten und durcheinandergelaufenen Feind. Das ist die Kunst der Selbstdisziplin.

Täuscht er (der Feind) die Flucht vor, verfolge ihn nicht.

Greife nie seine (des Feindes) Elitetruppen an.

Schneide einem Fliehenden nie den Weg ab.

Wenn du eine feindliche Armee umzingelt hast, lass ihr auf jeden Fall einen Ausweg offen.

In einer aussichtslosen Situation musst du kämpfen.

Es gibt fünf Charaktereigenschaften, die für
einen Heerführer gefährlich sind

- Ist er leichtsinnig, kann man ihn
  leicht töten.

- Ist er feige, kann man ihn
  gefangen nehmen.

- Ist er hitzköpfig, kann man ihn
  leicht täuschen.

- Hat er einen ausgeprägten Sinn für
  Gerechtigkeit. kann man kann man ihn in
  moralische Schwierigkeiten bringen.

- Ist er mitfühlend, kann man ihn aufregen.

Diese fünf Eigenschaften sind ernstzunehmende Fehler eines Heerführers und bringen bei militärischen Operationen Probleme mit sich.

Auch auf folgende Aussagen Sunzis ist ein Augenmerk zu legen:

Sind seine Soldaten unordentlich gekleidet, hat der Heerführer keine Autorität bei seinen Soldaten.

Stehen die Soldaten in kleinen Gruppen und flüstern miteinander, deutet das auf Unzufriedenheit in der Truppe hin.

Wenn ein Befehlshaber Vertrauen in seine Soldaten hat und das auch zeigt, aber trotzdem darauf besteht, dass seine Befehle ohne Einschränkung ausgeführt werden, ist das zum Nutzen für die Offiziere und die Mannschaften.

Schnelligkeit ist im Kriege das wichtigste.

Lege besonderen Wert auf die Verpflegung der Truppe und überanstrenge sie nicht. Bewahre ihre Energie und vergeude sie nicht unnötig.

Ein Heerführer sollte immer ruhig und gelassen, undurchschaubar, unparteiisch und voller Selbstbeherrschung sein.

Er (der Heerführer) muss in der Lage sein, Offiziere und Mannschaften über seine Pläne im Dunkeln zu lassen.

Stelle deinen Soldaten eine Aufgabe, gib ihnen aber niemals den Plan zur Lösung bekannt. Wenn eine Truppe in großen Schwierigkeiten ist, entwickelt sie in diesem Augenblick die Fähigkeit, mit einem Schlage zu siegen.

Tue nichts, was nicht im Interesse des Staates ist. Wenn etwas unmöglich ist, versuche es nicht und verschwende keine Truppen.

Kämpfe nicht, ohne dazu gezwungen zu sein.

Der Grund, warum kluge Herrscher und gute Heerführer den Feind schlagen, wo auch immer er sein mag, und warum ihre Leistungen die Taten gewöhnlicher Menschen übersteigen, ist das Voraus wissen.

Das Werk Sunzis, welches im Gegensatz zu dem um ein vielfaches umfangreicheren Werk „vom Kriege" von Carl von Clausewitz, ohne umfangreiche Beweisführungen und Begründungsversuche auskommt, ist deswegen nicht weniger aussagekräftig. Sunzis Werk, welches das im Stil des Taoismus von Laotse geschrieben ist, wird in seiner Extraktion des Krieges, oft als Pendant zu dem emotionslos und pragmatisch gehaltenen Buch des von Clausewitz gesehen.

„Der Mensch hat dreierlei Wege klug zu handeln: durch Nachdenken ist der edelste, durch Nachahmen der einfachste und durch Erfahrung der bitterste."

Konfuzius

Hauptaussage des Werkes von Clausewitz ist: „Krieg ist die Fortsetzung der Politik mit anderen Mitteln", während Sunzi mit der Mahnung: „Krieg ist ein großes Wagnis, Ausgangspunkt für Leben und Tod, Weg zum Weiterbestehen oder zum Untergang", beginnt und mit der Weisheit endet: „Die größte Leistung besteht darin, den Widerstand des Feindes ohne einen Kampf zu brechen".

„Der Kern der Überraschung ist die Absicherung
der Schnelligkeit mit Geheimhaltung. "

Carl Philipp Gottfried von Clausewitz

Carl von Clausewitz – vom Kriege

Carl Philipp Gottlieb von Clausewitz (*01. Juli 1780 als *Carl Philipp Gottlieb Clausewitz,* in Burg bei Magdeburg; †16. Nov. 1831 in Breslau), preußischer General, Heeresreformer und Militärstratege. Clausewitz wurde als Sohn des Steuereinnehmers Friedrich Gabriel Clausewitz am 1. Juli 1780 in Burg (bei Magdeburg) geboren. Seine Familie stammte aus einem oberschlesischen Adelsgeschlecht. Obwohl der Vater wegen nicht adeliger Herkunft aus der Armee entlassen wurde und dessen Gesuch auf Wiedereinstellung von Friedrich dem Großen abgelehnt worden war, wurden sowohl Carl als auch zwei seiner Brüder als Adelige in die preußische Armee aufgenommen. Inzwischen war Friedrich der Große verstorben. 1827, lange nach dem Tod von Friedrich, wurden Carl und drei seiner Brüder durch den Adel offiziell bestätigt. Inzwischen war Carl Generalmajor und mit einer Hofdame verheiratet. Carls älterer Bruder war der Generalmajor Wilhelm Benedikt von Clausewitz. Nach einer eher rustikalen Ausbildung in einer regionalen Lateinschule kam von Clausewitz mit seinem 12. Lebensjahr, durch die Beziehungen seines Vaters, eines Offiziers im siebenjährigen Krieg, zum preußischen Offizierskorps. Im Sommer 1792 wurde er als Fähnrich ins 34. Infanterie Regiment aufgenommen. 1793 zog das Regiment in den ersten Koalitionskrieg, bei der Belagerung von Mainz, wo Clausewitz als erst 13 Jähriger in den Laufgräben erste Kriegserfahrung sammelte. Danach folgte der lange Feldzug am Rhein, bis der Friede von Basel den Krieg für Preußen beendete. In den Jahren 1796 bis 1801 fand Clausewitz Zeit, sich seinen Studien zu widmen.

Zeitgenössische Literatur über die Französische Revolution, das Kriegs-
wesen und die Politik, waren seine bevorzugte Lektüre, er besuchte aber
auch Vorträge über Soziologie, Volkswirtschaft und Ethik. Dank hervor-
ragender Empfehlungen besuchte er im Oktober 1801, zum ersten Jahr-
gang gehörend, die von Gerhard von Scharnhorst neu gegründeten
Kriegsschule in Berlin. Hier wurde er maßgeblich durch das Denken
Scharnhorsts beeinflusst, der bereits das Zusammenspiel von Politik und
Krieg durchschaut hatte. Auch mit den Schriften Kants wurde er an der
Akademie vertraut. Als höherer preußischer Offiziere, nahm von Clausewitz an verschiedenen Diskussionsforen teil und kam dort mit den
drängendsten Fragen des damaligen Militärs in Berührung, und ein un-
veröffentlichtes Manuskript (heute bekannt als *Strategie von 1804*) be-
zeugt, dass er schon in jener Zeit an das Verfassen militärischer Schriften
dachte. Prinz August von Preußen nahm den jungen von Clausewitz als
Adjudant unter seine Fittiche, nachdem er 1804 als Klassenbester gradu-
ierte. Somit hatte er Zugang zum Hof und zur höheren Gesellschaft, wo
er auch seine spätere Frau Marie von Brühl kennenlernte. Ein von Clausewitz anonym verfasster Artikel, der sich negativ über das Werk des
bekannten Militärautoren Dietrich Adam Heinrich von Bülow auslässt,
erschien in der Gazette „Neue Bellona". Dieser Artikel gilt als erste Veröffentlichung von Clausewitz. Durch sein unvollendetes Hauptwerk
„Vom Kriege" aber, gelangte von Clausewitz zu Ruhm und Bekanntheit.
Sein Werk, das sich mit der Theorie des Krieges im Zusammenspiel mit
der Politik beschäftigt, gehört zur Standartlektüre gro ßer Führungsper-
sonen. Seine Theorien über Strategie, Taktik und Philosophie hatten großen Einfluss auf die „Evolution des Krieges". Die Lehren von Clausewitz werden auch heute noch in vielen Ländern in strategischen Schu-
lungen und an Militärakademien gelehrt.

„Ich glaube und bekenne, daß ein Volk
nichts höher zu achten hat als die Würde
und Freiheit des Daseins. "

Carl Philipp Gottfried von Clausewitz

Die Thesen des von Clausewitz finden auch heute noch im Bereich Public Relations und Unternehmensführung Anwendung.

Der Krieg ist also ein Akt der Gewalt, um den Gegner zur Erfüllung unseres Willens zu zwingen.

Das Ziel ist, den Feind wehrlos zu machen.

Der Krieg ist nie ein isolierter Akt.

Er besteht nicht aus einem einzigen Schlag ohne Dauer.

Der Krieg ist mit seinem Resultat nie etwas Absolutes.

Die Wahrscheinlichkeiten des wirklichen Lebens treten an die Stelle des Äußersten und Absoluten der Begriffe.

Der häufige Stillstand im kriegerischen Akt, macht den Krieg noch mehr zum Wahrscheinlichkeitskalkül

Es fehlt also nur noch der Zufall, um ihn zum Spiel zu machen, und dessen entbehrt er am wenigsten.

Aber der Krieg bleibt doch immer ein ernsthaftes Mittel für einen ernsthaften Zweck.

Der Krieg ist eine Fortsetzung der Politik mit anderen Mitteln.

Krieg ist im Kern Proklamation des Rechtes des Stärkeren.

Clausewitz wandte sich gegen das vorherrschende politische System. Seiner Ansicht nach konnte man Kriegstheorie nicht als konkrete Handlungsanweisung für Generäle betreiben. Stattdessen zeigte er generelle Prinzipien auf, die sich aus dem Studium historischer Fehler und aus dem analysieren von Zusammenhängen ergaben. Auch in den alltäglichen Handlungsanweisungen, wies er ständig auf den Realitätsbezug seiner Prinzipien hin. So meinte er, dass Feldzüge nur zu einem sehr geringen Grade geplant werden könnten, da unkalkulierbare Einflüsse oder Ereignisse, sogenannte „Friktionen", jede zu detaillierte Vorausplanung schon nach wenigen Tagen gegenstandslos machen würden.

Militärische Führer müssen nach Clausewitz befähigt sein, Entscheidungen unter Zeitdruck mit unvollständigen Informationen zu treffen, da seiner Ansicht nach „drei Viertel derjenigen Dinge, worauf das Handeln im Kriege gebaut wird" durch einen „Nebel des Krieges" verhüllt oder verfälscht werden. Aus der Bekenntnisschrift von 1812 kann man ersehen, dass Clausewitz bis zu diesem Zeitpunkt einer sehr martialischen Interpretation von Krieg anhing. Er sah den Krieg als höchste Form der Selbstbehauptung eines Volkes an und entsprach damit in jeder Hinsicht dem Geist der Zeit, in der die „Französische Revolution" und die Konflikte, die aus ihr erwuchsen, zur Ausbildung von stehenden Heeren und Guerillakampf geführt hatten. Solche Volksbewaffnungen und Bürgerkriege unterstützten die Interpretation des Krieges als existenzieller Kampf. In den folgenden Jahren hingegen schränkte Clausewitz diese Auffassung stark ein und erklärte, dass der Krieg eher als Instrument diene. „Der Krieg ist also ein Akt der Gewalt, um den Gegner zur Erfüllung unseres Willens zu zwingen." (Clausewitz: Vom Kriege, Buch I, Kapitel 1, Abschnitt 2). Die Feststellung, dass ein Krieg erst mit der Verteidigung des Angegriffenen beginne, war wohl die bemerkenswerteste These seines Werkes „Vom Kriege". Ohne Verteidigung würde es nicht zu bewaffneten Kämpfen kommen, die Clausewitz für die Grundlagen jedes Krieges hielt. Er empfahl durch den Aufbau einer möglichst großen Armee einen potentiellen Gegner abzuschrecken. Der hier beschriebene Abschreckungsgedanke des Defensivkrieges war weder neu noch einzigartig, wurde aber eine Grundlage für die Aufrüstung vor dem ersten Weltkrieg und im kalten Krieg.

„Die Grundsätze der Kriegskunst sind an sich höchst einfach, liegen dem gesunden Menschenverstand ganz nahe und wenn sie in der Taktik mehr als in der Strategie auf einem besonderen Wissen beruhen, so ist doch dieses Wissen von so geringem Umfange, dass es sich kaum mit einer anderen Wissenschaft an Mannigfaltigkeit und tiefem Zusammenhang vergleichen lässt. "

Carl Philipp Gottfried von Clausewitz

Bernhard Law Montgomery – Kriegsgeschichte

Bernard Law Montgomery, 1. Viscount Montgomery of Alamein (17. Nov. 1887 bis 24. März 1976), war ein Berufsoffizier der britischen Armee. Nachdem die britische Armee, das deutsche Afrikakorps unter der Führung des Feldmarschalls Erwin Rommel, durch glückliche Umstände schlagen konnte, wurde Montgomery zum populärsten britischen Heerführer des zweiten Weltkrieges. Die Landung in der Normandie, die Operation „Market Garden" und die Besetzung Deutschlands fanden vornehmlich unter seiner Federführung statt. Für seine außerordentlichen militärischen Dienste, wurde er von der Queen geadelt und erhielt die Stelle des britischen Generalstabschefs. Anschließend befehligte er die Landstreitkräfte der NATO, von 1951 bis 1958 war er stellvertretender Oberbefehlshaber der NATO. 1958, nach insgesamt 50 Jahren im aktiven Militärdienst, nahm der 71-jährige Montgomery seinen Abschied aus der Army. Nach seinem Abschied aus dem Dienst verfasste Montgomery in verschiedenen Werken seine Kriegserlebnisse: *El Alamein (1948), The Memoirs of Field Marshal Montgomery (1958), Normandy to the Baltic (1968) und History of Warfare (1968)*. Darin bezeichnete er General Dwight D. Eisenhower als *„zweitklassigen Soldaten, der die Strategie des Normandie-Feldzuges nie richtig verstanden hat. "* Am 24. März 1976 verstarb Montgomery in seinem Haus in Isington Mill, im Alter von 88 Jahren. Nach einer Zeremonie in der St. George's Chapel, Windsor, wurde er auf dem *Holy Cross Churchyard* in Binsted beigesetzt. Seine Leitsätze werden auch heute noch an den bedeutenden Militärakademien in aller Welt gelehrt.

Ich teile meine Offiziere in vier Kategorien ein:

- Die Klugen
- Die Dummen
- Die Fleißigen
- Die Faulen

Jeder Offizier besitzt mindestens zwei dieser Eigenschaften. Die Klugen und Fleißigen sind geeignet für hohe Stabsstellungen.

Wer aber klug und faul ist, ist befähigt zum höchsten Führer, denn er hat die Ruhe und erforderliche Nervenkraft, um mit jeder Lage fertig zu werden. Auch die Dummen und faulen lassen sich noch verwenden. Aber ganz gefährlich sind die Dummen und fleißigen – diese müssen daher sofort ausgemerzt werden.

„Der Krieg folgt aus der Feindschaft, denn diese ist die seinsmäßige Negierung des anderen Seins."

Carl Schmitt

Die Entwicklung der wichtigsten Kampfstile

Ringen

Ringen oder auch Pale gehörte bei den antiken olympischen Spielen zu den Disziplinen des Fünfkampfes, wurde aber auch als Einzeldisziplin ausgeübt.beim antiken Ringen gab es keinen Bodenkampf und die Kontrahenten traten nackt gegeneinander an. Gewichtsklassen existierten in der Antike nicht.Seit Beginn der olympischen Spiele der Neuzeit (1896) gehört ringen zum olympischen Programm und wird mindestens bis zum Jahr 2028 olympisch bleiben. Seit den olympischen Spielen 2004 ist Freistil Ringen auch olympische Disziplin für Frauen. Seit 1950 werden jährlich offizielle Weltmeisterschaften im Ringen veranstaltet. Ausnahme sind jedoch die Jahre, in denen olympische Sommerspiele stattfinden.Ringen ist ein Kampf- und Kraftsport mit Ganzkörpereinsatz ohne weitere Hilfsmittel. In vielen Ländern der Welt, gibt es Kampfsportstile, die dem Ringen ähnlich sind:

Korea	Sireum
China	Shuaijiao
Japan	Sumo
Mongolei	Böke
Iran	Koshti
Türkei	Yagli Güres
Island	Glima
Schweiz	Schwingen
Österreich	Rangeln
Kanaren	Lucha Canaria
Sardinien	Istrumpa

Ringen (engl. Wrestling), hat keinerlei Ähnlichkeit, mit dem sog. Professional Wrestling, welches einzig ein für das Entertainment konzipiertes Showspektakel, mit akrobatischen Kampfeinlagen ist.

Regeln

Das Ringen unterscheidet zwei Stilrichtungen:

- Das Freistilringen – Im Stand genau wie im Boden kampf, gilt hier der gesamte Körper als Angriffsfläche.

- Das griechisch-römische Ringen – Hier gilt nur der Kör per oberhalb der Gürtellinie im Stand als auch im Bo denkampf als Angriffsfläche.

Der Ablauf der einzelnen Runden, unterscheidet sich in beiden Stilen erheblich. Im griechisch-römischen Ringen beginnen die Kontrahenten zuerst mit anderthalb Minuten Standkampf, gefolgt von einer halben Minute Bodenkampf wobei einer der Ringer in der oberen Position ist(Obermann). Obermann wird grundsätzlich der Ringer, der im vorherigen Standkampf, Sieger gewesen wäre. Bei gleichstarken Gegnern entscheidet der Kampfrichter. Erzielt ein Ringer, in den 30 Sekunden in denen er Obermann ist, keine Wertung, so erhält sein Gegner, beim Stand von 0:0, einen Punkt zuerkannt und gewinnt die Runde. Im Turnier genau wie im Einzelwettkampf, wird in der ersten Runde, bei absolutem Gleichstand, der Ringer im roten Trikot zuerst Obermann. Steht es in der zweiten Runde nach anderthalb Minuten wieder unentschieden, wird der Ringer im blauen Trikot Obermann. Sollte nach einer dritten Runde immer noch Gleichstand herrschen, entscheidet das los über den Obmann.Erzielt ein Ringer vor dem Bodenkampf einen Punkt, wird er automatisch Obermann. Sein Gegner erhält nach Ablauf der Zeit keine Extrawertung, wenn keine Aktion des Obermannes erfolgt. Beim Freistilringen wird ohne angeordnete Bodenlage gerungen. Wurde vor Ablauf der Zeit keine Wertung erzielt, darf im Mannschaftskampf der aktivere Ringer das Bein des Gegners fassen. Er hat vom Angriff an 30 Sekunden Zeit, eine Wertung zu erzielen. Sein Kontrahent hat die Aufgabe, dieses zu verhindern, bzw. selbst eine Punktewertung zu erreichen. Die erste Wertung bestimmt den Sieger der Runde. Im Einzelwettkampf entscheidet das Los über den fassenden Ringer.

Griffe

- *Der Spaltgriff* – Ein Griff aus dem Freistilringen, bei dem der Gegner mit einem Griff zwischen die Beine ruckartig hochgerissen wird. In einer „Bank" befindli che Gegner, werden dadurch ausgehoben oder gedreht.

- *Der Paketgriff* – ebenfalls ein Griff aus dem Freistilrin gen, bei dem man mit einem Arm, den Nacken des Geg ners umschlingt, während man mit dem anderen Arm in die Kniekehle des Gegners greift und ihn dabei ruckartig hochreißt, so das ein Befreiungsversuch scheitern muss. Dieser Griff wird auch als Achselwurf bezeichnet.

- *Der Armzug* – Dieser Griff aus dem griechisch-römi schen Ringen, ist eine Technik aus dem Standkampf, bei dem man den Gegner am Arm, mittels einer Drehung, in Richtung Boden reißt. Bei dieser Technik gibt es verschiedene Varianten, z.B. als Hüft- bzw. Schulter wurf.

- *Der Kopfhüftschwung* – Hierbei wird mit einem Arm der Kopf des Gegners umklammert, und wie bei der vor herigen Technik, Mittels einer Drehung, der Gegner zu Boden gebracht.

„Ich hätte lieber den gutgebauten
Ringer heiraten sollen.
Der würde nicht so viel reden."

Xanthippe

Boxen

Boxen beruht auf dem Prinzip, dass zwei gleich schwere Gegner sich nur mit Hilfe ihrer Fäuste bekämpfen. Ca. auf das Jahr 3000 v. Chr., datiert man die frühesten Erwähnungen, ägyptischer Faustkämpfe, die sich von dort aus in der gesamten Ägäis verbreiteten. Allerdings hat man 7000 Jahre Abbildungen gefunden, aus denen hervorgeht, dass schon zu jener Zeit ähnliche Kämpfe ausgetragen wurden. Der genaue zeitliche Ursprung bleibt leider im dunkel der Geschichte verborgen. Der Faustkampf wurde in Griechenland erstmals im Jahr 688 v. Chr. Bei den 23. olympischen Spielen ausgetragen. Die Kämpfer boxten nur mit Lederbandagen, die aus Rohlederriemen bestanden. Durch die Gladiatorenkämpfe, erfreute sich der Faustkampf (Caestus), auch im antiken Rom großer Beliebtheit. Archäologische Funde belegen, dass auch alte Kulturen in China, Russland, Indien, Korea und Afrika den Faustkampf als Bestandteil ihrer Kulte und Zeremonien betrachteten. Die Ursprünge des modernen Boxens liegen im England, des frühen 17. Jahrhunderts. Der Herzog von Albemarle veranstaltete 1681 den ersten schriftlich belegten Boxkampf Großbritanniens. Ab 1698 wurden dann im Londoner Königstheater sog. Bareknuckle Boxkämpfe organisiert, bei denen die Hände nicht bandagiert wurden, die Fingerknöchel also frei lagen (Bareknuckles). James Figg, der 1719 die erste offizielle Boxmeisterschaft Englands gewann und damit englischer Meister wurde, stellte das erste verbindliche Regelwerk (Broughton Rules) auf, das von Vielen als die Frühfassung der London Price Ring Rules. erachtet wurde. Tiefschläge und Schläge gegen am Boden liegende Gegner wurden verboten. 1838 wurden die Broughton Rules von den London Price Ring Rules abgelöst, die auch für die Einführung eines Boxringes und Handbandagen verantwortlich zeichnen. Fassung der London Prize Ring Rules (im weiteren Sinn). Man durfte keinen Gegner mehr schlagen, der am Boden lag undTiefschläge waren ebenfalls verboten. 1838 wurden diese Regeln durch die London Prize Ring Rules (im engeren Sinne) abgelöst. Wichtigste Neuerungen: Die Einführung eines Boxrings, den es vorher nicht gab und das Bandagieren der Hände, um Verletzungen zu vermindern.

Am 17. April 1890 kam es bei Farnborough, Hampshire, zu einem Aufsehen erregenden illegalen Boxkampf zwischen dem 33-jährigen inoffiziellen englischen Schwergewichtsmeister Thomas Sayers (seit 1857,
gegen William Perry)und dem sieben Jahre jüngeren, dazu größeren und
und schwereren Amerikaner John Carmel Heenan, genannt „The Benicia
Boy". Nach insgesamt 37 Runden in ca. 140 Minuten stürmten Zuschauer
den Ring; Der Kampf wurde als unentschieden gewertet – beide erhielten
einen Gürtel, aber nur Heenan nannte sich Boxweltmeister bzw. englischer Meister im Schwergewicht. Die Verabschiedung des „Anti Prize
Fight Act" von 1861 im Gefolge des illegalen Meisterschaftskampfes beendete praktisch diese Veranstaltungen, sehr zum Bedauern auch höherer
englischer Gesellschaftsschichten. 1867 – 1889 Übergangsphase: Bare
Knuckle Boxen und modernes Boxen existieren nebeneinander. 1867,
etwa 100 Jahre nach Einführung der ersten Regeln, wurden die London
Prize Ring Rules von einem Bekannten des Marquess of Queensberry so
verändert, dass daraus die ersten Boxregeln für das Boxen mit Handschuhen, die sog. Queensberry Regeln, hervorgingen. Der erste offizielle
Boxweltmeister nach den Regeln des Marquess of Queensberry wurde
am 7. September 1882 John L. Sullivan. Er kämpfte aber auch noch teilweise Bare Knuckle, letztmalig 1889 gegen Jack Kilraine. Ab 1892
wurde nur noch nach Queensberry Regeln geboxt.

Boxen ab 1954

Erst ab Sullivans Nachfolger Jim Corbett 1892 boxte man noch nach
Queensberry Regeln. Am 6. April 1893 fand der längste Boxkampf der
Geschichte statt. Andy Bowen und Jack Burke kämpfen über 110 Runden (sieben Stunden). Der Kampf endete unentschieden. Zu der Zeit gab
es aber einige wichtige Regeln noch nicht. Unter anderem wurde erst ab
den 1920er Jahren der Boxer, der einen Niederschlag erzielt hat, in die
neutrale Ecke geschickt; vorher konnte er den aufstehenden Boxer sofort
wieder zu Boden schlagen. Erst nach dem Zweiten Weltkrieg setzte sich
die Idee durch, dass ein zu Boden geschlagener Boxer immer bis acht
angezählt wird *(Mandatory Eight Count),* vorher wurde der Kampf wieder aufgenommen, wenn der Boxer wieder aufgestanden ist.

Heutzutage wird auch mit anderen Handschuhen (acht oder zehn Unzen) geboxt als Ende des 19. Jahrhunderts (vier bis sechs Unzen). Solche Regeländerungen werden aber nicht als neues Regelwerk aufgefasst. Daher sagt man, dass noch immer nach den Queensberry Regeln gekämpft wird, selbst wenn der Kampfablauf heute ein anderer ist. Bei den Olympischen Spielen 1904 in St. Louis feierte der Boxsport seine Premiere als olympische Sportart. 1906 wurde in Köln der SC Colonia 06 gegründet und ist damit der älteste aktive Amateur-Boxclub Deutschlands. Am 5. Dezember 1920 schlossen sich in Berlin unter dem Namen „Deutscher Reichsverband für Amateurboxen" die deutschen Amateurboxer zusammen. Am 6. Dezember 1920 wurden die ersten Deutschen Meisterschaften durchgeführt. Die Sieger wurden ab diesem Zeitpunkt in einer Bestenliste registriert.

Regeln

In einem Boxkampf sind nur Schläge erlaubt, die mit der geschlossenen Faust aus- geführt werden. Jegliche Benutzung eines anderen Körperteils (beispielsweise des Fußes, der Innenhand etc.) wird nicht als Zähler anerkannt und muss vom Ringrichter als Foul gewertet werden und zur Ermahnung, zu Punktabzügen oder im schlimmsten Fall zur Disqualifikation führen. Ein regulärer Schlag gilt als ausgeführt, wenn der Treffer auf der Vorderseite des Kopfes, des Halses, des gesamten Korpus bis zur imaginären Gürtellinie am Bauchnabel oder auf dem Armen landet. Schläge unter die Gürtellinie sind verboten, sie gelten als Foul und führen zum Punktabzug. Außerdem werden Treffer auf die Arme oder auf den Handschuh von den Punktrichtern nicht als Zähler gewertet, da ein derartiger Schlag als blockiert gilt. Häufig sieht man, dass sich Boxer ineinander verklammern. Dies kann verschiedene Gründe haben. Zum Beispiel muss ein Boxer, der sich in einer für ihn ungünstigsten Entfernung zum Gegner befindet, klammern, damit der Ringrichter die Kontrahenten trennt und sie auffordert, einen Schritt zurückzutreten, so dass wieder Distanz geschaffen wird. Meistens jedoch verschaffen sich erschöpfte oder angeschlagene Boxer auf diese Weise eine Pause.

Klammern stellt einen Regelverstoß dar, der aber aufgrund der Häufigkeit von den Ringrichtern oft geduldet wird. Allerdings muss ein Ringrichter, um einen flüssigen Kampfablauf zu gewährleisten, ab einem gewissen Grad Verwarnungen und damit Punktabzüge aussprechen.

Boxring

Der Boxring ist quadratisch und hat eine Kantenlänge zwischen 16 und 24 Fuß (488 bis 732 cm). Die Kantenlänge eines Standard Boxrings beträgt 20 Fuß (610 cm). Der Kampfbereich wird von drei oder vier Seilen umspannt, die jeweils drei bis fünf Zentimeter stark sind und in den Höhen 40 – 80 – 130 Zentimeter (bei drei Seilen) oder 40 – 75 – 105 – 135 Zentimeter (bei vier Seilen) hängen. Der Bodenbereich außerhalb der Seile muss mindestens 50 Zentimeter breit sein. Der Ringboden ist elastisch und mit einer Zeltplane bespannt. In den Ringecken befinden sich Eckpolster, von denen eines rot, eines und zwei weiß sind. Das Wort Ring in Boxring kommt von dem Ring/Kreis, den sie Schaulustigen um die Kämpfer bilden, und existiert in dieser Bedeutung im Englischen seit dem 14. Jahrhundert.

Altersklassen

Neben der Einteilung in Gewichtsklassen werden die Athleten im Amateurboxen nach dem Alter unterschieden (dies ist eine Grobeinleitung, es wird nach Stichtagen und Jahren in die Klassen eingeteilt):

- Schüler männlich/weiblich 10 – 12 Jahre.
- Kadetten männlich/weiblich 13+14 Jahre.
- Junioren männlich/weiblich 15+16 Jahre.
- Jugend männlich/weiblich 17+18 Jahre.
- Elite männlich/weiblich 19-34 Jahre.

Der Altersunterschied bei Vergleichskämpfen darf höchstens zwei Jahre betragen. Das Höchstalter, um an Olympischen Spielen sowie Welt- und Kontinentalmeisterschaften teilnehmen zu können, ist 34 Jahre. National beträgt die Altersgrenze 36 Jahre. Wenn es keine eigenen Regeln für Frauen gibt, unterliegen Frauen denselben Bestimmungen wie Männer.

Kampfstile

Defensiv

Lässt der Boxer den Gegner kommen, um die Lücken in seinem Angriff zu nutzen, nennt man diese Vorgehensweise kontern Einen Boxer, der so kämpft, nennt man Konterboxer. Man unterscheidet dabei:

Stick-and-Move

Der Konterboxer weicht vor dem angreifenden Boxer eher tänzelnd zurück (wie Gene Tunney, Billy Conn, Muhammad Ali, Larry Holmes, Virgil Hill) oder eher flach auf dem Boden stehend (wie Thomas Hearns), was den Schlägen etwas mehr Kraft verleiht. Dabei ist die steif geschlagene Führhand der entscheidende Schlag, mit ihr wird der Gegner hauptsächlich auf Distanz gehalten. Wird die Schlaghand als Gerade nachgezogen, nennt man das Eins-Zwei-Kombination. Im englischen Sprachraum nennt man solche Kämpfer miss verständlicherweise oft einfach „Boxer", im deutschen Sprachraum ebenfalls missverständlich „Stilist" oder „Techniker", ganz so als ob Angriffsboxen keine Technik erforderte. Die Entfernung zum Gegner etwa auf Führhandlänge (ausgestreckter vorderer Arm), außerhalb der Hakenreichweite, nennt man Distanz.

Kontern aus reiner Oberkörperbewegung

(Rollen – den Oberkörper nach hinten und zur Seite bewegen; Ab du-
cken – den Oberkörper nach vorne absenken) ohne zurückzugehen; in
den USA nennt man solche Kampfweise „To give ankles" („Winkel geben"): Der Boxer bleibt vor dem Gegner stehen und bewegt nur den
Oberkörper. Das ergibt ein ganz anderes Kampfbild als Stick and move
und hat für den konternden Boxer den großen Vorteil.
Dass er aus der Halbdistanz schlagen kann. Dies ist besonders die
Kampfweise von James Toney, früher auch Ezzard Charles und Michael
Spinks, in Europa hat der englische Trainer Brandon Ingleein besonderes
Faible dafür, so dass Herol Graham, Johnny Nelson und vom Versuch
her zumindest auch Naseem Hamed so boxten. Hameds Versuch, die
Hände an den Hüften zu lassen, ist nicht schulmäßig und macht ihn an-
fällig für die Schlaghand des Gegners.

In and Out(deutsch „rein und raus").

In Deutschland vor allem von Sven Ottke bekannt, aber auch der reifere
Evander Holyfield, vor allem im zweiten kampf gegen Bowe und im ersten Duell gegen Tyson, sowie Roy Jones Jr. Kämpfen so. Der Boxer vertraut auf bewegliche Beine, Schläge selten mit der Führhand, sondern
wartet auf eine Gelegenheit zum Gegenangriff, bei dem überfallartig in
der Halbdistanz eine Kombination angesetzt wird, bevor er wieder in die
Langdistanz zurückweicht. Der Stil ist in der Regel am geeignetsten,
wenn der Gegner sowohl größer als auch physisch stärker ist.

Offensiv

Wenn ein Boxer angreift, hat das unterschiedliche Gründe. In der Regel
muss der kleinere Mann den Kampf gestalten, Ausnahmen sind die oben
angesprochenen Rein und Raus Boxer: Ein kleinerer Mann kann aber
mangels Reichweite mit der Führ-hand nur selten einen größeren Gegner
auf Distanz halten.

Werden die eigenen körperlichen Möglichkeiten (Schlagkraft, Nehmer-fähigkeiten, etc.) im Vergleich zum Gegner überlegen eingeschätzt, bie-tet sich ein offener Schlagabtausch mit Sieg-chancen an. Angriffsboxer sind somit oft gute Nehmer (Rocky Marciano, Joe Frazier, Mike Tyson, Roberto Durán, Marvelous Marvin Hagler, Jake LaMotta, Julio César Chávez, Emile Griffith, Harry Greb oder Mickey Walker). Ist dies nicht der Fall, werden sie vielleicht gelegentlich einen großen Kampf gewinnen (z. B. Clifford Etiennes Sieg gegen Lamon Brewster), aber ge-gen gute Gegner meist durch KO verlieren, denn ein schwaches Kinn verlangt eine Defensivstrategie. Wenn ein Boxer ungewöhnlich viel schlägt, nennt man das „Pressure Fighter" (wörtlich „Druckkämpfer"), das sind oder waren zum Beispiel Henry Armstrong, Harry Greb, Tony Canzoneri, Mickey Walker, Jake LaMotta, Marcel Cerdan, Emile Griffith, Roberto Durán, Julio César Chávez, Joe Frazier,Leon Spinks, am Anfang seiner Karriere auch Evander Holyfield und heute vor allem Ricky Hatton. „One – Punch – Knockouter", die offensiv boxen, werden in der Regel nicht als „Pressure – Fighter" bezeichnet, sondern einfach nur als „Puncher" (Jack Dempsey, Rocky Marciano, Sonny Liston, (vor allem der späte) Mike Tyson, George Foreman etc.), ihr Stil ist aber fast identisch. Im Vergleich zu reinen (offensiven) „Punchern" haben „Pres-sure – Fighter" den Vorteil, Konterboxer über die zahlreicheren Treffer aus punkten zu können, während Punchern dies in der Regel höchstens über das gesamte Kampfbild (Vorwärtsgang, Aggressivität, Schlagwir-kung etc.) gelingt. So gewann Frazier gegen Ali nach Punkten, während bessere „Puncher" wie George Foreman auf den KO angewiesen waren. Wie Joe Louis und Darius Michalczewski zeigten, kann auch die Führ-hand eine effektive Ovensivwaffe sein; mit der Führhand (und Pendel-bewegung) in den Gegner zu gehen, ist auch eher unüblich, klassisches Angriffsboxen baut auf Oberkörperbe- wegung (Pendeln, Abducken) wie bei Frazier, Tyson und Durán auf, diese Überspringen die Führhand einfach und gehen gleich mit Abducken in die Halbdistanz. Offensive Kämpfer, die in der Halbdistanz den Schlagabtausch suchen, werden im englischen Sprachraum vor allem in den unteren Gewichtsklassen oft auch einfach nur Fighter genannt, im Gegensatz zum konternden Boxer. Der Begriff wird nahezu synonym mit Pressure Fighter verwendet, letz-teres betont mehr die besonders hohe Zahl von Schlägen.

Schläge:

- *Jab*   Abrupt geschlagene Gerade mit der
                                 Führhand.

- *Cross*   Gerade, die mit der Schlaghand
                                 ausgeführt wird.

- *Haken*   linker oder rechter Seitwärtshaken.

- *Aufwärtshaken*   auch als Uppercut oder Kinnhaken
                                 Benannt.

Profiboxen

Im Profiboxen kann die Zahl der Runden (à drei Minuten) frei festgelegt werden, bewegt sich aber üblicherweise zwischen vier und zwölf. Drei Kampfrichter bewerten unabhängig voneinander nach jeder einzelnen Runde, welcher Boxer in der Runde stärker gekämpft hat. Es ist auch möglich, dass nur der Ringrichter den Kampf bewertet, z. B. wenn einer von den zwei Boxern K.o. geschlagen wurde. Geht der Kampf über die volle Rundenzahl, wird durch Addition der Rundenwertungen und der Hilfspunkte der Sieger bestimmt. Punktabzüge sind infolge von Tiefschlägen und Verwarnungen möglich. Von 1945 - 1979 ereigneten sich 335 Todesfälle im Ring (Trainingsunfälle nicht mitgezählt). 1980 wurden die Sicherheitsbestimmungen verschärft. Seit 1990 sind 140 Todesfälle bekannt (einschließlich Trainingsunfällen). Da es jedoch keine vollständigen Statistiken zu akuten Todesfällen gibt, muss davon ausgegangen werden, dass die tatsächlichen Zahlen höher liegen.

Prominente Todesfälle

- Pedro Alcázar - Weltmeister der WBO in Superfliegen gewicht

- Sonny Banks - Erster Profi der Muhammad Ali zu Bo den schlug

- Andy Bowen - Bestritt gegen Jack Burke den bisher längsten Boxkampf

- Frankie Campbell - US-amerikanischer Schwergewicht ler

- Kim Duk-Koo - WEM-Herausforderer der WBA im Leichtgewicht

- Angelo Jacopucci - Europameister im Mittelgewicht

- Leavander Johnson - Weltmeister der IBF im Leichtge wicht

- Davey Moore - Weltmeister im Federgewicht

- Jonny Owen - Europameister im Bantamgewicht

- Greg Page - Weltmeister der WBA im Schwergewicht

- Benny Paret - Weltmeister im Weltergewicht

- Choi YO-Sam - Weltmeister der WBC im Halbfliegen gewicht

- Ed Sanders - Olympiasieger im Schwergewicht

- Roman Simakov - Asienmeister der WBC im Halb schwergewicht

- Lito Sisnorio - Juniorenweltmeister der WBC im Flie gengewicht

- Robert Wangila - Olympiasieger im Weltergewicht

Amateurboxen

Es gibt grundlegende Unterschiede zwischen Amateur- und Profiboxsport. Die Regeln für den Amateurboxsport werden von der AIBA, dem Weltverband des Amateurboxsports festgelegt. Diese Regeln sind zugleich die Grundlage für das Boxen als olympische Disziplin. Somit ist die Teilnahme an Olympischen Spielen nur Amateurboxern gestattet, die dem Weltverband AIBA angehören. Amateur- und Profilboxsport haben unterschiedliche Regeln und sind von Technik, Ausführung und Taktik her nur begrenzt vergleichbar. Darüber hinaus gibt es im Profilbereich kleinere Unterschiede zwischen den einzelnen Verbänden. Ein Kampf wird normalerweise in drei Runden von je drei Minuten Länge ausgetragen, zwischen den Runden jeweils eine Minute Pause.Es entscheidet die Anzahl der Treffer. Ein Treffer wird anerkannt, wenn mindestens drei der fünf Punktrichter einen Schlag innerhalb einer Sekunde als Treffer anerkennen.Dies geschieht durch Eingabe in einen Computer. Dieser wertet die Eingaben aus und zeigt die Treffer an. Dieses System soll die Urteile nachvollziehbarer machen und Manipulationen einschränken. Das Tragen eines Kopfschutzes, Zahnschutzes, Tiefschutzes (Männer) Brustschutzes (Frauen) und eines Ärmellosen Oberteils ist bei Amateurboxkämpfen Pflicht. Das Oberteil muss sich von der Hose farblich deutlich unterscheiden, damit die Gürtellinie klar erkennbar ist.

Bei Boxhandschuhen im Amateursport ist die erlaubte Trefferfläche weiß markiert, um den Kampfgericht das Erkennen regelwidriger Treffer zu erleichtern. Die strengen Schutzvorschriften, die Sperren nach K.O und das wesentlich frühere Anzählen, die 10-Unzen-Handschuhe (im Schwergewicht 12 Unzen) sowie die Beschränkung des Wettkampfes auf drei Runden senken das Gesundheitsrisiko. Trotzdem lassen sich auch beim Amateurboxen Todesfälle und schwere Verletzungen nicht immer verhindern. 2013 wurde allerdings der Kopfschutz bei den Erwachsenen (Elite)Boxern wieder abgeschafft, nachdem große Studien aus den USA und Kanada gezeigt hatten, dass der Kopfschutz bei Profis in der Eishockey- und Football-Liga eher kontraproduktiv war. Es kam zu Querbeschleunigung durch das große Gewicht des Kopfes incl. Kopfschutzgewicht und damit zu vermehrten Schäden des Gehirns. Es zeigte sich, dass mit Kopfschutz wesentlich aggressiver und risikobereiter agiert wurde. Es wurden erschreckende Zahlen unter 40-jähriger dementer Eishockey- und Footballspieler dokumentiert.

Gesetzliche Verbote

In Norwegen, Kuba, dem Iran, Island und Nordkorea ist professionelles Boxen verboten, Kämpfe finden lediglich auf Amateurstatus statt. In Schweden wurde 2006 das seit 36 Jahren bestehende Verbot teilweise aufgehoben. In Deutschland bestand bis 1918 ein polizeiliches Boxverbot, jedoch wurde bereits 1906 der erste deutsche Boxverein (SC Colonia 06, Köln) gegründet.

Legendäre Boxkämpfe

Am 19. Juni 1936 traf der deutsche Boxer Max Schmeling auf den unbesiegten „Braunen Bomber" Joe Louis, der als bis dahin bester Boxer der Geschichte bezeichnet wurde und als unbesiegbar galt.

Kaum jemand räumte Schmeling eine Chance ein, Louis zu schlagen – insbesondere auch Louis selbst nicht, der seinem Gegner wenig Wichtigkeit zumaß. Schmeling, der nach dem Vorbild seines Vor-gängers Gene Tunney Filme von Kämpfen seines Gegners studierte, hatte jedoch eine Schwachstelle in Louis Boxstil erkannt. Er ließ seine Linke, nach dem er mit ihr geschlagen hatte, zu tief sinken und bot so die linke Gesichtshälfte, insbesondere die Schläfe ungedeckt an. So musste Louis während des Kampfes härteste Treffer durch Schmelings Rechte schlucken und in der 12. Runde schließlich KO gehen. Gezeichnet von seiner ersten Niederlage gegen Max Schmeling strebte Joe Louis einen Revanchekampf gegen den Mann an, der ihn besiegt hatte. Schmeling, der um den schon angesetzten Titelkampf gegen James Braddock geprellt wurde, bekam so die Chance, wieder um einen Weltmeisterschaftstitel zu boxen, da Louis als Verlierer des Ausscheidungskampfes den Titelkampf bekommen hatte und durch einen Sieg über Braddock Weltmeister geworden war, Diesmal war der Druck, der auf den beiden Boxern lastete, besonders hoch. Der Kampf wurde zur symbolischen Auseinandersetzung der Systeme stilisiert, Schmeling zum Vertreter des rassistischen NS-Regimes erklärt. Ironischerweise wurde der schwarze Joe Louis zum Vorkämpfer für das damalige weiße Amerika, das gegenüber seinen schwarzen Mitbürgern selbst rassistisch eingestellt war. Am 22. Juni 1938 trafen die beiden wieder aufeinander. Diesmal wusste Louis genau, was ihn erwarten würde. Er gewann bereits in der 1. Runde durch ein technisches KO. Februar 1964 - Der junge aufstrebende Cassius Clay bekam die Chance zum Weltmeisterschaftskampf gegen Sonny Liston. Der Kampf sowie der Rückkampf, bekamen den Namen Muhammed Ali vs. Sonny Liston. Wieder einmal konnte ein zuvor krasser Außenseiter nach dem Kampf zum Sieger gekürt werden. Liston gab zu Beginn der 7. Runde auf, da er den leichtfüßigen Clay nicht traf, dafür selbst permanent getroffen wurde. Ein Jahr später, am 25. Mai 1965 kam es zum Revanchekampf zwischen Sonny Liston und Cassius Clay, der sich von nun an Muhammad Ali nannte. Bereits in der 1. Runde lag Liston auf dem Boden und verlor den Kampf durch KO. Viele Zuschauer witterten einen Betrug, da sie keinen klaren Schlag gesehen haben, der Liston traf. Doch in der Zeitlupe sah man, dass Liston schwer von Ali getroffen wurde.

Dieser blitzschnelle Schlag ging als *„Phantom Punch"* oder *„Anchor Punch"* in die Geschichte ein. Da Muhammad Ali den Kriegsdienst verweigerte, es war zu Zeiten des Vietnamkriegs, setzten die von US-amerikanischen Interessen dominierten Boxsportverbände, zu Unrecht die Aberkennung seines sportlichen Titels durch. Er durfte erst Anfang der 70er Jahre wieder boxen. Nach 2 Aufbaukämpfen stellte er sich dem neuen Weltmeister „Smokin Joe" Frazier. Dieser Fight of the Century (Deutsch: *„Kampf des Jahrhunderts")* führte am 8. März 1971 zwei Boxer zusammen, die bis dahin noch unbesiegt waren. Er ging als einer der spektakulärster und besten Titelkämpfe in die Geschichte des Schwergewichtsboxens ein. Frazier brachte Ali die erste Niederlage bei. In der 15. Runde hatte er Ali mit einem mächtigen linken Haken auf die Bretter geschickt und gewann nach Punkten. Alis vor dem Kampf praktizierte PR-Methoden, wobei er Frazier zum Teil extrem persönlich beleidigte, ließen die beiden Kontrahenten zu Erzfeinden werden.   Joe Frazier wurde von George Foreman entthront. Muhammad Ali hatte unterdessen alle relevanten Gegner der Weltrangliste bekämpft und besiegt, um sich selbst als einzig relevanten Gegner anzubieten. So bekam er eine erneute Chance, um einen Weltmeisterschaftstitel zu boxen. Ali galt aber wie schon vor 10 Jahren gegen Liston als Außenseiter. Foreman galt als brutaler Puncher, der alle seine Gegner bis dato in wenigen Runden KO geschlagen hatte. Don King organisierte den Kampf, der am 30. Oktober 1974 in Kinshasa Zaire (heute: Demokratische Republik Kongo ausgetragen wurde und als „Rumble in the Jungle" bekannt wurde. Ali begriff, dass er körperlich keine Chance gegen Foreman hatte und sah die einzige Siegeschance in seiner „Rope a Dope" genannten Taktik. Nachdem er in der ersten Runde wie einst gegen Liston seine überlegene Schnelligkeit demonstrierte, damit dem erwarteten Sturmangriff Foremans die Basis nahm, ließ er sich ab der zweiten Runde von Foreman gegen die Seile treiben, lehnte sich mit dem Kopf weit zurück und schützte mit den Händen seinen Oberkörper, sodass Foremans Fäuste keinen Schaden anrichten konnten. Währenddessen rief er Foreman oft Provokationen entgegen, wie *„Ist das alles, was du zu bieten hast?* Oder *„Meine Großmutter schlägt härter!".* Der dadurch immer blindwütiger werdende Foreman schlug sich in der tropischen Hitze müde.

Mit fortlaufender Runden zahl kam Ali zum Ende jeder Runde aus seiner Deckung und deckte Foreman mit schnellen Kopftreffern ein. In einem günstigen Moment in der 8. Runde schlug Ali den erschöpften Foreman mit neun aufeinanderfolgenden Kopftreffern zu Boden und gewann den Kampf schließlich durch KO. Joe Frazier wollte wieder Weltmeister werden und trat erneut gegen „Worlds Greatest" - Muhammad Ali, an. Don King organisierte wieder den Fight. Diesmal sollte er in Manila auf den Philippinen stattfinden. Deshalb auch sein berühmter Name „Thrilla in Manila". Es war der letzte von 3 Kämpfen, die Ali und Frazier gegeneinander bestritten. Frazier wollte Ali unbedingt besiegen, da er ihn nicht leiden konnte – wurde er doch immer noch von ihm provoziert und beleidigt. Am 30. September 1975 trafen die beiden aufeinander. Es war ein sehr hart geführter Kampf. Beide gingen ein hohes Tempo ein. Ali dominierte zu Beginn den Kampf, schien einem leichten Sieg entgegenzusteuern. Doch der als Spätstarter bekannte Frazier kam immer stärker auf, bearbeitete seinen Kontrahenten mit zahlreichen effektiven Körpertreffern und konnte immer häufiger seinen gefürchteten linken Haken ins Ziel bringen. In der Mitte des Kampfes schien es, als werde er Ali überrollen. Dieser fing sich jedoch, holte alles aus sich heraus und steigerte sich zu seiner höchsten Leistungskraft. So konnte er den Kampf, der in einer 40° C heißen Halle ausgetragen wurde, drehen und am Ende wieder dominieren. Der zunehmend erschöpfte Frazier hatte völlig verschwollene Augen und war quasi blind, musste dadurch schlimmste Kopftreffer einstecken, doch „Smokin' Joe" gab nicht auf. Nach der 14. Runde brach Fraziers Betreuer Eddi Futch den Kampf ab, da er die Gesundheit seines Schützlings für gefährdet hielt. Der siegreiche Ali brach unmittelbar danach im Ring zusammen. Beide Boxer landeten im Krankenhaus. Ein ehrgeiziger junger Boxer mit einem besonderen Kampfstil boxte sich Mitte der 80er Jahre in den Ranglisten hoch und bekam die Chance Weltmeister zu werden, Mike Tyson. Er hatte den Beinamen „Kid Dynamite", da er erst 20 Jahre alt war und einen Kampfrekord von 27 Siegen und 0 Niederlagen zu verbuchen hatte. Fast alle Kämpfe wurden in den ersten Runden durch KO oder TKO entschieden. So auch sein erster Weltmeisterschaftskampf gegen Trevor Berbick am 22. November 1986.

Bereits in der 2. Runde wirkte Berbick erschöpft und nach einem weiteren Nieder-schlag war der Kampf beendet. Dieser KO wurde weltberühmt, da Berbick immer wieder aufzustehen versuchte, aber andauern hinfiel – ein Treffer auf das Ohr hatte den Gleichgewichtssinn gestört. Mike Tyson wurde damit bis dahin jüngster Weltmeister, und wenig später vereinte er die Weltmeistertitel der Verbände WBA, WBC und IBF. Drei Jahre lang verteidigte der unumstrittene Weltmeister aller Klassen Mike Tyson seine Titel und niemand konnte ihn stoppen. Irgendwann glaubte auch er, er sei unbesiegbar. Dies und die Tatsache, dass Tyson enorme private Probleme hatte, führten schließlich zu seiner sensationellen Niederlage gegen James „Buster" Douglas. Am 11. Februar 1990 kam es zum Alptraum für Tyson. Er war boxerisch klar unterlegen, konnte Douglas jedoch am Ende der 8. Runde schlagen, doch der Gong rettete diesen. In der 10. Runde verpasste Douglas *„Iron Mike"* einen Aufwärtshaken und setzte sofort mit Kombinationen nach. Tyson ging zu Boden und versuchte nun seinen herausgefallenen Mundschutz wieder aufzuheben und in den Mund zu stecken. Diese Bilder des erstmals unbesiegbaren Tyson gingen um die Welt und waren eine Sensation für die Boxwelt. James „Buster" Douglas verlor allerdings bereits seine erste Titelverteidigung gegen Evander Holyfield. Am 09. November 1996 freute sich die Boxwelt auf den langersehnten Kampf *„Tyson vs. Holyfield"*. Tyson, mittlerweile wieder Weltmeister verteidigte hier seinen Titel. Doch der Zahn der Zeit nagte auch an Tysons boxerischem Talent. Holyfield gewann den Kampf durch TKO in der 11. Runde. Zum Skandal, wurde der Revanchekampf. Am 28. Juni 1997 boxten die beiden wieder um den Weltmeisterschaftstitel. In der dritten Runde biss Tyson ein Stück vom rechten Ohr seines Kontrahenten Holyfield ab. So etwas hatte es nie zuvor gegeben. Tyson wurden daraus vom Ringrichter zwei Punkte abgezogen. Als Tyson in der gleichen Runde ein zweites Mal in Holyfields Ohr biss, wurde er nach dieser Runde wegen dieser groben Unsportlichkeit disqualifiziert und für 1 Jahr gesperrt. Die Schmerzensgeldsumme betrug 3 Millionen US-Dollar. Als Grund für die Beißattacke gab Tyson an, er habe mehrere Kopfstöße von Holyfield erhalten.

„Siegen ist nicht das schwerste.
Den Sieg festzuhalten, Darin
liegt die Schwierigkeit. "

Lü Bu We

Judo

Judo, wörtlich sanfter/flexibler Weg, abgeleitet von jū - sanft, nachgiebig, flexibel, und dõ Weg ist eine japanische Kampfsportart, deren Prinzip Siegen durch Nachgeben, beziehungsweise maximale Wirkung bei einem Minimum an Aufwand ist. Begründet wurde Judo von Kanõ Jigorõ (jap. 1860 – 1938), Anfang des 20. Jahrhunderts. Dieser schuf eine Symbiose aus verschiedenen alten Jiu Jitsu Stilen (Koryu), welche er seit seiner Jugend mit großem Fleiß trainiert hatte. Ein Judokämpfer wird auch Judoka (jap. „Sanftweg – Haus") genannt, wobei das Suffix „KA" die Bedeutung einer Person als Haus, gefüllt mit Wissen ist. Judo ist ein Weg zur Leibesertüchtigung und darüber hinaus auch eine Philosophie zur Persönlichkeitsentwicklung. Zwei philosophische Grundprinzipien liegen dem Judo im Wesentlichen zugrunde. Zum einen das gegenseitige Helfen und Verstehen zum beiderseitigen Fortschritt und Wohlergehen und zum anderen der bestmögliche Einsatz von Körper und Geist. Ziel ist es, diese Prinzipien als eine Haltung in sich zu tragen und auf der Judo matte (jap. Tatami) bewusst in jeder Bewegung zum Ausdruck zu bringen. Ein Judo Meister hört demnach im Idealfall niemals auf, Judo zu praktizieren und zu lernen. Auch wenn er nicht im Dõjõ (Trainingshalle) ist. Die beiden Säulen des Judo sind im traditionellen Sinne meist der Formen lauf, jap. Kata, und der Übungskampf, jap. Randori (auch als Wettkampf, jap. Shiai). Klassischerweise gehören daneben auch Kogi, (Lehrvortrag) und Mondõ (Lehrgespräch) zu diesen Säulen.

Das heutige Judo ist stark von den Wettkampftechniken der letzten Jahre dominiert und wird auch dementsprechend mit sogenanntem Techniktraining geprägt, bei dem gezielt dafür geeignete Techniken trainiert werden.

Ursprung

Die Wurzeln des Judo reichen bis in die Nara – Zeit (710 – 784n.Chr.) zurück. In den beiden damaligen Chroniken Japans, dem Kojiki (712) und dem Nihonshoki (720), gibt es Beschreibungen von Ringkämpfen, die mythischen Ursprungs sind. Seit 717 fanden am Kaiserhof alljährlich Preisringen statt, an denen Ringer aus allen Provinzen teilnahmen. Dieses Ringen wurde Sechie – Zumo genannt. Die Bushi griffen dieses Sumo auf und entwickelten daraus das Yoroikumiuchi (Ringen in voller Rüstung). Mit dem Aufstieg der Krieger klasse Ende des 12. Jahrhunderts erlebten die Kampfkünste einen starken Aufschwung. Das kulturelle Geschehen wurde immer vom Geist der Bushi bestimmt. In dieser Zeit entwickelten sich die Ursprünge des legendären Ehrenkodexes, der später von Nitobe als Bushido beschrieben wurde. Im Japan der Ashikaga Epoche (1136 – 1568n.Chr.) entwickelten sich unterschiedliche waffenlose Nahkampfsysteme: Eine Variante war Kogusoku (kleine Rüstung). Diese Kampfart war nach den in dieser Zeit neu entwickelten leichteren Rüstungen benannt. In der Literatur und den historischen Dokumenten aus dieser Zeit finden sich weitere Nahkampfsysteme wie Tai-Jutsu („Körperkunst"), Torite („Ergreifen der Hände"), *Koshi no Mawari* („Hüfteindrehen"), Hobaku („Ergreifen"), *Torinawajutsu* („Kunst des Ergreifens und Verbindens"). In der Mitte des 16. Jahrhunderts führten die Portugiesen die Schusswaffen in Japan ein und die Kriegskünste – *Bugei* mit Schwert, Pfeil und Bogen – verloren auf dem Schlachtfeld an Bedeutung. Ihre Traditionen wurden aber in der Edo Zeit fortgeführt und im Sinne des Prinzips Bunbu (literarische Bildung und militärische Praxis) zur Pflicht gemacht.

Für das Prinzip des Nachgebens *Ju* in der Kampfkunst gibt es verschiedene Einflüsse, Erklärungen, Legenden und Anekdoten: Im Konjaku Monogatari findet man zum ersten Mal den Begriff yaware (weich) im Zusammenhang mit einer Geschichte über das japanische Ringen. Stark waren sicherlich auch die chinesischen Einflüsse, denn seit der Ashikaga Epoche wurde offiziell der Handel mit China aufgenommen und bis zum Ende des 16. Jahrhunderts immer weiter ausgedehnt.

Kano Jigoro und Kyuzo Mifune

Über die Entstehung des Jiu Jitsu existieren unterschiedliche Berichte, die einen legendenhaften Charakter haben. Ihr historischer Wahrheitsgehalt ist schwer nachzuweisen. Die poetisch schönste ist sicherlich die Legende des Arztes *Akiyama Shirobei* aus Hitzen, der in China Medizin und die Kunst der Selbstverteidigung studiert haben soll. Wieder in Japan, zog er sich in einen Tempel namens *Dazai Tenjin* zurück. Der Überlieferung nach war es Winter, und am 21. Tag im Tempel setzte starker Schneefall ein. Er betrachtete die Bäume, ihm fiel auf, dass viele Äste unter der Last des Schnees brachen, die des Weidenbaums aber wegen ihrer Elastizität nachgaben und den Schnee abgleiten ließen. Auf Grund dieses Vorgangs soll der Arzt Shirobei das Prinzip des „Ju" - Nachgebens – in der Kampfkunst eingeführt haben. In der ersten Hälfte der Edo Epoche (17./18. Jahrhundert) entwickelten sich unzählige Jiu Jitsu- oder artverwandte Schulen – jap. Ryu. Mit dem Ende der Tokugawa Zeit und der Öffnung Japans kam es auch zu starken Veränderungen in der japanischen Gesellschaft. Durch die Meijim Reform kam es zu einer Fülle von staatlichen, wirtschaftlichen und kulturellen Reformen. Die japanischen Künste wurden stark zurückgedrängt, alles „Westliche" hatte Vorrang. Doch schon zu Beginn der 1880er-Jahre gab es eine Rückbesinnung in Bezug auf die geistlichen und sittlichen Werte. Kanõ Jigorõ (1860 – 1938) wuchs in diesem Japan der extremen Veränderungen auf.

Er lernt Jiu Jitsu an verschiedenen Schulen wie der *Tenshinshinyo Ryu* und der Kito Ryu. 1882 gründete Kano Jigoro seine eigene Schule, den Kodokan („Ort zum Studium des Weges") in der Nähe des Eisho Tempels im Stadtteil Shitaya in Tokio. Er nannte seine Kunst Judo, da das Kanji (Schriftzeichen) Ju sowohl „sanft" als auch „Nachgeben" bedeuten kann und das Zeichen Do ebenfalls mit „Grundsatz" und nicht nur mit „Weg" übersetzt werden kann. Sein System bestand neben Wurftechniken (Nahe Waza) aus Bodentechniken (Ne Waza) sowie Schlag-, Tritt- und Stoßtechniken (Atemi Waza), die u. a. dem System der Kito Ryu und der Tenshinshinyo Ryu (traditionelle Jiu Jitsu Schulen, bei denen Kanō mittlerweile das Menkyo Kaiden, die universelle Lehrerlaubnis bzw. Meisterwürde innehatte) entnommen wurden. Es war sogar eine kleine Sparte Waffentechnik (z. B. Mit Schwert und Stöcken) im Curriculum vorhanden. Kanō selektierte aber auch viele Techniken aus, welche dem von ihm gefundenen obersten Prinzip „möglichst wirksamer Gebrauch von geistiger und körperlicher Energie" widersprachen.

Dass er dabei aber alle „bösen" Techniken entfernt hätte, die geeignet sind, einen Menschen ernsthaft zu verletzen oder zu töten, ist ein weitverbreiteter Irrtum. (Spätestens beim Studium der Katas wie Kimeno Kata oder der Kodokan Goshin Jitsu tritt dieser Irrtum offen zu Tage). Ab 1947 wurde das Kodokan, nach zweijähriger Zwangspause durch den 2. Weltkrieg, wiedereröffnet. Judo veränderte sich immer mehr vom Nahkampf System zum Wettkampfsport. Schlag- Tritt und andere, den Gegner ernsthaft verletzende Techniken wurden als für den Wettkampf unnötig nicht mehr unterrichtet und gerieten dadurch z. T. In Vergessenheit. Die verbliebenen Techniken sind hauptsächlich Würfe (jap. Nage Waza), Falltechniken (jap. Ukemi Waza) und Bodentechniken (jap. Katame Waza). Entgegen der landläufigen Meinung gehören Schlag- und Tritttechniken nach wie vor immer noch zum Judo. Allerdings werden Schläge und Tritte, wie auch manch andere gefährlichere Techniken im heutigen Judo, wenn überhaupt erst in den höheren Graduierungen unterrichtet.

In der Regel können Kinder ab einem Alter von fünf Jahren am Judo Training teilnehmen. Judo setzte sich in Japan allerdings erst durch, als die Schüler Kanos (zuvor Jiu Jitsuka) im Jahre 1886 einen regulären Kampf zwischen der Kodokan Schule und der traditionellen Jiu Jitsu Schule *Ryoi Shinto Ryu* für sich entscheiden konnten. Aufgrund dieses Erfolges verbreitet sich Judo in Japan rasch und wurde bald bei der Polizei und der Armee eingeführt. 1911 wurde Judo an allen Mittelschulen Pflichtfach. Es wird behauptet, Kano habe das Judo durchaus als ernstzunehmende Selbstverteidigungskunst inklusive Schläge und Fußtritten konzipiert (ohne die ein Sieg über R*yoi Shinto Ryu* nicht möglich gewesen wäre). Der berühmte japanische Regisseur Akira Kurosawa drehte seinen ersten Film *Sanshiro Sugata* 1943 über das Judo.

Der Weg in den Westen

1906 kamen japanische Kriegsschiffe zu einem Freundschaftsbesuch nach Kiel. Die Gäste führten dem deutschen Kaiser ihre Nahkampf Künste vor. Wilhelm II. War begeistert und ließ seine Kadetten in der neuen Kampfkunst unterrichten. Der damals bedeutendste deutsche Schüler war der Berliner Erich Rahn, der im Jahre 1906 die erste deutsche Jiu Jitsu Schule gründete. Weitere Pioniere im Judo sind Alfred Rhode und Heinrich Frantzen. 1926 fanden in Köln im Rahmen der 2. deutschen Kampfspiele die ersten deutschen Judo (Jiu Jitsu)-Meisterschaften statt. 1932 wurde im Frankfurter Waldstadion die erste internationale JudoSommerschule durchgeführt. Anlässlich der Judo-Sommerschule wurde am 11. August 1932 der Deutsche Judo-Ring gegründet. Erster Vorsitzender wurde Alfred Rhode. Der Begriff Judo setzte sich, wie schon im restlichen Europa, auch in Deutschland durch. 1933 besuchte Kanō *Jigorō* mit einigen Schülern auf einer Europareise auch Deutschland und gab Lehrgänge in Berlin und München. Im August 1933 wurde Judo von den Nationalsozialisten in das Fachamt Schwerathletik des Deutschen Reichsbundes eingegliedert und verlor damit seine Eigenständigkeit.

Die letzten Deutschen Meisterschaften in der NS-Zeit fanden 1941 in Essen statt. Die ersten Judo-Europameisterschaften wurden 1934 im Kristallpalast in Dresden ausgerichtet. 1975 in München war das Geburtsjahr der ersten Frauen-Europameisterschaften. Nach dem Zweiten Weltkrieg war Judo bis 1948 durch die Alliierten verboten. 1951 fanden in Frankfurt die ersten Deutschen Meisterschaften nach dem Zweiten Weltkrieg statt. 1952 wurde das Deutsche Dan Kollegium (DDK) (Vorsitz: Alfred Rhode) und 1953 der Deutsche Judo Bund (Vorsitz: Heinrich Frantzen) gegründet. 1970 wurde in Rüsselsheim die ersten Deutschen Meisterschaften der Frauen ausgerichtet.

Judo Techniken (Waza)

Die Judo-Techniken lassen sich grob in vier Grundtypen einteilen:

- Nage Waza – Wurftechniken

- Katame / Ne Waza – Bodentechniken

- Ukemi Waza – Falltechnik

- Atemi Waza – Schlagtechniken (Nur in Kata)

Der Schwerpunkt des modernen Judosports liegt in der sportlichen Ertüchtigung und nicht unbedingt in der Selbstverteidigung. Kanō Jigorō sagte, dass Judo vor allen dazu dienen soll, durch das Training von Angriffs- und Verteidigungsformen Körper und Geist zu stärken.

Wettkampf (Shiai)

Judo ist eine Zweikampf-Sportart. Ziel ist es, den Gegner durch Anwenden einer Technik mit Kraft und Schnelligkeit kontrolliert auf den Rücken zu werfen. Gelingt dies, so ist der Kampf gewonnen, wie ein KO beim Boxen. Dabei ist es meist unerheblich wie geworfen wurde und welche Technik verwendet wurde, solange der Werfende den Geworfenen dabei deutlich kontrolliert und keinen Regelverstoß begeht. Tatsächlich haben auch einige Techniken anderer Kampfsportarten im Wettkampfjudo ihren Einzug gehalten. Als grober Anhaltspunkt: Je besser der Gegner auf den Rücken fällt, umso bessere Wertungen erhält man. Konnte keiner der Kontrahenten den Kampf vorzeitig für sich entscheiden wird nach dem Ende der Kampfzeit (fünf Minuten im Erwachsenenbereich, zwischen zwei und vier Minuten im Kinder- und Jugendsport) nach Wertungen entschieden. Steht es den Wertungen nach Unentschieden, wird anhand der Verwarnungen entschieden. Lässt sich auch dabei kein Sieger ermitteln, wird im Falle eines Freundschafts- oder Liga Kampfes ein Unentschieden (Hiki Wake) ausgesprochen, da hier keine Entscheidung erforderlich ist. Ist aber wie bei Meisterschaften eine Entscheidung erforderlich folgt ein Kampf im „Golden Score", der wiederum maximal die halbe Kampfzeit dauert. Die Wertungen aus der vorhergehenden Kampfzeit bleiben dabei erhalten. Der Kampf im „Golden Score" ist jedoch sofort beendet, sobald einer der Kämpfer eine Wertung erhält oder bestraft wird. Geht auch dieser Kampf ohne einen Gewinner zu Ende kommt es zum Kampfrichterentscheid. Hierbei zeigen auf Kommando des Hauptkampfrichters alle drei Richter gleichzeitig mit Fähnchen an, welcher Kämpfer ihrer Meinung nach besser gekämpft hat. Der Kämpfer mit der Mehrheit an Stimmen gewinnt den Kampf. Nach einer Regeländerung der Internationalen Judo-Föderation (IJF), die im Jahr 2013 erprobt wurde und 2014 verbindlich eingeführt wurde, ist der Kampfrichterentscheid abgeschafft, wodurch das Golden Score keiner zeitlichen Begrenzung mehr unterworfen ist. Der Kampf findet jedoch nicht ausschließlich im Stand statt, sondern geht auch am Boden weiter. Hier gibt es prinzipiell zwei Möglichkeiten, einen Sieg zu erringen. Wird der Gegner für 20 Sekunden auf dem Rücken liegend am Boden festgehalten, so ist der Kampf gewonnen. Wie bei den Würfen werden auch hier Wertungen für eventuell kürzere Haltezeiten vergeben.Es gibt daher auch die Möglichkeit dass ein Festhalter auf 15 Sekunden verkürzt wird. Dies geschieht, wenn der Festgehaltene bereits einen Waza Ari erhalten hat, da zwei Gegner durch einen Armhebel oder Würgegriff zur Aufgabe zu zwingen. Sobald einer der Kontrahenten jedoch in den Stand zurückkehrt, muss der Kampf unterbrochen und im Stand neu begonnen werden.

Die größten Erfolge deutscher Judoka

- 1979 Detlef Ultsch   Weltmeister, DDR
- 1980 Dietmar Lorenz   Olympiasieger, DDR
- 1982 Barbara Claßen   Weltmeisterin, BRD
- 1983 Detlef Ultsch   Weltmeister, DDR
- 1983 Andreas Preschel   Weltmeister, DDR
- 1984 Frank Wieneke   Olympiasieger, BRD
- 1987 Alexandra Schreiber   Weltmeisterin, BRD
- 1991 Frauke Eickhoff   Weltmeisterin
- 1991 Daniel Lascau   Weltmeister
- 1991 Udo Quellmalz   Weltmeister
- 1993 Johanna Hagn   Weltmeisterin
- 1995 Udo Quellmalz   Weltmeister
- 1996 Udo Quellmalz   Olympiasieger
- 2003 Florian Wanner   Weltmeister
- 2004 Yvonne Bönisch   Olympiasiegerin
- 2008 Ole Bischof   Olympiasieger

„Willst Du Härte, musst du sie durch Weichheit wahren.
Willst Du Stärke, musst du sie durch Schwäche schützen."

Liä Dsi

Karate

Karate ist eine Kampfkunst, deren Geschichte sich sicher bis ins O-kinawa des 19. Jahrhunderts zurückverfolgen lässt, wo einheimische o-kinawanische Traditionen (Ti) mit chinesischen (Shàolin Quànfǎ) Ein-flüssen zum Tõde verschmolzen. Zu Beginn des 20. Jahrhunderts fand dieses seinen Weg nach Japan und wurde nach dem Zweiten Weltkrieg von dort als Karate über die ganze Welt verbreitet. Inhaltlich wird Karate vor allem durch Schlag-, Stoß-, Tritt- und Blocktechniken sowie Fußfe-gertechniken als Kern des Trainings charakterisiert. Einige wenige Hebel und Würfe werden (nach ausreichender Beherrschung der Grundtechni-ken) ebenfalls gelehrt, im fortgeschrittenen Training werden auch Wür-gegriffe und Nervenpunkttechniken geübt. Manchmal wird die Anwen-dung von Techniken unter Zuhilfenahme von Kobudõ Waffen geübt, wo-bei das Waffentraining kein integraler Bestandteil des Karate ist. Recht hoher Wert wird meistens auf die körperliche Kondition gelegt, die heut-zutage insbesondere Beweglichkeit, Schnellkraft und anaerobe Belast-barkeit zum Ziel hat. Die Abhärtung der Gliedmaßen u. a. Mit dem Ziel des Bruchtests (jap. Tameshiwari), also des Zerschlagens von Brettern oder Ziegeln, ist heute weniger populär, wird aber von Einzelnen immer noch betrieben. Das moderne Karate Training ist häufig eher sportlich orientiert. Das heißt, dass dem Wettkampf eine große Bedeutung zu-kommt. Diese Orientierung wird häufig kritisiert, da man glaubt, dass dadurch die Vermittlung effektiver Selbstverteidigungstechniken, die durchaus zum Karate gehören, eingeschränkt wird und das Karate ver-wässert.

Name

Karate dõ (japanisch „Weg der leeren Hand") wurde früher meist nur als Karate bezeichnet und ist unter dieser Bezeichnung noch heute am häu-figsten geführt. Der Zusatz dõ wird verwendet, um den philosophischen Hintergrund der Kunst und ihre Bedeutung als Lebensweg zu unterstrei-chen. Bis in die 1930er-Jahre hinein war die Schreibweise gebräuchlich, was wörtlich „chinesische Hand" bedeutet.

Das Schriftzeichen mit der sino japanischen Lesung Tō und der japanischen Lesung Kara bezog sich auf das China der Tang-Dynastie (618 bis 907 n Chr.). Damit waren die chinesischen Ursprünge bereits im Namen der Kampfkunst manifestiert. Aus vermutlich politischen Gründen (Nationalismus) ging man dann in Japan dazu über, die Schreibung also „leere Hand" zu verwenden. Das neue Zeichen wurde wie das alte *kara* gelesen und war auch von der Bedeutung her insofern passend, als im Karate meist mit leeren Händen, also ohne Waffen, gekämpft wird. Im Deutschen ist bei der Aussprache des Wortes Karate eine Betonung der zweiten Silbe verbreitet. Oft wird sogar wie in mehreren romanischen Sprachen, zum Beispiel im Französischen oder Portugiesischen, auf *te* betont. Nach der japanischen Aussprache des Wortes dagegen ist eine gleichwertige Akzentuierung jeder Silbe üblich.

Ursprung

Die Legende erzählt, dass der buddhistische Mönch Daruma Taishi (Bodhidharma) aus Kanchipuram (Südindien) im 6. Jahrhundert das Kloster *Shaoloin* (jap. Shōrinji) erreicht und dort nicht nur den Ch'an (Zen)-Buddhismus begründet, sondern die Mönche auch in körperlichen Übungen unterwiesen habe, damit sie das lange Meditieren aushalten konnten. So sei das *Shaolin Kung Fu* (korrekt: Shaolin-Quánfǎ, jap. *Kempö/Kenpö)* entstanden, aus dem sich dann viele andere asiatische und chinesischen Kampfkunststile (*Wushu*) entwickelt hätten. Da Karate um seine chinesischen Wurzeln weiß, betrachtet es sich ebenfalls gerne als Nachfahren jener Tradition (Ch'an, Bodhidharma, Shaolin), deren Historizität im Dunkeln liegt und unter Historikern umstritten ist. Trotzdem ziert das Bildnis von Daruma so manches Dōjō.

Von China nach Okinawa

Karate in seiner heutigen Form entwickelte sich auf der pazifischen Kette der Ryŭkyŭ Inseln, insbesondere auf der Hauptinsel Okinawa. Diese liegt ca. 500 Kilometer südlich der japanischen Hauptinsel Kyŭshŭ zwischen Südchinesischen Meer und Pazifik. Heute ist die Insel Okinawa ein Teil der gleichnamigen Präfektur Japans. Bereits im 14. Jahrhundert unterhielt Okinawa damals Zentrum des unabhängigen Inselkönigreichs Ryŭkyŭ, rege Handelskontakte zu Japan, China, Korea und Südostasien. Die urbanen Zentren der Insel, Naha, Shuri und Tomari, waren damals wichtige Umschlagplätze für Waren und boten damit ein Forum für den kulturellen Austausch mit dem chinesischen Festland. Dadurch gelangten erste Eindrücke chinesischer Kampftechniken des Quánfà/Kempŏ nach Okinawa, wo sie sich mit dem einheimischen Kampfsystem des Te/De (Ryŭkyŭ Dialekt Ti) vermischten und sich so zum Tŏde (*Tŏdì)* oder Okinawa Te (*Uchinādī* „Hand aus Okinawa") weiterentwickelten. Te bedeutet wörtlich „Hand", im übertragenen Sinne auch „Technik" bzw. „Handtechnik". Der Ursprüngliche Begriff für Tŏde oder Karate kann daher frei als „Handtechnik aus dem Land der Tang" (China) übersetzt werden (bedeutet aber natürlich die verschiedenen Techniken als Ganzes). Die unterschiedliche wirtschaftliche Bedeutung der Inseln führte dazu, dass sie ständig von Unruhen und Aufständen heimgesucht wurden. Im Jahre 1422 n. Chr. gelang es schließlich König Sho Hashi, die Inseln zu einen. Zur Erhaltung des Friedens in der aufständischen Bevölkerung verbot er daraufhin das Tragen jeglicher Waffen. Seit 1477 n. Chr. regierte sein Nachfolger Shŏ Shin und bekräftigte die Politik des Waffenverbotes seines Vorgängers. Um die einzelnen Regionen zu kontrollieren, verpflichtete er sämtliche Fürsten zum dauerhaften Aufenthalt an seinem Hof in Shuri – eine Kontrollmöglichkeit, die später von den Tokugawa Shogunen kopiert wurde. Durch das Waffenverbot erfreute sich die waffenlose Kampfkunst des Okinawa Te erstmals wachsender Beliebtheit, und viele ihrer Meister reisten nach China, um sich dort durch das Training des chinesischen Quánfá fortbilden. 1609 n. Chr. besetzten die Shimazu aus Satsuma die Inselkette und verschärften das Waffenverbot dahingehend, dass sogar der Besitz jeglicher Waffen, selbst Zeremonien Waffen, unter schwere Strafe gestellt wurde.

Dieses Waffenverbot wurde als Katanagari („Jagd nach Schwertern") bezeichnet. Schwerter, Dolche, Messer und jegliche Klingen Werkzeuge wurden systematisch eingesammelt. Dies ging sogar soweit, dass einem Dorf nur ein Küchenmesser zugestanden wurde, das mit einem Seil an den Dorfbrunnen (oder an einer anderen zentralen Stelle) befestigt und streng bewacht wurde. Das verschärfte Waffenverbot sollte Unruhen und bewaffnete Widerstände gegen die neuen Machthaber unterbinden. Jedoch hatten japanische Samurai das Recht der sogenannten „Schwertprobe" dem zufolge sie die Schärfe ihrer Schwertklinge an Leichen, Verwundeten oder auch willkürlich an einem Bauern erproben konnten, was auch vorkam. Die Annexion führte somit zu einer gesteigerten Notwendigkeit zur Selbstverteidigung, zumal damals auf dem feudalen Okinawa Polizeiwesen und Rechtsschutz fehlten, die den einzelnen vor solchen Eingriffen schützen konnten. Der Mangel an staatlichen Rechtsschutzinstitutionen und die gesteigerte Wehrnotwendigkeit vor Willkürakten der neuen Machthaber begründeten also einen Intensivierungs- und Subtilisierungs Prozess des Kampfsystems Te zur Kampfkunst Karate. Ungefähr zwanzig Jahre dauerte es, bis sich die großen Meister des Okinawa Te zu einem geheimen oppositionellen Bund zusammenschlossen und festlegten, dass Okinawa Te nur noch im Geheimen an ausgesuchte Personen weitergeben werden soll. Währenddessen entwickelte sich in der bäuerlich geprägten Bevölkerung das Kobudō, das Werkzeuge und Alltagsgegenstände mit seinen speziellen Techniken zu Waffen verwandelte. Dabei gingen spirituelle, mentale und gesundheitliche Aspekte, wie sie im Chuan Fa gelehrt wurden, verloren. Auf Effizienz ausgelegt, wurden Techniken, die unnötiges Risiko bargen, wie beispielsweise Fußtritte im Kopfbereich, nicht trainiert. So lässt sich in diesem Zusammenhang von einer Auslese der Techniken sprechen. Kobudō und seine aus Alltagsgegenständen und Werkzeugen hergestellten Waffen konnten schon aus wirtschaftlichen Gründen nicht verboten werden, da sie für die Versorgung der Bevölkerung sowie der Besatzer schlicht notwendig waren. Allerdings war es sehr schwer, mit diesem Waffen einen ausgebildeten und gut bewaffneten Krieger im Kampf gegenüberzutreten.

Deshalb entwickelte sich in Okinawa Te und Kobudō, die damals noch eng miteinander verknüpft gelehrt wurden, die Maxime, möglichst nicht getroffen zu werden und gleichzeitig die wenigen Gelegenheiten, die sich boten, zu nutzen, den Gegner mit einem einzigen Schlag zu töten. Dieses für das Karate spezifische Prinzip heißt Ikken Hissatsu. Die Auslese von möglichst effizienten Kampftechniken und das Ikken Hissatsu Prinzip brachten dem Karate den ungerechtfertigten Ruf ein, ein aggressives Kampfsystem, ja sogar die Härteste aller Kampfsportarten" zu sein. Die tödliche Wirkung dieser Kampfkunst führte dazu, dass die japanischen Besatzer erneut das Verbot ausdehnten, und das Lehren von O-kinawa Te ebenfalls unter drakonische Strafe stellten. Allerdings wurde es weiterhin im Geheimen unterrichtet. Damit wurde die Kenntnis des Te für lange Zeit auf kleine elitäre Schulen oder einzelne Familien beschränkt, da die Möglichkeit zum Studium der Kampfkünste auf dem chinesischen Festland nur wenigen begüterten Bürgern zur Verfügung stand.

Matsumura

Weil die Kunst des Schreibens in der Bevölkerung damals kaum verbreitet war, und man aus Geheimhaltungsgründen dazu gezwungen war, wurden keinerlei schriftliche Aufzeichnungen angefertigt, wie das in chinesischen Kung Fu Stilen manchmal der Fall war. Man verließ sich auf die mündliche Überlieferung und die direkte Weitergabe.Zu diesem Zweck bündelten die Meister die zu lehrenden Kampftechniken in didaktischen zusammenhängenden Einheiten zu festgelegten Abläufen oder Formen. Diese genau vorgegebenen Abläufe werden als Kata bezeichnet. Um dem Geheimhaltungszweck der Okinawa Te Rechnung zu tragen, mussten diese Abläufe vor Nicht Eingeweihten der Kampfschule (also vor potenziellen Ausspähern) chiffriert werden. Dabei bediente man sich als Chiffrierungscode der traditionellen Stammestänze (odori), die den systematischen Aufbau der Kata beeinflussten.

So besitzt jede Kata noch bis heute ein strenges Schrittdiagramm (Embusen). Die Effizienz der Chiffrierung der Techniken in Form einer Kata zeigt sich bei der Kata Demonstration vor Laien: Für den Laien und in den ungeübten Augen des Karate-Anfängers muten die Bewegungen befremdlich oder nichtssagend an. Die eigentliche Bedeutung der Kampfhandlungen erschließt sich einem erst durch intensives Kata Studium und der Dechiffrierung der Katas. Dies erfolgt im Bunkai Training. Eine Kata ist also ein traditionelles, systematisches Kampfhandlungsprogramm und das hauptsächliche Medium der Tradition des Karate. Der erste noch namentlich bekannte Meister des Tōde war vermutlich Chatan Yara, der etliche Jahre in China lebte und dort die Kampfkunst seines Meisters erlernte. Der Legende nach unterrichtete er wohl Sakugawa einen Schüler von Peichin Takahara. Auf Sakugawa geht eine Variante der Kata Kushanku, benannt nach einem chinesischen Diplomaten, zurück. Der bekannteste Schüler Sakugawas war „Bushi" Matsumura Sōkon, der später sogar den Herrscher von Okinawa unterrichtete.

Philosophie

Karate hat als Budō Disziplin, zu denen zum Beispiel auch Kendō und Judo gehören, einen spirituellen Kern aus weltanschaulichen Elementen des Zen und des Taoismus. Diese Weltanschauungen dienen dazu, die Systeme des Budō zu erklären und bilden nicht die Basis dieser Kampfkünste. Einen guten Einblick in die Grundsätze der Karate Philosphie bieten die 20 Paragraphen des Karate von Gichin Funakoshi.

„Alles ist nichts und nichts ist alles. Was hat dies
für eine Bedeutung? Es hat keine Bedeutung
und es bedeutet doch Alles."

ZEN WEISHEIT

Die zwanzig Regeln

In Japan werden die von Gichin Funakoshi aufgestellen 20 Regeln des für Karateka angemessenen Verhaltens als Shōtō, Nijū Kun wörtlich die 20 Regeln von Shōtō bezeichnet. Dies war der Künstlername Funakoshis. Oder als Karate Nijū Kajō wörtlich die 20 Paragraphen des Karate bezeichnet. Im Deutschen Karate vermischt sich der Begriff häufig mit dem der Dōjōkun, die eigentlich nur fünf zentrale Regeln umfassen und lange vor Funakoshi und mit Bezug auf alle Kampfkünste vermutlich von buddhistischen Mönchen in Indien aufgestellt wurden.

Karate beginnt mit Respekt und endet mit Respekt.
Karate wa rei ni hajimari rei ni owaru koto o wasuru na

Im Karate gibt es keinen ersten Angriff.
Karae ni sente nashi

Karate ist ein Helfer der Gerechtigkeit.
Karate wa gi no tasuke

Erkenne zuerst dich selbst, dann den anderen.
Mazu juko o shire shikoshite hoka o shire

Die Kunst des Geistes kommt vor der Kunst der Technik.
Gijutsu yori shinjutsu

Es geht einzig darum, den Geist zu befreien.
Kokoro wa hanatan koto o yōsu

Unglück geschieht immer durch Unachtsamkeit.
Wazawai wa ketai ni shōzu

Denke nicht, dass Karate nur im Dōjō stattfindet.
Dōjō nomi no karate to omou na

Karate üben heißt, es ein Leben lang zu tun.
Karate no shūgyōŋō dearu

Verbinde dein alltägliches Leben mit Karate, dann wirst du geistige Reife erlangen.
Arayuru mono o karate kase soko ni myōmi ari

Karate ist wie heißes Wasser, das abkühlt, wenn du es nicht ständig warm hälst.
Karate wa yu no gotoku taezu netsu o ataezareba moto no mizu ni kaeru

Denke nicht an das Gewinnen, doch denke darüber nach, wie man nicht verliert.
Katsu kangae wa motsu na, makenu kangae wa hitsuyō

Wandle dich abhängig vom Gegner.
Teki ni yotte tenka seyo

Der Kampf hängt von der Handhabung des Treffens und des Nicht-Treffens ab.
Ikusa wa kyojitsu no sōjū ikan ni ari

Stelle dir deine Hand und deinen Fuß als Schwert vor.
Hito no teashi o ken to omoe

Sobald man vor die Tür tritt, findet man eine Vielzahl von Feinden vor.
Danshi mon o izureba hyaku man no teki ari

Feste Stellung gibt es für Anfänger, später bewegt man sich natürlich.
Kamae wa shoshinsha ni, ato wa shizentai

Die Kata darf nicht verändert werden, im Kampf jedoch gilt das Gegenteil.
Kata wa tadashiku, jisse na wa betsu mono

Hart und weich, Spannung und Entspannung, langsam und schnell, alles in Verbindung mit der richtigen Atmung.
Chikarq no kyōjaku, karada no shinshuku, waza no kankyū o wasuru na

Denke immer nach und versuche dich ständig an Neuem.
Tsune ni shinen kufū seyo

Meditation

Zum besseren Verständnis des spirituellen Wesens des Karate kann u. a. auch das Studium des Zen geeignet sein. Die Wiederholung der Bewegungen, in Kihon (jap. „Grundschule") und Kata (jap. „Form") wird von manchen Meistern als Meditation betrachtet.

Das Ki, also die Energie des Körpers, das Bewusstsein, das sich beispielsweise in Koordinations- und Reaktionsvermögen äußert, sollen durch körperlich anstrengende, konzentrierte und dynamische Bewegungen gestärkt werden. Da während einer Kata Konzentration gefordert ist, und gleichzeitig die Lebensenergie (Ki) unbeeinflusst vom Bewusstsein im Körper fließt, gilt Kata als „aktive Meditation". Kata als Meditationsform ist sozusagen das Gegenteil von Zazen: Letzterer ist Versenkung im Verharren, erstere Versenkung in der Bewegung.

Bloßes Üben von Techniken in einer Karate allein heißt noch lange nicht, dass die Kata als Meditationsform praktiziert wird. Erst die richtige Geisteshaltung, mit welcher der Karateka die Kata füllt, macht aus einem traditionellen Kampfhandlungsprogramm einen Weg zur spirituellen Selbstfindung und meditativen Übung.

Do

Das Prinzip des Dō findet sich in allen japanischen Kampfkünsten wieder und ist unmöglich umfassend zu beschreiben. Dō ist die japanische Lesart des chinesischen Tao (Dao), das mit dem gleichen Zeichen geschrieben wird. Es bedeutet wörtlich „Weg" und steht dabei nicht nur für „Weg" oder „Straße" im engeren Sinn, sondern auch für „Mittel" oder „Methode" im Verständnis eines „Lebensweges", einer „Lebenseinstellung". Dahinter stehen einerseits das taoistisch schicksalhafte Prinzip, dass das Tao, der Weg, vorgezeichnet ist und die Dinge in ihrer Richtigkeit vorbestimmt; sowie die Einstellung des nicht Anhaftens und der Nichtabhängigkeit von allen Dingen, Gegebenheiten und Bedürfnissen, die im Zen Buddhismus gelehrt wird. Der Kodex des Bushidō geht noch weiter: Der Bushi (jap. „Krieger"), der Bushidō verinnerlicht hat, befreit sich damit nicht nur von allen materiellen Bedürfnissen, sondern von dem Begehren um jeden Preis zu leben. Das Ende des eigenen Lebens wird damit nicht unbedingt erstrebenswert, aber auf jeden Fall eine zu akzeptierende Tatsache, und der Tod birgt keinen Schrecken mehr. Diese Haltung war im alten Japan eine hochangesehene geistige Einstellung, die sich in vielen martialischen Verhaltensweisen wie dem Seppuku manifestierte. Dies darf jedoch auf keinen Fall als Geringschätzung gegenüber dem eigenen Leben oder dem eines anderen aufgefasst werden. Im Gegenteil: Die Aufopferung des eigenen wertvollen Lebens wog vielmehr jede Schmach auf, die ein Krieger zu Lebzeiten auf sich geladen hatte. Das Seppuku, also der rituelle Selbstmord, befreit den Krieger von Schuld und Schande und stellte seine Ehre wieder her. Das Dō Prinzip impliziert nun viele verschiedene Konzepte und Verhaltensweisen, die nicht abschließend aufgezählt werden könnten.

Deshalb hier nur einige wenige Aspekte:
(siehe auch Dōjōkun – Die 20 Regeln des Karate)

- „den Weg gehen": lebenslanges Lernen und Arbeiten an sich selbst; ständige Verbesserung

- Friedfertigkeit, Friedenswille, aber auch Kampfbereitschaft

- Geradlinigkeit; absolute Entschlossen heit im Kampf („Tu alles, um eine Aus einandersetzung zu vermeiden. Kommt es aber trotzdem zum Kampf, so soll Dein erster Schlag töten.")

- Respekt und damit Höflichkeit gegen über jedem Individuum und Ding, auch dem Feind

- „Weg" Gemeinschaft mit Meister und Mitschülern, Brüderlichkeit, verant wortungsvolles Handeln.

- Selbstbeherrschung, universelle Auf merksamkeit

- (Achtsamkeit), Konzentration

- Offenheit, Bemühungen um Verständ nis, Akzeptanz

- Nicht Streben

Kihon

Kihon (jap. „Grundlage" oder „Quelle", „Ursprung" des Könnens) wird häufig auch als Grundschule des Karate bezeichnet. Es umfasst die grundlegenden Techniken, die das Fundament des Karate bilden. Die einzelnen Techniken werden immer wiederholt, entweder langsam oder schnell, kraftvoll oder leicht/locker. Der Bewegungsablauf der einzelnen Technik wird in alle Bestandteile zerlegt und es wird versucht die Ideallinie der Bewegung zu finden, wobei es immer etwas zu optimieren gibt. Der Bewegungsablauf muss optimal verinnerlicht werden – reflexartig abrufbar, da für Denken, Planen und Handeln in einem realen Kampf zu wenig Zeit ist. Einatmung, Ausatmung, maximale Anspannung des ganzen Körpers im Zielpunkt sind grundlegende Ziele dieses Trainings. Nach asiatischer Vorstellung liegt das Zentrum des Körpers und damit das Kraftzentrum dort, wo idealerweise auch der Körperschwerpunkt liegen sollte. Diesem oft, der Bedeutung nicht gerecht werdend, mit Hara („Bauch") bezeichneten ideellen Punkt (ca. 2 cm unter dem Bauchnabel) kommt beim Atemtraining besondere Aufmerksamkeit zu (Bauchatmung). Eine gute Balance ist darüber hinaus erstrebenswert und wird oft umschrieben mit dem Finden des „inneren Schwerpunktes".

Kumite

Kumite bedeutet wörtlich „verbundene Hände" und meint das Üben bzw. den Kampf mit einem (selten mehreren, siehe Bunkai) Gegnern. Das Kumite stellt innerhalb des Trainings eine Form dar, die es den Trainierenden nach ausreichender Übung ermöglicht, sich in ernsten Situationen angemessen verteidigen zu können Voraussetzung ist das richtige Verstehen und Einüben elementarer Grundtechniken aus dem Kihon und der Kata. Wenn die Ausführung der Technik in ihrer Grundform begriffen wurde, wendet man sie im Kumite an. Die Anwendung im Kumite ist sehr wichtig, da die Ausführung von Techniken im Freikampf nicht der vorgeschriebenen Form entsprechen müssen, da man oftmals bei überraschenden Angriffen sofort von der Kampfhaltung zur Endstellung der Abwehr gelangen muß.

Es gibt verschiedene Formen des Kumite, die mit steigendem Anspruch von einer einzigen, abgesprochenen, mehrfach ausgeführten Technik bis hin zum freien Kampf in ihrer Gestaltung immer offener werden. Bei Verteidigungstechniken werden hauptsächlich die Arme zu Blocktechniken verwendet. Würfe, Hebel, harte, weiche Blockbewegungen oder auch nur Ausweichen, meist in Kombination mit Schritt- oder Gleitbewegungen. Eine Blockbewegung kann auch als Angriffstechnik ausgeführt werden, was ein sehr gutes Auge voraussetzt; der Angriff des Gegners wird im Ansatz mit einer Abwehrbewegung oder einem Gegenangriff (jap. deai - „Bewegung, Aufeinandertreffen")gestoppt. Beim Angriff wird versucht, die ungedeckten Bereiche bzw. durch die Deckung hindurch den Gegner zu treffen. Es soll möglichst mit absoluter Schnelligkeit ohne vorzeitiges Anspannen der Muskeln konzentriert angegriffen werden, denn erhöhter Krafteinsatz führt während der Bewegung zu Schnelligkeitsverlusten. Der Kraftpunkt liegt am Zielpunkt der Bewegung. Das Prinzip der Angriffstechnik gleicht dem des Pfeiles eines Bogenschützen bei Schlag- und Stoßtechniken und dem einer Peitsche bei geschnappten Techniken. (Karate ni sente nashi), zu deutsch: „Im Karate gibt es kein Zuvorkommen". (Diese wichtige Grundregel, die auch auf Gichin Funakoshis Grabstein in Kamakura zu lesen ist, wird häufig mit „Es gibt keinen ersten Angriff im Karate," wiedergegeben). Damit ist nicht das Training oder der Wettkampf gemeint, da ernsthafte Angriffs-Simulationen zu allen Budō Künsten gehören. Der Satz verdeutlicht vielmehr den Kodex des Karatedō im täglichen Leben. Gemeint ist, das sich der Karateka zu einer friedlichen Person entwickeln und nicht auf Streit aus sein soll. Ein Karateka führt also, bildlich gesprochen, niemals den ersten Schlag, was ebenso jegliche Provokation anderer ausschließt.

> „Jede Lage wird nur dann gut,
> wenn man sich ihr anzupassen
> vermag und nicht durch
> falschen Widerstand, sich
> aufreibt."
>
> I Ging

Kung Fu

Der Begriff Kung Fu, Gongfu oder (selten) Gung Fu, Pinyin, *Gōngfū*. Kung Fu, („Etwas durch harte / geduldige Arbeit Erreichtes") wird im Westen meistens als Bezeichnung für verschiedene chinesische Kampfkunststile verwendet (beispielsweise Shaolin Kung Fu oder Wing Chung Kung Fu). In der chinesischen Sprache bezeichnete der Begriff ursprünglich eher den Grad einer Kunstfertigkeit, die durch harte Arbeit erworben wurde, wird aber mittlerweile auch dort vor allem für die Kampfkünste verwendet.

Schreibweisen

Es existieren verschiedene Umschriftsysteme, um die chinesische Schrift des Hochchinesischen in lateinischen Buchstaben darzustellen, wodurch sich auch die verschiedenen lateinischen Schreibweisen für die Schriftzeichen ergeben. Die Schreibweise *Kung Fu* ist in der westlichen Welt wohl am verbreitetsten und geht auf das vor allem früher in den Vereinigten Staaten von Amerika verwendete Wade Giles System zurück.Im international offiziell verwendeten Pinyin System gilt die Schreibweise *Gōngfū*. Ohne die diakritischen Zeichen für die Töne des Hochchinesischen ergibt sich dann *Gonfu*. Die heutzutage nur selten anzutreffende Schreibweise *Gung Fu* geht auf den Hung Gar Stil zurück.

Bedeutung

Kung Fu ist der Ursprung mehrerer asiatischer Kampfsportarten und wurde vor etwa 1.500 Jahren von den Mönchen eines Shaolin Klosters entwickelt. Fünf Elemente spielen im Kung Fu eine große Rolle und werden im Kampf besonders gewürdigt. Ein Stock symbolisiert das *Holz*, ein Speer das *Feuer*, die Faust die *Erde*, ein Säbel das *Metall* und ein Schwert symbolisiert das *Wasser*. Kung Fu bezieht sich aber nicht nur auf eine spezielle Kampfkunst.

Der chinesische Name heißt soviel wie „harte Arbeit". Zum Erlernen der Fertigkeiten des Kung Fu bedarf es Zeit, Mühe und Kraft. Das traditionelle Training ist streng und anspruchsvoll, weshalb von einem Kung Fu Schüler Geduld, Ausdauer, Disziplin und ein starker Wille erwartet werden. Heute können verschiedene Kung Fu-Stile erlernt werden. Im Westen wurde der Begriff *Kung Fu* (oder *Gungfu*) als Bezeichnung für die chinesischen Kampfkünste in den 1960er Jahren durch Bruce Lee und die Hong Kong Filme (Eastern) in den Vereinigten Staaten von Amerika populär, später auch durch die Fernsehserie Kung Fu mit David Caradine. Im traditionelle chinesischen Sprachgebrauch ist *gōngfu* keine Bezeichnung für die Kampfkünste im Speziellen, sondern für jede Fertigkeit, die man sich durch harte Anstrengung erarbeitet und in der man es zu einer gewissen Meisterschaft gebracht hat. Dies kann sich auf die Kampfkünste, aber auch auf andere Fähigkeiten beziehen. Somit werden zwar beispielsweise mit Shaolin Kung Fu, Pinyn, *Shāolin Gōngfu*, „Shaolin Fähigkeiten", die Kampfkünste der Shaolin Mönche bezeichnet, aber auch ein Kalligraph kann vom Gōngfu erfüllt sein. Der chinesische Sammelbegriff für alle chinesischen Kampfkünste ist traditionell Wūshū (chin. Kampfkunst). Mittlerweile wird jedoch auch in China der Begriff Gōngfu vermehrt verwendet, um die Kampfkunst von Kampfsport (Wushu) begrifflich zu trennen. Wird der Begriff in seine einzelnen Schriftzeichen zerlegt, dann bedeutet das Errungenschaft, Verdienst oder Leistung und „Mensch" oder Mann. Die Kombination von Schriftzeichen trägt jedoch die oben genannte Bedeutung. Das Wort „Kung Fu" ist aus den Schriftzeichen Gōng, (chin. *Kung,* Errungenschaft und *Fu* Mensch) gebildet. Der zusammengesetzte Begriff hat in der chinesischen Philosophie eine tiefgehende Bedeutung. (Kung Fu ist das Unterfangen des Menschen sich durch ständiges Bemühen zu vervollkommnen.… Was immer wir auch tun, stets kommt in unserem Tun unsere innere Verfassung zum Ausdruck Wenn wir unser Handeln vervollkommnen, vervollkommnen wir uns selbst. In diesem Sinne ist Kung Fu die Arbeit an der eigenen Person durch die konsequente Hingabe an eine Kunstfertigkeit. Hier ähnelt der Begriff der Verwendung des Begriffes Dō (= *Weg, Pfad)* in den traditionellen japanischen Künsten. Neben der wörtlichen Bedeutung ist dies auch ein Hinweis auf die spirituellen Dimensionen und den Einfluss des Dáo auf die Praxis der einzelnen Disziplinen.

Mark Salzmann beschreibt in seinen Buch *Eisen und Seide,* dass Kung Fu auch eine „nicht messbare Qualität" ist, die einer Sache innewohnt. Ein gemaltes Schriftzeichen kann *Gong fu* haben – Schöpfer hatte, wie oben beschrieben, langes Training in die Vervollkommnung seiner Kunst investiert. So können Dinge, aber auch Tätigkeiten z. B. Tanz, Musik oder Kampfbewegungen, über Kung Fu verfügen. Der Name des Tempels lautet auf Chinesisch *Sháolin Sĩ.*Das Schriftzeichen *shào* bzw. *shào* trägt die Bedeutung „wenig" bzw. „jung", ist aber auch der Name des Berges *Shaoshi,* an dessen nördlichem Fuß das Kloster steht. Das Schriftzeichen bedeutet „Wald", si bedeutet „Tempel". Der Name Shaolin kann damit also entweder als „Tempel im jungen Wald" übersetzt werden, reflektiert aber wahrscheinlich die Lage als „Tempel im Wald am Berg Shaoshi".

Ursprung

495 n. Chr. stattete der Kaiser Xiao Wen (471-499 n. Chr.) der nördlichen Wei-Dynastie, *den in Indien geborenen Mönch Batuo,* in chinesischen Quellen auch Fotuo genannt, mit Geldmitteln aus, um das Shaolin Kloster im Songsham Gebirge in der Provinz Henan zu errichten. Unter der Leitung von Batuo entwickelte sich das Shaolin Kloster zu einem Zentrum der Buddhistischen Lehre. Batuo gründete eine Sutraübersetzungshalle - Fanjing Tang, in der Sutrenübersetzer wie Ratnamati und Bodhiruci Sutren aus dem Sanskrit ins Chinesische übertrugen. Der Ruhm dieser Übersetzungsakademie war groß, dass der buddhistische Pilgermönch Xuanzang (603-664 n. Chr.) in der Petition den Kaiser Taizong (599-649 n. Chr.) der Tang-Dynastie bat, im Shaolin Kloster wohnen zu dürfen. Xuanzang gab als Grund für seine Wahl die Leistungen Bodhirucis an. Der Legende nach lehrte der indische Mönch Bodhidharma (chinesisch Pinyin *Pŭtidãmõ*), Begründer und erster Patriarch des Chan- bzw. Zen Buddhismus, der um das Jahr 527 n.Chr. in das Shaolin Kloster kam, die Grundlagen der Shaolin Kampfkunst, die dann im Kloster weiterentwickelt und tradiert wurden.

Während der Tang-Dynastie (um 600 n.Chr) erlangten die Shaolin Mönche im chinesischen Reich großes Ansehen. Historisch belegt ist, dass im Jahre 728 n.Chr. das Shaolin Kloster 13 kämpfende Mönche entsandte, um die bedrängte Dynastie zu unterstützen. Aufgrund der guten Dienste, die diese Mönche leisteten, wurden dem Kloster einige Privilegien zustanden, unter anderem einige Mönche als Krieger auszubilden. Von 1368 bis 1644 erlebte das Shaolin Kloster und seine Kampfkunst, das von der regierende Ming-Dynastie gefördert wurde, einen enormen Aufschwung. Die Armee des Klosters war etwa 2.500 Mann stark und die Kampfkünste des Klosters wurden in unzähligen Varianten und Techniken ausgeübt. In diesem Zusammenhang wird auch von der Blütezeit des Shaolin Tempels gesprochen. Der Tempel wurde im Verlauf seiner Existenz etliche Male zerstört, geplündert und wieder aufgebaut. Am bekanntesten ist die angebliche Zerstörung des Tempels in der Qing Dynastie durch Kaiser Kangxi (1654-1722). Er soll aus Angst vor der Kampfkraft der Mönche den Tempel zerstört und viele Mönche ermorden lassen haben. Tatsächlich war Kangxi wohl eher ein Unterstützter des Tempels, dessen über dem Haupttor des Tempels angebrachte kalligraphische Inschrift noch heute hängt. Die letzte Zerstörung des Klosters erfolgte im Jahre 1928, als verschiedene Kriegsfürsten ihre Streitigkeiten auf dem Gebiet des Tempels ausfochten. Dabei ging ein großer Teil der religiösen Kunstschätze und Schriften des Tempels verloren, und der Tempel wurde nur in kleinen Teilen wieder aufgebaut. Legenden berichten von einem zweiten, südlichen Shaolinkloster in Fujian (Fukien), das bis ins 18. Jahrhundert bestanden haben soll. Möglicherweise bezieht sich die Legende über die Zerstörung des Shaolinklosters während der Regierungszeit des Kaisers Kangxi auf dieses Kloster. Das südliche Shaolinkloster wird als Ursprungsort der südchinesischen Kampfkunststile (z. B. Wing Chun, Hung Kue, Weng Chun Kung Fu) betrachtet. Der genaue historische Standort des südlichen Klosters ist unbekannt und wird von mindestens drei Orten in China beansprucht. Nach der Gründung der Volksrepublik China durch Mao Zedong im Jahre 1949 ließ man die Mönche anfangs gewähren, im Zuge der Kulturrevolution ab 1966 wurde der Tempel aber zerstört und die Mönche verfolgt und vertrieben. Die Ruinen des Klosters waren jahrelang nur von wenigen Mönchen bewohnt.

Im Jahr 1982 wurde der Tempel durch den Film Shaolin Temple mit Jet Li im Westen bekannt und auch für den Tourismus entdeckt. Die chinesische Regierung ließ den Tempel wieder aufbauen und erlaubte, im Zuge einer allgemeinen Liberalisierung der Religionsausübung, nun auch wider den buddhistischen Mönchen, dort legal zu praktizieren. Der Tempel des Ersten Patriarchen und der Pagodenwald des ShaolinTempels (Chuzu an ji Shaolin si ta lin) stehen seit 1996 auf der Liste der Denkmäler der Volksrepublik China.

Wushu

Wushu ist der offizielle Begriff für alle chinesischen Kampf- und Selbstverteidigungskünste - mit und ohne traditionelle Waffen - ebenso für die gymnastischen Bewegungsformen wie zum Beispiel Tai Ji Quan. In China wird kein Unterschied zwischen Wettkampf Wushu (heute auch modernes Wushu genannt) und traditionellem Kung Fu gemacht, wie es in den westlichen Ländern häufig der Fall ist. Wushu hat eine über 3000 jährige Geschichte. Seit der Xin Zhau Dynastie (1200-771 v. Chr.) haben sich bis in unsere Zeit einige hundert Wushu Stilrichtungen entwickelt. Wushu stellt eine der ältesten chinesischen Kulturformen dar und ist viel mehr als eine Körperertüchtigung und Kampfkunst. Es ist ein außergewöhnliches Erbe des chinesischen Volkes und beinhaltet wesentlich mehr als nur Kampf oder Selbstverteidigung, auch Akrobatik, ballettartige Choreographie und fernöstliche Philosophie sind Elemente des Wushu. Wushu dient der Harmonie zwischen Körper und Geist und der Weiterentwicklung des Charakters, zum Beispiel der Festigung des Willens und der Verstärkung der Lernmotivation. Außer dem körperlichen und dem geistigen Aspekt umfasst Wushu eine komplette Gesundheitslehre. Durch ein vielseitiges gymnastisches Programm, spezielle Atemtechniken und Konzentrationsübungen wird das Wohlbefinden wesentlich gefördert. Die Anzahl der Wushu Stile wird noch heute unterschiedlich angegeben.

Einige lassen Parallelen erkennen, andere sind völlig voneinander verschieden. Einige Wushu Stile basieren auf den Eigenarten des Kampfes bestimmter Tiere, wie zum Beispiel: Drache, Tiger, Leopard, Schlange oder Kranich.Im Laufe der Jahrhunderte durchlebte Wushu ein wahres Wechselbad: Mal genoss es höchstes Ansehen, Wushu Meister erhielten Titel und Ehren, mal wurde Wushu verboten und nur im Geheimen praktiziert. Seit der Gründung der VR China wurde Wushu wieder gefördert. Trotz des großen Rückschlages der Kulturrevolution ist Wushu heute Bestandteil des Sportunterrichts in Grund- und Oberschulen Chinas. Im Sommer des vergangenen Jahres wurde Wushu sogar vom IOC anerkannt und in die Familie der olympischen Sportarten aufgenommen. Somit bedurfte es einer Einteilung der Wushu Stile in klassische und in die Wettkampfstile. Diese wurde von der Internationalen Wushu Federation (IWUF) vorgenommen. Auf internationalen Wettbewerben wird gekämpft:

- in den waffenlosen Stilen (Chang Quan (Langfaust), Nan Quan (Südfaust)

- und Tai Ji Quan

- in den Langwaffen-Stilen (Qiang Shu (Speer) und Gun Shu (Langstock)

- Nan Gun

- in den Kurzwaffen-Stilen Dao Shu (Breitschwert), Nan Dao (Kurzschwert), Jian Shu (Messer)

- (Schwert), Tai Ji Jian im Vollkontaktkampf, dem sogenannten San Shu

Es werden aber weitaus mehr klassische Stile trainiert, besonders in China gibt es unzählige Stilrichtungen.

Allein in der Deutschen Wushu Federation e.V. werden neben den Wett-kampfdisziplinen zum Beispiel auch Stile wie Shaolin Kempo, Shaolin Kungfu/Dju Su, Chan Shaolim Si, Hung Gar Kungfu, Tang Lang, Qi Gong Stilrichtungen und viele mehr gelehrt.

Konflikte mit den traditionellen Stilen

Als im Jahre 1959 modernes Wushu von der chinesischen Regierung of-fiziell anerkannt wurde, wurde auch die bisherige Trennung der traditio-nellen Kampfkünste nach Stilen und Systemen offiziell aufgehoben. Bei der Zusammenstellung der modernen Standardformen wurde vor allem auf Aspekte der Publikumswirksamkeit (akrobatische Elemente), Kör-perbeherrschung und Dynamik geachtet. Die Anwendbarkeit in der Selbstverteidigung oder im Kampf sowie die in den traditionellen Kampfkünsten häufig wichtigen Elemente der Meditation, Qigong und philosophischen oder religiösen Bezüge wurden vernachlässigt. Aus die-sem Grund ist modernes Wushu bei einigen Anhängern traditioneller Wushu Stile sehr umstritten und nicht anerkannt. Mittlerweile geht der internationale Weltverband für Wushu (IWUF) wieder auf die traditio-nellen Stile zu und fördert auch die traditionellen Formen. Um nicht nur die sogenannten modernen oder neuen Wettkampfformen zu fördern, ist die IWUF bemüht in Zukunft auch Weltmeisterschaften für traditionelle Formen durchzuführen. Somit soll eine einseitige Entwicklung des Wushu vermieden werden. Der neueste Ansatz ist ein Loslösen von den standardisierten Wettkampfformen".

Hung Kuen

Hung Kuen oder auch Hung Gar Kuen (Hung Gar Kung Fu) oder Hung Gar ist eine alte südchinesische Kampfkunst deren Wurzeln im Shaolin Tempel liegen sollten. Der Entstehungslegende zufolge kombinierte der Kräuterhändler Hung Hei Guan die Shaolin Tiger Techniken Fok Fu Kuen) und die Kranich Techniken (Bak Hok Kuen), welche er von seiner Frau lernte, miteinander und entwickelte daraus das Hung Gar Kung Fu.

Hung Hei Guans Frau, Fong Wing Chun, war eine exzellente Kranich-Boxerin.

Sie hat Ihr Wissen von Fong Sei Yuk (einem Trainings-Partner von Hung Hei Guan und ebenfalls Schüler aus Shaolin) erworben. Fong Yuk und Fong Wing Chun waren miteinander verwandt. Daher ist das Hung Gar Kuen auch bekannt als Tiger Kranich Boxen (Fu Hok Pai). Durch die charakteristischen Techniken des Tigers und des Kranichs *ist* dieser Stil nach dem Konzept von Yin und Yang (Yam und Yeung) aufgebaut, welches auch das chinesische Denken grundlegend geprägt hat.

Tierstile

Hung Gar Kuen beinhaltet insgesamt fünf Tierstile, welche ihm auch den Namen *Fünf-Tiere-Boxen* einbrachten.

Tiger   (Huxingquan) steht für Kräftigung der Gelenke und Knochen.

Kranich   (Hequan) Flexibilität und Ausbildung der Sehnen.

Leopard   (Baoquan) steht für Schnelligkeit
             sowie für die Bewegung der
             Muskeln und Kräftigung.

Schlange   (Shequan) fördert Atmung und
             Vitalität des Menschen.

Drache   (Longquan) steht für geistige Stärke, Konzentrationsvermög.

Elemente

In Hung Gar sind ebenfalls die Fünf Elemente (Wu Xing/Ng Xing) und Ba Gua enthalten. Repräsentativ für den Hung Gar Stil sind auch die massiven Armtechniken und die soliden und kräftigen Stellungen.

Die zwölf Armtechniken werden Brückenhände *(Kiu Sao)* genannt:

- hart *(Gong)* • sanft *(Yau)* • drücken *(Bik)*
  - direkt *(Jik)*
- spalten *(Fan)* • stabilisieren *(Ding)* • kurz *(Chuen)*
- aufwärts *(Tai)* • fließen *(Lau)* • senden *(Wan)*
  - kontrollieren *(Jai)*
- verbinden *(Ting)*

Weitere Prinzipien

- Chi Sao (Klebende Hände)

- Toi Sao (Stoßende Hände)

Ebenso lehrt das Hung Gar Kung Fu im späteren Verlauf der Ausbildung den Umgang mit den verschiedensten Waffen. Darunter zum Beispiel auch Langstock, Speer, Schmetterlingsmesser, Säbel, Schwert, Sai-Gabel, Donfa, Hellenbarde, Mönchsspaten, Halbmond-Sichel, Tigergabel und andere. Dieser Stil gilt nicht nur als Kampfkunst, sondern auch als ein System zur Gesunderhaltung des Körpers. Die Bewegungen und Atemübungen, die in den verschiedenen Formen gelehrt werden, stärken den gesamten Körper und verbessern die Gesundheit bis ins hohe Alter. Einer der bekanntesten Vertreter des Stils war Wong Fei Hung.

Stammbaum

Eine berühmte Hung Gar Linie ist folgende:

- Wong Fei Hung

- Lam Sai Wing

- Chiu Kau

- Chiu Chi Ling

Eine weitere berühmte Linie ist:

- Wong Fei Hung

- Lam Sai Wing

- Lam Cho

- Lam Chun Fai

Ein bekannter Großmeister ist Chiu Kau (1895 – 1995). Er betrieb nach dem Zweiten Weltkrieg insgesamt vier Schulen in Hong Kong und eine Dit Da Praxis. Und dies zu einer Zeit, als Herausforderungen noch an der Tagesordnung waren. Chiu Kau vertrieb bösartige, mafiöse Clan's und Banden aus seinem Viertel und wurde so als Held der Straße bezeichnet. Er war bei der rot chinesischen Regierung bekannt und wurde mehrmals zu großen Turnieren eingeladen. Er gewann zwei Mal die chinesische Landesmeisterschaft, das letzte Mal mit beinahe 70 Jahren. Durch diesen Sieg wurde südchinesisches Kung Fu offiziell ins Modern Wushu Programm als Nan Quan oder Nam Kuen aufgenommen.

Noch heute zeugt ein von Mao Zedong persönlich unterzeichnetes Zertifikat von diesem Ereignis. Die Linie verläuft ebenbürtig über Lam Cho (einer der direkten Schüler Lam Sai Wings) und seinen Sohn Lam Chun Fai. Weitere bedeutende Meister der Gegenwart sind u. a. Martin Sewer, Frank Yee, Buck Sam Kong, Lau Ga Leung und Huynh Lu Yang.

Hauptformen

- Fu Hok Seung Ying Kuen   – Tiger-Kranich-Form

- Gung Ji Kuen / Fok Fu Kuen   – Den-Tiger-Zäh mende-Form

- Ny Ying Kuen   – 5 Tiere-Form

- Ng Hang Kuen   – 5-Elemente-Form

- Sap Ying Kuen   – Ng Ying Kuen + Ng

- Hang Kuen   _ zehn Teile Form

- Tit Sin Kuen   – Eisendraht-Form

> „Sind Waffen stark, bersten sie.
> Ist ein Baum stark, so zerbricht er.
> Weichheit und Schwäche sind
> Gesellen des Lebens. Festigkeit und
> Stärke sind Gesellen des Todes."
>
> Laotse

Jiu Jitsu

Jiu Jitsu (jap. Jūjutsu - Die sanfte/nachgebende Kunst) ist eine von den japanischen Samurai stammende Kampfkunst der waffenlosen Selbstverteidigung. Jiu Jitsu kann unabhängig vom Alter und Geschlecht trainiert werden und bietet ein breites Spektrum von Möglichkeiten zur Selbstverteidigung und – unter anderem durch Stärkung des Charakters und Selbstbewusstseins – auch zur friedlichen Lösung von *Konflikten*. Jiu Jitsu wurde von Samurai praktiziert, um bei einem Verlust oder Verbot der Hauptwaffen (Japanisches Schwert (Katana), Speer, Schwertlanze, Bogen) waffenlos oder mit Zweitwaffen weiterkämpfen zu können. Es wurde zunächst als geheime Kunst nur innerhalb des Adels weitergegeben., im Laufe der Zeit wurde es aber auch von nicht adligen Japanern ausgeübt. Ziel des Jiu Jitsu ist es, einen Angreifer – ungeachtet dessen, ob er bewaffnet ist oder nicht – möglichst effizient unschädlich zu machen. Dies kann durch Schlag-, Tritt-, Stoß-, Wurf-, Hebel- und Würgetechniken geschehen, indem der Angreifer unter Kontrolle gebracht oder kampfunfähig gemacht wird. Dabei soll beim Jiu Jitsu nicht Kraft gegen Kraft aufgewendet werden, sondern – nach dem Prinzip „Siegen durch Nachgeben" - so viel wie möglich der Kraft des Angreifers gegen ihn selbst verwendet werden.

Bedeutung

Jiu Jitsu wird in der japanischen Schrift durch die zwei sino japanischen Schriftzeichen (Kanji) geschrieben. Das erste Schriftzeichen steht für weich, sanft, flexibel, nachgiebig, das zweite steht für „Technik oder Kunst", zusammengesetzt bedeuten sie also im Kampfkunst bezogenen Kontext „flexible Kunst", wobei gemeint ist, dass man seine Kampfstrategie abhängig vom Gegner fließend zu wechseln vermag. Es gibt verschiedene Möglichkeiten, die japanischen Schriftzeichen ins lateinische Alphabet zu übertragen (Transkriptionen). Nach dem am häufigsten verwendeten Hepburn System wird als Jū und als Jutsu transkribiert, zusammengesetzt also Jūjutsu, gebräuchlicher ist jedoch international die Schreibung Ju Jitsu.

Vereinzelt findet sich auch die veraltete deutsche Schreibweise Dschiu Dschitsu. Bisweilen werden in verschiedenen Ländern und ihren Verbänden leicht veränderte Transkriptionen verwendet, teilweise für abgewandelte Systeme beispielsweise das deutsche Ju Jutsu). Das Jiu Jitsu trug früher verschiedene andere Namen. Am gebräuchlichsten waren *Jiu Jitsu* und *Yawara* oder jedoch wurden auch die Namen (Ju) *Tai Jutsu* oder *Kempō*, *Hakuda*, *Aiki* (Ju) Jutsu, *Kogusoku*, Koshi no Mawari, *Kumi Uchi* oder *Torite* oder *Shubaku* oder für die Kampfkunst verwendet.

Prinzip und Technik

Die geistig-philosophische Seite, wie beispielsweise der Verhaltenskodex Bushidō, ist genau so Teil des Jiu Jitsu, wie die verschiedenen (Kampf-)Techniken. Ebenso gehen traditionelle Elemente wie die Verbeugung am Anfang und das Üben der Katas Hand in Hand mit fortschrittlicheren Elementen, wie zum Beispiel die Gürtelgrade (Kyū und Dan) und Wettkämpfe. Einige Schulen lehnen Wettkämpfe ab, da dafür eine starke Einschränkung der Möglichkeiten des Jiu Jitsu notwendig ist, um Verletzungen im Wettbewerb zu vermeiden. Innerhalb des Systems Jiu Jitsu erlernt ein Schüler zunächst die Grundschule (jap. Kihon), bestehend aus Schlag-, Stoß-, Tritt- und Beintechniken, sowie die Fallschule (jap. Ukemi) als Voraussetzung für ein Verletzungsarmes Training. Weiter wird die Anwendung von Würfen, Hebeln und Festlegetechniken sowie waffenlose Verteidigungstechniken gegen Angriffe gegen die eigene Person und auch gegen Dritte (wie beispielsweise gegen Würgen, Handgelenk- und Kragenfassen, Schlag-, tritt- und Waffenangriffe) und Bodenkampf unterrichtet. Auch die allgemeine Fitness wird durch intensives Konditionstraining am Anfang jeder Trainingseinheit gefördert.

Entstehung in Japan

Wie in vielen der asiatischen Kampfkünste ist die genaue Herkunft des Jiu Jitsu heute kaum mehr eindeutig feststellbar. Dies liegt zum einen daran, dass es in der Vergangenheit nur wenige gedruckte Bücher über die Kunst gab und dass die handgeschriebenen Manuskripte der verschiedenen Schulen einander widersprechen und von Mythen durchgesetzt sind. Die Gründungsgeschichten der verschiedenen Schulen scheinen davon geprägt zu sein, dass sie Jiu Jitsu auf möglichst legendäre Wurzeln zurückführen. In einem der Entstehungsmythen wird das Grundprinzip des Jiu Jitsu „Nachgeben, um, zu siegen" besonders deutlich. Darin heißt es, dass Akiyama Shirobei Yoshitoki (ein im 16. Jahrhundert in Nagasaki lebender Arzt) auf seiner Studienreise durch China in Klöstern neben medizinischem Wissen auch Unterricht im waffenlosen Nahkampf (chin. Pinyin, jap. Hakuda) erhielt. Dabei stellte er die körperliche Stärke als Voraussetzung zur Ausführung der Techniken fest. Zurück in Japan, unterrichtete Akiyama das aus China mitgebrachte Hakuda, doch viele seiner Lehrlinge wandten sich von diesem kraft betonten System ab. Eines Winters beobachtete Akiyama, wie die massiven, jedoch starren Äste einer Kiefer unter der Last herunterkommender Schneemassen brachten, während sich die dünnen Äste einer daneben stehenden Weide unter der Last des Schnees so lange herunter bogen, bis der Schnee abglitt, um sich dann unversehrt wieder aufzurichten. Inspiriert von dieser Beobachtung, gründete er die erste Schule der „Kunst der Nachgiebigkeit" und nannte sie Yoshin Ryū (Weiden-Schule).

Entwicklung in Deutschland

Die Geschichte des Jiu Jitsu in Deutschland ist zum einen eng mit dem Namen Erich Rahn (1885 – 1973), zum anderen eng mit der Geschichte des Kōdōkan-Jūdō verbunden. Rahn, der aus einer angesehenen Berliner Kaufmannsfamilie stammte, war durch die bis nach Asien reichenden Beziehungen seines Vaters schon als Kind mit Japanern in Kontakt gekommen, von denen er ein wenig Jiu Jitsu lernte.

Im Zirkus Schumann in Berlin sah Rahn den Jiu Jitsu-Meister Katsukuma Higashi, der einen scheinbar überlegenen Mann durch Jiu Jitsu Techniken zu Boden brachte. Rahn wurde Higashis Schüler und eröffnete noch im selben Jahr (1906) im Alter von 21 Jahren in einem Hinterzimmer einer Kneipe in Berlin-Mitte die erste deutsche Jiu Jitsu-Schule. Dabei stand für ihn die Selbstverteidigung im Vordergrund, die hinter dem Budō stehende Philosophie spielte kaum eine Rolle. Mit der Verwestlichung fanden auch immer mehr Ringer Griffe, Boxschläge und Kraftanwendung Eingang in das Jiu Jitsu. Durch Vorführungen und Kämpfe wurde die Polizei auf Rahn aufmerksam und am 30. Juni 1910 führte Rahn im Königlichen Polizeipräsidium das Jiu Jitsu vor. Daraufhin wurde ihm die Durchführung der neu angeordneten Jiu Jitsu Ausbildung der Berliner Kriminalpolizei und später auch der Schutzpolizei übertragen. 1913 folgte der Lehrauftrag für Jiu Jitsu an der Militärturnanstalt Berlin. Zur Zeit des Ersten Weltkriegs (1914 – 1918) ruhte die Entwicklung des Jiu Jitsu in Deutschland und wurde erst 1919 wieder aufgenommen. 1920 gründete er in Berlin-Schöneberg den Ersten Berlin Jiu Jitsu Club und 1922 den Zentralverband der Deutschen der Deutschen Jiu Jitsu Kämpfer. Während der 1920er-Jahre gab Rahn wiederholt Vorführungen in Varietés und Zirkussen in ganz Deutschland, bei denen er gegen berühmte Ringer und Boxen kämpfte und Herausforderungen von jedermann annahm. Von diesen öffentlichen Kämpfen zog sich Rahm 1925 im Alter von 40 Jahren unbesiegt zurück. In Deutschland wurde das Jiu Jitsu bald auch zum Wettkampfsport. So fand 1922 im Berliner Sportpalast in Berlin-Schöneberg die erste deutsche Jiu Jitsu Meisterschaft statt, bei der Rahn gegen Hans Reuter (München) gewann. In dieser Zeit wurden auch die ersten Jiu Jitsu Clubs eröffnet. Alfred Rhode, ein Schüler Rahns und später „Vater des Deutschen Judo", wurde im August 1921 als Polizeisportlehrer in Berlin zur Schutzpolizei in Frankfurt am Main versetzt, mit der Aufgabe, dort das Jiu Jitsu einzuführen und zu verbreiten. Am 10. Oktober 1922 gründete Rhode in der Hauptwache in Frankfurt am Main den „Ersten Deutschen Jiu Jitsu Club e. V." mit, der dann später im „Ersten Deutschen Judo-Club e. V." umbenannt wurde.

Ebenfalls 1922 gründete Otto Schmelzeisen, der erstmals 1920 durch seinen Beruf als Polizeibeamter im Rahmen eine Beamtenausbildungslehrgang mit Jiu Jitsu in Berührung gekommen war, in Wiesbaden einen Jiu Jitsu Club, der 1950 in „Judo-Club Wiesbaden 1922 e. V." umbenannt wurde. Weitere Vereinsgründungen erfolgten 1922 unter anderem durch Max Hoppe in Berlin und August „Ago" Gluckler in Stuttgart. 1923 wurde von Erich Rahn der „Reichsverband für Jiu Jitsu" - der heutige „Deutsche Jiu Jitsu Ring Erich Rahn e. V" - gegründet, dessen erster Vorsitzender Walter Strehlow wurde. 1926 fand in Köln die erste deutsche Einzelmeisterschaft im Jiu Jitsu statt. 1929 fanden im Frankfurter Palmengarten zwischen den Budokwai London und dem Ersten Deutschen Jiu Jitsu Club e. V. Frankfurt am Main die ersten internationalen Judo Wettkämpfe statt. Bei den Regelabsprachen zwischen Meister Koizumi und Marcus Kaye für London und Alfred Rhode, Edgar Schäfer und Philip Breitstadt für Frankfurt wurde deutlich, dass sich das Jiu Jitsu nicht gut für einen direkten Vergleichswettkampf eignet, da es hauptsächlich auf Selbstverteidigung ausgerichtet ist. Obwohl 1930 in Deutschland bereits 110 Jiu Jitsu Vereine registriert waren, ging die Tendenz nun vom Jiu Jitsu zum von Kano entwickelten Judo hin. 1933 gründete Alfred Rhode die Europäische Judo-Union (EJU), wodurch Jiu Jitsu und Judo erstmals organisatorisch voneinander getrennt wurden. Die Selbstverteidigung aus Kanos System behielt den Namen Jiu Jitsu, während der Wettkampf sportliche Teil den Namen Judo bekam. Noch im selben Jahr kam Kano nach Deutschland und hielt mit seinen Schülern Dr. Takasaki, Kotani und Dr. Kitabatake vom 11. bis 22. Juli in Berlin an der Humboldt-Universität und vom 11. bis 18. September in München zwei Lehrgänge ab. Nach einem Gespräch zwischen Kano und dem damaligen Reichssportführer wurde die Bezeichnung „Judo" amtlich in ganz Deutschland eingeführt. Ideologisch stand Jiu Jitsu im Dritten Reich zwischen zwei Lagern. Auf der einen Seite hatte sich diese Kampfkunst bereits in weiten teilen etabliert, wurde von Hitler in „Mein Kampf" positiv beschrieben und daher auch für den Wehrsportgedanken instrumentalisiert. Auf der anderen Seite galt Jiu Jitsu als artfremd, da es aus Japan stammte.

In einigen Jiu Jitsu Publikationen der NS-Zeit rechtfertigten Lehrer ihre Kunst daher damit, dass es auch in Deutschland zur Zeit des Mittelalters ähnliche Kampfkünste gegeben habe; und Erich Rahn selbst behauptete, ein System geschaffen zu haben, das an die deutsche Art angepasst sei. Von 1939 bis 1945 fand kriegsbedingt keine Weiterentwicklung des Kampfsports statt. Nach dem Ende des Zweiten Weltkriegs wurden durch die Direktive Nr. 23 bezüglich der Beschränkung und Entmilitarisierung des Sportwesens in Deutschland des Kontrollratsgesetzes unter anderem auch Jiu Jitsu und Judo von den Alliierten sowohl in Deutschland als auch in Japan verboten. Erst nach langen Verhandlungen wurde 1949 die Direktive Nr. 23 nach und nach in allen Besatzungszonen aufgehoben und zuerst das Training des Judo und später auch des Jiu Jitsu wieder freigegeben. Im Alter von 65 Jahren eröffnete Erich Rahn 1950 seine Schule in Berlin-Schöneberg wieder, die 1944 zerbombt worden war. Am 20. September 1952 wurde in Stuttgart das Deutsche Dan Kollegium (DDK) gegründet, und der erste Präsident wurde im alter von 56 Jahren Alfred Rhode. Am 8. August 1953 wurde in Hamburg der Deutsche Judo-Bund (DJB) gegründet und drei Jahre später vom Deutschen Sportbund (DSB) als Mitglied anerkannt. 1957 wurde auf dem Verbandstag beschlossen, dass das Prüf- und Lehrwesen beim DDK bleiben sollte, während die DJB die übrigen Aufgaben übernehmen solle. Am 1. Mai 1972, dem 87. Geburtstag Erich Rahns, ernannte dieser Ditmar Gdanietz, der 1957 seiner Schule beigetreten war, zu seinem Nachfolger. Gdanietz war schon 1966 Cheftrainer des Deutschen Jiu Jitsu Ring Erich Rahn e. V. (DJJR) geworden, eines Verbands, der aus einer lockeren Zusammenfassung der Schüler und Fernschüler Rahns entstanden war. Erich Rahn starb am 5. Juli 1973. Im Januar 1975 wurde unter der Führung von Hans-Gert Niederstein (Ehrentitel Hanshi, 10. Dan Jiu Jitsu und 2. Dan Judo) - durch die Mitglieder der Korporation Internationaler Dan Träger e. V . (KID) der Deutsche Jiu Jitsu Bund e. V . (DJJB) als Dachorganisation für alle Landesverbände und ihre Vereine und Schulen in Deutschland gegründet. Der DJJB hat sich die Verbreitung und Pflege des Jiu Jitsu zum Ziel gesetzt und hat als Mitgliedsverbände fünf Landesverbände. Hans-Gert Niederstein wurde der erste Präsident des DJJB.

Nach dem Tod des Großmeisters Niederstein im Jahre 1985 wurde Dieter Lösgen (Ehrentitel Hanshi, 10. Dan Jiu Jitsu und 1. Dan Judo) sein Nachfolger und ist bis heute Präsident des DJJB und der KID.Noch bis in die 1970er-Jahre war die Jiu Jitsu selbstverteidigung im Prüfungsprogramm des DJB verankert. Am Ende 1980er-Jahre gründete der DJB – wegen der Beliebtheit und des Wertes des Jiu Jitsu – die Bundesgruppe für „Jiu Jitsu im DJB". Diese wurde 1993 wieder aufgelöst, weil sich der DJB entschlossen hatte, außer Judo keine weiteren Budo Disziplinen zu betreiben. Dennoch erteilte der DJB der Bundesgruppe keine Zustimmung für eine auf Bundes- und Landesebene anerkannte, vollwertige und eigenständige Sektion Jiu Jitsu. Daher wurde – um trotzdem fachlich Autonomie zu gewährleisten und Lehre und Technik des Jiu Jitsu fachfremden Einflüssen fernzuhalten – durch Mitglieder der Arbeitsgruppe Jiu Jitsu im DJB 1982 in Malente, Schleswig-Holstein, die Deutsche Jiu Jitsu Union e. V . (DJJU) gegründet. Die DJJU ist ein Verband von Landesorganisation im Sinne des Deutschen Sportbundes (DSB). Ihr Ziel ist die Einheit aller Jiu Jitsuka und die Gleichberechtigung des Jiu Jitsu in einer vereinten Budo Landschaft. Mit elf Landesverbänden ist die DJJU ein führender Fachverband für Jiu Jitsu in Deutschland. Mit dem Ausscheiden der Bundesgruppe für Jiu Jitsu im DJB 1993 wurde die Gründung neuer Jiu Jitsu Verbände initiiert. Einer dieser Verbände, der Kodokan Jiu Jitsu Verband e. V. (KJJV), wurde 1993 in Marl gegründet. Der Präsident ist Klaus Möwius – ein ehemaliger Schüler von H.-G. Niederstein (Gründer Deutscher Jiu Jitsu Bund) und ehemaliger Lehrer von Jochen Kohnert (10. Dan Jiu Jitsu, 5. Dan Judo) und anderen namhaften Meistern.

„Rückzug ist nicht zu verwechseln mit Flucht,
die auf weiter nichs bedacht ist,als Rettung unter
allen Umständen. Rückzug ist ein Zeichen von Stärke."

I Ging

Jiu Jitsu als Basis von Kampfstilen

Aus dem Jiu Jitsu entwickelten sich im Laufe der Zeit weitere Kampfkünste, durch besondere Betonung auf einzelne Aspekte des Gesamtsys-
tems Jiu Jitsu oder durch Mischung mit anderen Kampfkünsten:

Judo ist ein wurflastiger Stil des Jiu Jitsu, der Anfang
des 20. Jh. entstand.

Kanō Jigorō entwickelte Judo als attraktive Kampfkunst für die
moderne japanische Gesellschaft sowie als Nahkampf System
für die Tokioter Polizei.

Dabei handelt es sich um ein Extrakt aus dem Jiu Jitsu, welches
sich vornehmlich aus Wurf-, Würge-, Hebel- und Haltetechni
ken zusammensetzt.

In Europa herrscht das Wettkampfjudo vor, im traditionellen
Judo von Kano hingegen gibt es weiterhin Schlag-, Stoß-, und
Tritttechniken, außerdem wird Wert auf eine Ausbildung im
Kuatsu (Kunst der Wiederbelebung) gelegt.

Beim Aikido stehen ausladende, runde Bewegungen und Hebeltechniken im Vordergrund.

Ueshiba Morihei entwickelte es vor allem aus dem Daitō ryū,
Aiki Jūjutsu, das ihm von Sōkaku Takeda vermittelt wurde.

Aikidō betont das Aufnehmen und Umkehren des Angriffs
sehr stark.

Einige Karatedō Ryū (jap. Stile) sind aus Einflüssen des Jiu Jitsu und Kung Fu entstanden und werden technisch durch Schlag-, Stoß-, Tritt- und Blocktechniken , sowie Fuß Feger charakterisiert. Sie beinhalten auch Würfe, Hebel, Bodenkampftechniken und Angriffe auf Nervendruckpunkte.

Deutsches Ju Jutsu ist ein junges, aus traditionellem Jiu Jitsu und vielen anderen Einflüssen zusammengesetztes System, das in Deutschland entwickelt wurde.

Zur Abgrenzung vom Jiu Jitsu wird eine andere Transkription für dieselben Kanji benutzt.

In Brasilien ist das Brasilianische Jiu Jitsu sehr verbreitet, das eine Version des Judo mit Fokus auf den Bodenkampf darstellt.

Krav Maga kombiniert Jiu Jitsu mit Boxen und Closed Combat Waffentechniken.

SMMA ist ein Hybridkampfstil, der die effektivsten Elemente des Jiu Jitsu, des Ving Chun, des Muay Thai, des Krav Maga und des Combat Sambo mit militärspezifischen Kampftechniken verbindet und somit als Comando Combat bezeichnet werden kann.

„Man gibt sich antimilitaristisch.
Meiner Meinung nach Denken in
Friedenszeiten alle so, und in Kriegszeiten
würde keiner, oder so gut wie keiner mehr wagen,
es zu sein."
Jules Renard

Modifikation von Kampfstilen

Allkampf

Jakob Beck – Chronik eines deutschen Kampfsportlers

Am 13. September 1931 wird Jakob Beck in der von zahlreichen Volksdeutschen – den sog. Donauschwaben - besiedelten Region Batschka im damaligen Jugoslawien geboren. Der Geburtsort Obrovac (dt. Oberndorf) liegt im heutigen Serbien nahe der ungarischen Grenze. Als einer von drei Söhnen einer großbäuerlichen Familie besucht Jakob Beck Im Anschluss an die deutsche Grundschule die ungarische Bürgerschule (vergleichbar mittlere Reife). Das mehrsprachige Aufwachsen unter verschiedenen ethnischen Volksgruppen bewirkt bei ihm eine andauernde Aufgeschlossenheit gegenüber anderen Ländern und Kulturen. In der Endphase des 2. Weltkrieges muss die Familie im Oktober 1944 alles Hab und Gut zurücklassen und vor der anrückenden russischen Armee fliehen. Die monatelange Flucht in einem Pferdefuhrwerk - bei winterlichen Temperaturen mit zahlreichen Übernachtungen im Freien – geht zunächst über Ungarn und Österreich in die Tschechoslowakei. Dort wird die Familie von der inzwischen siegreichen Roten Armee ihrer letzten Habseligkeiten beraubt und in einem offenen Viehwaggon zurück nach Ungarn deportiert. Ein Ende findet die Odyssee der Vertreibung erst im Juli 1946 mit der Ankunft in Günzburg in Bayern-Schwaben. Etwas später wird das nahe gelegene Städtchen Burgau zur endgültigen neuen Heimat der Familie. Die extremen Erfahrungen während der Flucht prägen Jakob Beck Zeitlebens und machen ihn zu einem in allen Lagen großzügigen und vor allem gastfreundlichen Menschen. Noch im Jahr 1946 beginnt Jakob Beck Eine Mauerlehre, die er Ende 1948 mit der Gesellenprüfung abschließt. Unmittelbar im Anschluss daran absolviert er bis 1950 in Augsburg erfolgreich die Weiterbildung zum Einzelhandelskaufmann. Die erworbenen beruflichen Kenntnisse ermöglichen Jakob Beck Sowohl den „eigenhändigen" Bau eines Wohnhauses als auch die Gründung eines eigenen Lebensmittelgeschäftes.

1961 weitet der geschickte Kaufmann seine Geschäftstätigkeit aus und beginnt in größerem Stil einen erfolgreichen mobilen Obst- und Gemüsehandel im oberbayerischen Raum. Die erste Berührung mit dem Kampfsport erfolgt beim Judo, das Jakob Beck Ab 1948 in Augsburg erlernt. In den folgenden Jahren sammelt er weitere Erfahrungen in verschiedenen Selbstverteidigungsdisziplinen, wobei ihn im Jiu Jitsu mit dem bekannten Schweizer Polizeibeamten und Großmeister Robert Dobler einer der angesehensten Jiu Jitsu Lehrer der damaligen Zeit unterrichtet. Ab 1962 trainiert Jakob Beck In München in der äußerst renommierten Kampfsportschule von Carl Wiedmeier, dem anerkannten Wegbereiter der zivilen Sicherheitsdienste in Deutschland.

Taekwon Do

Das Jahr 1964 kennzeichnet die europaweiten Anfänge des in Korea von General Choi Hong Hi begründeten Kampfstils Taekwon Do. In Deutschland ist es vor allem Großmeister Kwon Jae Hwa, der mit seiner ersten Schule in München den Grundstein für die großflächige Verbreitung dieser attraktiven Budo Sportart legt. Als einer seiner ersten Schüler erlernt Jakob Beck unverfälschtes Taekwon Do in seiner traditionellen Ursprungsform. In der Folge perfektioniert Jakob Beck sein Können – z. T. auch mit Privatunterricht bei Großmeister Kwon – und legt alle Braun- und Schwarzgurtprüfungen bis einschließlich 3. DAN unter der persönlichen Leitung von Großmeister Kwon, ab.

Allkampf

Die vielfältigen Erfahrungen aus den verschiedensten Bereichen des Budosports lassen in Jakob Beck schon früh die Idee reifen, eine neue Art der Selbstverteidigung zu entwickeln. Sein einfacher wie genialer Gedanke dabei ist, die effektivsten Elemente (Griffe, Hebel, Würfe etc.) aus den bekannten asiatischen Selbstverteidigungsdisziplinen herauszulösen, zu verfeinern und zu einem modifizierten Stil neu zusammenzustellen.

Ergänzt um die zugehörigen, von Jakob Beck selbst entwickelten Formen, wird daraus schließlich das aus dem Selbstverteidigungssport nicht mehr wegzudenkende Allkampf System.

Budo Center Europa

Am 08.04.1968 gründet Jakob Beck offiziell die eigene Organisation Budo-Center-Europa als internationale Lehrstätte für Taekwon Do, Allkampf, Bo Jitsu und Jiu Jitsu Obwohl der Name des neuen Verbandes bereits das Ziel vorgibt, lässt der Gründer das junge Unternehmen zunächst unter der bescheideneren Bezeichnung Taekwon Do Institut Burgau firmieren. Der rasanten Expansion Rechnung tragend folgt jedoch schon bald die Umbenennung in Taekwon Do Center Bayern. Nachdem schließlich mehrere Schulen außerhalb Deutschlands aufgebaut sind, erhält die Organisation auch nach außen hin ihren Gründungsnamen Budo Center Europa. Über den deutschsprachigen Raum mit Österreich und der Schweiz hinaus gelingt dem BCE die Verbreitung u.a. in Italien, Tschechien, Ungarn, Kroatien, Griechenland und in der Türkei. Sogar in Nairobi/Kenia wird eine Schule des BCE eröffnet.

Mukin Shori - "Der Weg zum Erfolg hat keine Abkürzung"

(Tanaka Masahiko)

Persönlichkeit von besonderem Rang

Jakob Beck ist zweifellos eine der maßgeblichen Persönlichkeiten im Zusammenhang mit der Verbreitung des Kampfsports in Deutschland und darüber hinaus. Zu seinen Schülern zählen in den 70er und 80er Jahren viele Sportler, die später zu tragenden Figuren in anderen wichtigen Budo Sport Verbänden wie etwa der Deutschen Taekwon Do Union oder des Black Belt Center werden. Das von ihn entwickelte Allkampf System finden sogar Anwendung bei der Polizeiausbildung, weshalb J. B. seit 1987 den Titel eines Ehrenkommissars h.c. Der bayerischen Polizei trägt. Eine Selbstverständlichkeit ist natürlich auch die Ehrenpräsidentschaft in der Deutschen Allkampf Union e. V. dem einzigen vom Gründer selbst autorisierten Fachverband für Allkampf Jitsu. Als jemand, der den Kampfsport nicht nur zum Beruf, sondern vielmehr zu seiner Berufung gemacht hat, kann Jakob Beck am Ende seiner sportlichen Laufbahn auf eine stolze Bilanz in Form von höchstrangigen Graduierungen blicken.

Jakob Beck – Budocenter Europa

10. DAN Allkampf
10. DAN Jiu Jitsu
9. DAN Taekwon Do
8. DAN Bo-Jitsu Allkampf Jitsu

Bei Allkampf Jitsu handelt es sich um eine Sportart mit Selbstverteidigungscharakter, die sich speziell in für diese Sportart entwickelten Selbstverteidigungstechniken und Übungsformen wieder findet. Es sind darin die verschiedensten Verteidigungstechniken in sich vereint, um für jede Verteidigungssituation eine wirkungsvolle und zugleich unter juristischen Gesichtspunkten erlaubte Verteidigungsmöglichkeiten zu bieten. Allkampf Jitsu eignet sich gleichermaßen für den Kampfsportneuling wie für den bereits aktiven Kampfsportler in einer traditionellen Kampfsportart. Allkampf ist insbesondere gut geeignet für Kinder und Mädchen, gilt aber auch als ideale Sportart für Frauen und Männer im Seniorenalter.

Das Allkampf Jitsu System wurde nach seiner Begründung durch Jakob Beck im Jahre 1968 konsequent weiter entwickelt und ausgebaut. Das ganze System ist in sich schlüssig. Es gibt ein umfangreiches einheitliches Lehrprogramm, nach dem sich die Unterweisenden richten, es gibt entsprechende Turnierregularien und es gibt ein einheitliches Prüfungswesen an dem sich die Sportler entsprechend ihres Leistungsstandes überprüfen lassen können. Diese Überprüfung lehnt an die schon von anderen Budo – Sportarten bekannte Gürtel Graduierung an. Es umfasst heute 265 der verschiedensten Hebel-, Wurf- und Schlagtechniken, die über zehn Schülergrade bis zum 6. Dan (Meistergrad) erlernt werden können. Mit zum System gehören drei Kombinationen und 10 Einzelformen. Alle vermitteln im Traditionellen asiatischen Gruppentraining neben der rein technischen Ausführung auch das zugehörige Bewegungsgefühl. Über eine festgelegte Prüfungsordnung wird der Lernfortschritt kontrolliert und der Schüler wird durch weitere Lernimpulse motiviert. Das Allkampf Konzept ist so aufgebaut, dass der Schüler von der ersten Technikstunde an Erfolgserlebnisse hat und so sein Selbstwertgefühl kontinuierlich aufgebaut wird. Für die Disziplinierung sorgt die asiatische Dojo - Etikette mit dem bei fast allen Budo Sportarten vertretenem „Do". Allkampf Jitsu ist in Bayern Inhalt des Ausbildungsprogramms der Polizei.

Allkampf Jitsu

Die wesentlichen Inhalte von Allkampf Jitsu gliedern sich in 4 Grund-Disziplinen:

1.) Kombinationen/Formen

2.) Selbstverteidigungstechniken

3.) Bruchtest

4.) Allkampf Jitsu Fight

Kombinationen/Formen

Im Kombinations- und Formen Lauf kämpft der Ausübende gegen einen oder mehrere imaginäre Gegner, mit genau vorgegebenen Abwehr- und Angriffstechniken. Der Übende konzentriert sich dabei vollkommen auf die Fiktion. Mit ganzer Kraft und vorgesehener Technik wehrt er den oder die „Gegner" ab, weicht ihnen aus und führt Gegenangriffe.

Selbstverteidigungstechniken

Sie bietet dem Übenden die Möglichkeit, sich auf einen möglichen Kampf vorzubereiten. Auf einen vorgegebenen Angriff erfolgt eine genau vorgegebene gezielte Abwehr- und Konter Technik. Hierbei lernt man das Gefühl und die korrekte Ausführung der Technik. Im Vordergrund steht dabei immer die Beachtung der Notwehr und die Gesundheit des Trainingspartners.

Anschluß Techniken, wie z.B. ein Fauststoß oder Fußkick nach oder während der Technik in Richtung des Gegners, soll keine Überschreitung der Notwehr darstellen, sondern die Kontrolle des Verteidigers über seinen eigenen Körper ausdrücken, ähnlich wie z.b. beim Iibo Taeryon (1 Schritt Sparring) im Taekwon do.

Bruchtest

Der Bruchtest wird im Allkampf Jitsu trainiert, seine Ausführung und sein Gelingen sind der ultimative Maßstab für die Beherrschung der erlernten Techniken. Mit dem Bruchtest wird demonstriert, dass der Geist imstande ist, Materien zu überwinden. Er bedient sich lediglich des Körpers. Das kann nur mit Willensstärke, Entschlossenheit, Tatkraft, Ausführung und Durchsetzungsvermögen gelingen.

Allkampf Fight

Im Fight (in den wesentlichen Punkten ähnlich dem Ju Jutsu Kampf) werden alle Erfahrungen, Kenntnisse und Techniken, die der Übende im Allkampf Training erlernt hat, angewendet. Verletzungen des Gegners, der ja auch Trainingspartner und Sportkamerad ist, sind durch konzentrierte und disziplinierte Kampfübungen in bestmöglicher Weise auszuschließen. Seit 2002 werden regelmäßig Fight-Meisterschaften durchgeführt. Die Teilnahme an diesen Meisterschaften ist offen).

Bedeutung von Allkampf Jitsu

Der japanische Name für Allkampf ist Zen Sen Jitsu. Die Silbe Zen steht für „alles umfassend" oder „vereint", Sen für „Kampf". Jitsu bedeutet „Kunst" oder „Fertigkeit". Zen Sen Jitsu bedeutet übersetzt also „alles umfassende Kampfkunst".

> *„Tradition ist Bewahrung des Feuers*
> *und nicht Anbetung der Asche."*
>
> Gustav Mahler

Wing Chun

Wing Chun (chinesisch Pinyin yŏng chūn, katonesisch wing chun) ist ein vermutlich im frühen neunzehnten Jahrhundert entstandener südchinesischer Kampfkunststil (im Westen oft als Kung Fu bezeichnet). Der Name der Kampfkunst stammt aus dem Kantonesischen, deswegen gibt es keine eindeutige Romanisierung des Begriffes.

Aus markenrechtlichen Gründen und um sich von anderen Schulen und Verbänden abzugrenzen (siehe weiter unten), sind zahlreiche Schreibweisen gebräuchlich, so z. B. Wing Tsun (W. T.), Wyng Tjun, Ving Tsun (V.T), Wing Tzun, Wing Chun, Wing Shun, Wing Tsung, Wing Tsjun, Wing tjuen, Ving Chun (VC), Wing Do, Dynamic Ving Tshun (DVT), Wing Zun, aber auch gänzlich andere Namen, wie z. B. Taonamics, In Pinyin, dem offiziell verwendeten Umschriftsystem des Hochchinesischen (Mandarin) werden die Schriftzeichen als Yŏngchūn transkribiert.

Ursprung

Zu der Entstehungsgeschichte des Wing Chun existieren verschiedene Überlieferungen. Inwieweit diese den Tatsachen entsprechen, kann aufgrund fehlender wissenschaftlicher Belege nicht mehr überprüft werden. Entwickelt wurde es über Hunderte von Jahren und hat angeblich seine Wurzeln im berühmten Shaolin Kloster. Dabei wird von einem südlichen Shaolin Kloster berichtet, welches im Gegensatz zum nördlichen Shaolin Kloster heute nicht mehr besteht. In einer weit verbreiteten Version der Entstehungsgeschichte wird beschrieben, dass die Nonne Ng Mui (chin. Pinyin Wū Méi) versuchte, ein Kampfsystem für körperlich Unterlegene zu entwickeln, das mit der kraftvollen Shaolin Kampfkunst der Mönche konkurrieren konnte. Ihr Wissen gab sie an ein Mädchen namens Yim Wing Chun (chin. Pinyn Yán Yŏngchūn) weiter, das sich gegen einen lokal ansässigen Kämpfer zur Wehr setzen musste, der sie immer wieder bedrängte. Die andere Version der Entstehungsgeschichte besagt, dass sich einige sehr gute Kämpfer im alten China in einem Kloster in der Halle des immerwährenden Frühlings (chin. Pinyin Yŏngchūn Tăng) trafen und dort zusammen diesen Stil entwickelten. Unumstritten ist jedoch die Tatsache, dass sich alle Wing Chun Stile in irgendeiner Form auf die rote Dschunke (chin. Pinyin hông chuân), eine Operntruppe, beziehen. So lernten viele historisch nachweisbare Personen, die in der Entwicklung des Wing Chun eine Rolle spielten wie zum Beispiel Leung Jan (chinesisch Pinyin Liâng Zân), von Schauspielern der Roten Dschunke.

Die frühesten schriftlichen Aufzeichnungen datieren aus dem Jahr 1854 und werden durch Schriftforschungen des Foshan Museums und der Chin Woo Athletics Association of Foshan belegt. Das moderne/populäre Wing Chun mit seinen charakteristischen sechs Formen und der Chi-Sao-Übung der rollenden Hände, Poon Sao geht aktuellen Erkenntnissen nach auf die Studien des Lehrerkreises um Yuen Kay Shan (chin. Pinyin Ruǎn Qishān) und Yip Man (chin. Pinyin Yè Wèn) zurück. Ebenso wie das moderne Karate ist Wing Chun in seiner heutigen Ausprägung somit streng genommen erst dem 20. Jahrhundert zuzuordnen. Sie in Deutschland häufig anzutreffende Altersangabe mit ca. 300 Jahren ist in der Mitte des zwanzigsten Jahrhunderts in Hongkong entstanden und hatte eher politische Gründe, da eine chinesische Kampfkunst älter sein musste als eine japanische (hier war insbesondere das Karate gemeint).

Die Legende der Schülerin Yim Wing Chun

Gemäß mündlicher Überlieferung waren während der Qing Dynastie (1644 – 1911) die Shaolin Mönche aufgrund ihrer Kampfkunst derart berühmt, dass sich der damalige Kaiser Kangxi Sorgen um seinen Einfluss machte und beschloss, die Mönche zu töten und das (südliche) Shaolin Kloster zu vernichten. Dies misslang, da die Mönche starken Widerstand leisteten. Der Beamte Chan Man Wai wollte sich einen Namen verschaffen und schmiedete einen Plan, für den er sich u. a. mit Ma Ning Yee verschwor, welcher das Kloster von innen heraus in Brand setzte. Dabei kamen die meisten Klosterbewohner ums Leben. Der Abt des Klosters Meister Chi Sin (chin. Pinyin Zhi Shān Chānshi) mit den meisten Schülern, Die Meisterin Ng Mui (chin. Pinyin Wū Mèi), Meister Pak Mei (chin. Pinyin Bāi Mēi Dáorén), Meister Fung To Tak (chin. Pynyin Féng Dáodè) und Meister Miu Hin (chin. Pynyin Miáoxiǎn) konnten entkommen. Sie waren die Führer der fünf Shaolin Stile und wurden die „Fünf Älteren" genannt. Die Authentizität dieser Überlieferung ist umstritten. Kangxi war eher ein Unterstützer zumindest des nördlichen Shaolinklosters, wie eine über dessen Eingang angebrachte Kalligrafie noch heute belegt.

Nach der Zerstörung des Klosters trennten sich die Überlebenden, um der Mandschu-Regierung leichter zu entkommen. Meister Chi Sim nahm eine Tarnidentität als Koch auf einer „Roten Dschunke" an.so wurden Transportschiffe einer Operntruppe bezeichnet, die üblicherweise mit roter Farbe gestrichen und bunten Fahnen geschmückt waren. Die Nonne Ng Mui dagegen ließ sich im Weißen Kranich Tempel (chin. Pynyin Báihè Guãn) am Tai Leung Berg (chin. Pynyin Dáliáng Shãn) nieder, wo sie sich der Kampfkunst und dem Chan widmen konnte. Am Marktplatz eines nahen Dorfes lernte Ng Mui ein junges Mädchen namens Yim Wing Chun (chin. Pinyin Yán Yõngchũn) und deren Vater Yim Yee kennen, welche dort Tofu verkauften. Die beiden waren aus ihrer Heimat in der Provinz Guangdong geflüchtet, da Yim Yee in eine Gerichtssache verwickelt war (man sagt, unschuldig), die ihn das Leben hätte kosten können. Als Schüler des Shaolin Klosters hatte er einige Kampftechniken erlernt und sorgte in seiner Gegend für Gerechtigkeit. Die resultierenden Schwierigkeiten zwangen ihn, seine Heimat zu verlassen und sich am Tai Leung Berg niederzulassen. Der Legende nach hat die Kampfkunst dem Mädchen Yim Wing Chun seinen Namen zu verdanken. Die heranwachsende Yim Wing Chung, zog den im Ort als einen notorischen Schläger bekannten Wong derart an, dass er um ihre Hand anhielt. Doch sie war schon als kleines Kind, Leung Bok Chau (chin. Pinyin Liáng Bòchòu), einem Salzkaufmann aus Fujian, versprochen worden. Wong schickte einen Boten, setzte Yim Wing Chun eine Frist und drohte Gewalt anzuwenden, falls sie sich ihm verweigerte. Vater und Tochter lebten von nun an in großer Sorge, da niemand im Dorf Wong, dem Kampfkünstler und Mitglied einer Geheimgesellschaft, gewachsen war. Ng Mui erkannte als regelmäßige Kundin Yim Yees, dass die beiden von Sorgen gequält wurden. Schließlich erzählte Yim Yee von Wong. Ng Mui beschloss, Yim Wing Chun zu helfen, wollte den Bösewicht aber nicht selbst bestrafen, da sie ihre Tarnidentität nicht aufgeben wollte und ein Kampf zwischen ihr, der Meisterin aus dem Shaolin Kloster, und einem Dorfschläger unfair und ruhmlos gewesen wäre. Deshalb brachte sie Yim Wing Chun ihre neue Kampfkunst bei. Nach nur drei Jahren Privatunterricht hatte diese das neue Kampfsystem gemeistert. Ng Mui schickte sie nach der Ausbildung im Weißer Kranich Tempel zurück zu ihrem Vater.

Sofort wurde Yim Wing Chun wieder von Wong bedrängt, doch dieses Mal forderte sie ihn zum Kampf auf. Der Rowdy war sich seines Sieges sicher, sollte sich aber getäuscht haben, denn Yim Wing Chun schlug ihn zu Boden. Nachdem Yim Wing Chun den Schläger besiegt hatte, setzte sie ihr Training fort. Als Ng Mui beschloss, weiterzureisen, ermahnte sie Yim Wing Chun, eine würdige Nachfolgerin zu sein und nur die richtigen Schüler zu unterweisen. Diese Mahnung wurde auch von den folgenden Generationen befolgt. Die Geschichte der Yim Wing Chun wurde 1994 mit Michelle Yeoh und 2010 mit Bai Jing, die eine Schülerin von Yip Mans ältestem Sohn Ip Chun war, verfilmt.

Jüngere Geschichte

Die meisten heute bekannten Varianten des Wing Chun gehen auf den Kampfkünstler Yip Man (1893 – 1972) zurück. Er hatte im Laufe seines Lebens in Hongkong zahlreiche Schüler (u. a. Bruce Lee). Einen direkten Nachfolger ernannte Yip Man nicht, da er sich selbst nicht als Stil erbe sehen konnte. Dieser Umstand hatte zur Folge, dass ein ungenau formulierter Zeitungsartikel Leung Ting (chin. Pinyin Liàng Ting) zum Oberhaupt der Yip Man Familie ernannte. Die heftigen Reaktionen älterer Yip Man Schüler wurden, obwohl Leung Ting umgehend auf die Richtigstellung dieser Falschmeldung drängte, später im Allgemeinen als Nachfolger Streit bezeichnet. Yip Man erlernte die bis dahin kaum bekannte Kampfkunst Wing Chung und Chan Wah Shun (chin. Pinyin Chén Huáshūn) in der Stadt Lin Fa Dei. Spätere Lehrer Yip Mans waren Chans Schüler Ng Jung Su (chin. Pinyin Wŭ Zh ngsú) und ein Sohn von Chans Lehrer mit Namen Leung Bik (chinesisch Pinyin Liáng Bi). Die Person des Leung Bik ist jedoch umstritten. Einige Quellen geben Leung Bik als eine Erfindung des Yip Man Schülers und zeitweilig als Reporter tätigen Lee Man an.

Stilrichtungen

Die bekanntesten Wing Chun Stilrichtungen sind:

Yip Man Stil

Yuen Kay Shan Stil

Yiu Choi/Yiu Kay Stil

Pan Nam Stil

Zu den weniger bekannten stilen sind zu zählen:

Pao Fa Lien Stil

Yuen Chai Wan (Nguyen Te-Cong) Stil

Yip Kin Stil

Des Weiteren gibt es noch verschiedene Unter- oder Hybridsysteme dieser Stilrichtungen. Die umfangreichsten Dokumentation liegen derzeit zum Ip Man Stil und dem Pan Nam Stil vor.

Prinzip und Technik

Die hier aufgeführten Prinzipien (Kuen Kuits) stellen eine kleine, beispielhafte Auswahl dar, wie sie in unterschiedlichen Wing Chun Stilen vorkommen können.

1. nimm an, was kommt.
2. folge dem, was geht.
3. stoße vor, wenn der Weg frei ist.

Der meist benutzte Stand im Wing Chun heißt IRAS oder Yee Jee Kim Yeung Ma. In diesem Stand werden die Formen ausgeführt oder auch Chi-Sao Übungen trainiert. Hier sind einige Prinzipien (Kuits) zum Einnehmen vom IRAS Stand: *Aufnehmende* Brust, Rücken gerade, gerade Hüfte. Die Lungen mit Chi füllen und die Stärke auf alle Körperteile verteilen. Die Knie und die Zehen zeigen einwärts bilde eine Pyramide mit dem Schwerpunkt in der Mitte. Die Fäuste werden an die Seite der Rippen gesetzt, berühren aber den Körper nicht. - Die Ellenbogen, die Schultern und die Taille senken. Den Kopf und den Nacken gerade halten und den Geist wachsam halten. Die Augen schauen geradeaus, und passen in alle Richtungen auf. Sammle deinen Geist, erhebe dein Gemüt. Yee Jee Kim Yeung Ma ist die Hauptposition. Sie bildet das Fundament für fortgeschrittene Techniken. Ein typisches Technikelement einiger Wing Chun Stile ist der Kettenfauststoß. Ein geübter Wing Chun Kämpfer kann bis zu 8 Schlägen pro Sekunde ausführen. Im Wing Chun wird besonders auf die saubere Struktur des Schlages geachtet, um auch bei geringer Körperkraft explosiv angreifen zu können. Dazu gehört z. B., dass ein Schlag theoretisch durch den getroffenen Körperteil hindurch geht. Je nach angegriffenem Körperteil und Intention des Kämpfers werden Faustöße, Fingerstiche, Handkantenschläge oder Hammerfäuste bei Schlägen eingesetzt. Effektives Wing Chun erreicht seine Stärke jedoch nur durch fließende und gesamtheitliche Durchführung des Kampfstils, womit daher einzelne Schläge oder Schlagtechniken nicht von übergeordneter Bedeutung sind. Die Kraft des Gegners wird durch Schritt Techniken, wie Wendungen, neutralisiert und gegen ihn verwendet (Abwehr und Angriff, als eine Bewegung). Die Wing Chun Techniken die nur sehr wenige Grundtritte umfassen und mit der im Allgemeinen nur niedrige Körperpunkte bis etwa zur Höhe der Hüfte angegriffen werden, zielen insbesondere auf das Kniegelenk, den Oberschenkelansatz und den Unterleib des Gegners. Bei manchen Techniken jedoch ist der Bauch des Gegners Ziel des Angriffs.

Waffen

Wing Chun war der Legende nach ursprünglich eine Kampfkunst ohne Waffen. Im frühen 19. Jahrhundert erweiterten Wong Wah Bo (Schüler von Leung Bok Chow, dem Ehemann der Stil Gründerin Yim Wing Chun) und Leung Yee Tai (Schüler des auf der Roten Dschunke untergetauchten Shaolin Mönchs Chi Sim) den Kung Fu Stil um zwei Waffenformen:

Langstock (Luk Dim Boon Kwun)

Doppelmesser (Baat Jam Do / Dao)

Die Übungen und Formen wurden den Prinzipien des Wing Chun angepasst. Historische Dokumente hierzu sind nicht überliefert. Wong Wah bo wird in vielen anderen Entstehungslegenden anderer Stile (z. B. Hung Kuen) erwähnt. Seine Existenz ist weder belegt noch widerlegt. Er spielt in nahezu allen Wing Chun Legenden eine Schlüsselrolle.

Formen

Die ersten Grundlagen des Wing Chun werden zumeist in kurzen oder langen Formen erlernt und geübt. Formen sind festgelegte Abfolgen von Techniken, die jeder Schüler alleine durchführt. Die Formen des Wing Chun sind (wie auch die japanischen „Kata" oder die Koreanischen „Hyeong") wie ein „Notizbuch" zur Vermittlung von Theorien und Techniken zu verstehen und nicht als ein ritualisierter Kampf gegen imaginäre Gegner. Reihenfolge, Anzahl und Art der Formen ist in den verschiedenen Wing Chun Familien oftmals sehr unterschiedlich. In einigen Wing Chun Familien werden weniger als die nachstehend aufgeführten sechs bekanntesten Formen praktiziert, in anderen werden mehr oder gänzlich andere Formen unterrichtet.

Bekannte Formen

Siu Nim Tau / Siu Lim Tao (chin. Pinyin Xiǎo Niántou, „Kleine Idee“, manchmal auch Saam Pai Fut Dreimalige Verehrung oder Gruß Buddhas genannt). Es werden die grundlegenden Armtechniken isoliert für sich oder in einfachen Kombinationen geübt. Beintechniken kommen hier in Form des stabilen Standes vor. Ein wichtiger Aspekt dieser Form ist die Haltung und des Verhältnis von Spannung und Entspannung. Weiterhin werden Grundprinzipien des Wing Chun geschult, wie zum Beispiel die „Zentrallinientheorie“, Krafterzeugung und richtige Atmung. Chum Kiu / Cham Kiu (chin. Pinyin Xùn Qiáo, „Suchende Arme“ / „eine Brücke bauen“) Basistechniken mit ersten Fußtechniken. Hier werden verschiedene Techniken in Kombinationen geübt, insbesondere das Zusammenspiel von beiden Armen, Beintechniken und Schritttechniken.

- Bju Tse / Biu Tze (chin. Pinyin Biāo Zhǐ, „Stoßende Finger“) Bisweilen als Notfall-Form bezeichnet, in der Techniken erlernt werden, um aus ungünstigenKampfpositionen in aussichtsreiche zurückzugelangen.

- Mok Jan Chong / Muk Yan Jong (chin. Pinyin Mùrénzhuāng Fǎ, „Holzpuppe“) Dient als Ersatz für einen Trainingspartner und zum intensitätsorientierten Training. Bewegungen werden hier einstudiert und Fehler beseitigt.

- Luk Dim Bun Guan / Luk Dim Ban Kwun (chin. Pinyin Liù Diǎn Bán Gùn Fǎ, „Langstock“).

- Pa Cham Dao / Bart Cham (chin. Pinyin Bǎ Zhǎn Dǎo, „Doppelmesser“ oder „Schmetterlingsmesser“).

Chi Sao

Ein wesentlicher Bestandteil der meisten Wing Chun Stile ist das Chi Sao. Übungen zur Dehnung und für die Geschmeidigkeit der Extremitäten, welche bei allen Stilen, auf die unterschiedlichste Art praktiziert werden.

Organisationsstruktur

Im alten China wurde das Wing Chun in einem familiären Charakter jeweils von Lehrer zu Schüler weitergegeben. Der Lehrer, der die persönliche Verantwortung für die gesamte Ausbildung der Schüler hatte, wurde als Shifu (väterl. Lehrer) angesehen. Der Unterricht fand gegen Bezahlung oft im Wohnhaus des Lehrers statt, eine persönliche Bindung zwischen Lehrer und Schüler, mit bestimmten gegenseitigen Verpflichtungen, war die Regel. In Hongkong wurden die ersten öffentlichen Schulen gegründet.

Seitdem nahm der Unterricht im Wing Chun stärker einen kommerziellen und modernen Charakter an. In einigen Schulen wurde das familiäre System jedoch gewahrt. Lo Man Kam, der Neffe Yip Mans, unterrichtet noch heute seine Schüler in seinem Wohnhaus in Taibei. Langjährige Schüler werden dort heute noch durch den Shifu in der traditionellen Weise durch eine Teezeremonie (Bai Si Lai) in den inneren Kreis der Wing Chun Familie aufgenommen. Diese Zeremonie unterstreicht die tiefe persönliche Bindung, die durch das lange Training zwischen Meister und Schüler entstanden ist.

Verbandsstruktur im Europa

Es gibt in Europa keinen einheitlichen Dachverband, unter dem die Wing Chun Praktizierenden zusammengefasst sind, sondern zahlreiche, zum Teil miteinander konkurrierende und zerstrittene Verbände, Schulen und Einzellehrer. Die meisten Verbände treten dabei nicht in der Rechtsform der Vereine auf, die sich freiwillig zu einem Verband zusammengeschlossen haben, sondern als kommerzielle Organisationen, in denen assoziierte Schulen eingegliedert sind, welche vom Verband autorisiert und zertifiziert werden. Manche der Verbände sind in einem Franchise-System organisiert. In einigen Verbänden werden in Anlehnung an das früher üblichen Familiensystem, Gehorsam und Verpflichtungen gegenüber dem Lehrer (Shifu) und dessen Lehrern (Si-Gung, Si-Jo) betont, obwohl diese nur noch selten direkt an der Ausbildung ihrer Schüler beteiligt sind.

> *„Ein Sieg erzeugt Hass, denn der Besiegte ist unglücklich. Glücklich lebt der Friedfertige, der den Sieg und den Kampf aufgegeben hat"*
> Buddah

Krav Maga

Krav Maga (hebr. Kontaktkampf) ist ein israelisches, modernes, hybrides Selbstverteidigungssystem, das Schlag- und Tritt Techniken präferiert, aber auch Grifftechniken, Hebel und Bodenkampf beinhaltet. Die Ursprünge des Krav Maga gehen auf den 1910 in Budapest geborenen Imrich Lichtenfeld zurück, der in Bratislava aufwuchs. Lichtenfeld war als Boxer und Ringer erfolgreich und hatte von seinem Vater, einem Polizisten, Jiu Jitsu Techniken gelernt.

In den 1930er Jahren lehrte Lichtenfeld zum ersten Mal seine Kampfmethode, um die dort lebenden Juden gegen antisemitische Übergriffe zu unterstützen. Lichtenfeld emigrierte 1940 aus der Slowakei. Nach einer abenteuerlichen Flucht und einer Zeit bei der britischen Armee durfte er 1942 nach Palästina einreisen. Im damaligen britischen Protektorat Palästina unterrichtete er, zuerst mit britischer Unterstützung, Nahkampf in den zionistischen Untergrundorganisationen Haganah und Palmach. Nach Gründung des Staates Israel 1948 wurde Lichtenfeld Nahkampf Ausbilder in der israelischen Armee. Nach seiner Tätigkeit in der Armee adaptierte Imrich Lichtenfeld das militärische Krav Maga für Polizisten und Zivillisten. Dazu wurden die Techniken der nichtmilitärischen Rechtslage angepasst (Notwehr). Nach dem Tode Lichtenfelds im Januar 1998 erhoben mehrere seiner Schüler den Anspruch auf den Titel des legitimen Nachfolgers im Bereich des zivilen Krav Maga, so z. B. Gabi Noah (Leiter IKM International Krav Maga), Haim Gidon (Leiter IKMA Israeli Krav Maga Association), Eyal Vanilov (Leiter KMG Krav Maga Global), Avi Moyal (Leiter IKMF International Krav Maga Federation), Haim Zut (Leiter KMFHZ Krav Maga Federation Haim Zut). Heute wird Krav Maga weltweit unterrichtet.

Dabei muss zwischen drei Zielgruppen unterschieden werden:

- *Krav Maga für Privatpersonen*
- *Krav Maga für Polizei und Sicherheit*
- *Krav Maga für das Militär*

Die Zielsetzung für Privatpersonen besteht darin, Menschen effektive und einfache   Methoden an die Hand zu geben, um sich gegen Gewalt behaupten zu können. Für viele gibt der Spaß- und Fitnessfaktor den Ausschlag, Krav Maga zu trainieren.

In den USA wird Krav Maga beispielsweise stark als „Fitnesssystem" genutzt.

- Im Sicherheitsbereich und bei der Polizei sind die Schwerpunkte der Ausbildung Deeskalation, Eigenschutz, Einsatztaktik, Personenschutz, Veranstaltungsschutz sowie Abführ- und Kontrolltechniken.

- Die Zielsetzung für den militärischen Einsatz ist die Ausbildung von militärischem Personal in Nahkampf Methoden.

"Die Weisheit Israels ist die Weisheit, wie Krieg zu führen ist und nichts anderes."

Ben Gurion 1947

Krav Maga zeichnet sich durch einfache Techniken aus. Natürliche und instinktive Reaktionen werden im System berücksichtigt und sinnvoll eingebunden. Dadurch ist Krav Maga relativ schnell zu erlernen. Krav Maga ist seinem Selbstverständnis nach kein Sport, sondern ein reines Selbstverteidigungssystem. Es gibt keine Wettkämpfe. Besonders das richtige Reagieren unter Stress wird trainiert. Dabei wird der richtigen Taktik in Gefahrensituationen viel Raum eingeräumt. Es geht auch darum, Gefahren frühzeitig zu erkennen und durch geschicktes Verhalten dem Konflikt auszuweichen.

Aufgrund der historischen Entwicklung, des Kampfsport- hintergrundes, vieler Vertreter und der Orientierung nach Prinzipien und weniger nach starren Techniken sind inzwischen verschiedene Organisationen und Interpretationen des Krav Maga entstanden, die sich teilweise in der Auswahl der Techniken (vor allem bei fortgeschritteneren Programmen) und Trainingsmethoden unterscheiden. Im deutschsprachigen Raum werden mittlerweile unterschiedlichste Krav Maga Varianten unterrichtet. Verschiedene Krav Maga Verbände aus dem Ausland bieten Seminare in Deutschland an. Ein Beispiel hierfür ist das Krav Maga von Moni Aizik (Commando Krav Maga). Im internationalen Vergleich war die international Krav Maga Federation (IKMF) die größte Krav Maga-Organisation. Der ehemals zur IKMF gehörende amerikanische Krav Maga Verband nennt sich seit 2005 Krav Maga Worldwide und versucht, über die USA hinaus zu expandieren. Im Juni 2010 trennte sich Eyal Yanilov von der IKMF und gründete mit Krav Maga Global (KMG) einen neuen weltweiten Krav Maga Verband. Die Leitung der IKMF übernahm Avi Moyal. Dadurch ist die IKMF in ihrer Größe deutlich reduziert worden, weist aber immer noch eine internationale Verbreitung auf. Krav Maga bei der Bundeswehr An der Luftlande- und Lufttransportschule der Bundeswehr lehren seit Anfang 2008 zwei IKMF-Instruktoren militärisches Krav Maga im Rahmen des Einzelkämpferlehrgangs. Außerdem wird seit zwei Jahren an der Universität der bundeswehr Hamburg Krav Maga Survival unterrichtet. Im Krav Maga werden je nach Zielgruppe unterschiedliche Techniken und Methoden trainiert.

Dazu zählen: verbale Deeskalation Rollenspiele, Bewegungslehre, 360-Grad-Abwehr, Innenabwehr, Fausttechniken, Handballentechniken, Hammerschläge, Ellbogentechniken, Tritttechniken, Knietechniken, Einsatz von Alltagsgegenständen zur Selbstverteidigung, Waffenabwehr, gezielte Entwaffnung von Gegnern, Stressdrills, Situationstraining, Mugging Training (Training mit einem Vollkontaktschutzanzug).

Das Verhältnis zu KAPAP

Innerhalb des israelischen Militärs existieren verschiedene Nahkampfsysteme. Der allgemeine und offizielle Begriff für alle diese Systeme ist KAPAP (hebr. Krav Panim el Panim, Kampf von Angesicht zu Angesicht). Durch den internationalen Erfolg von Krav Maga inspiriert, begannen auch andere Nahkampfausbilder ihre Systeme an die Erfordernisse von Zivilpersonen anzupassen, teilweise auch unter dem Namen Krav Maga, etwa Moni Aizik (Commando Krav Maga) oder Amnon Maor (Krav Maga Maor).

„Wir werden uns der Realität
gegenüber sehen, dass Israel weder
unschuldig noch (für Juden) erlösend ist.
Wir als Juden haben genau das verursacht,
was wir historisch erlitten haben: eine
Flüchtlingsbevölkerung in der Diaspora. "

Martin Buber

jüdischer Philosoph

Jeet Kune Do

Bruce Lee – Geburt des ultimativen Kriegers

Jeet Kune Do (chin. Pinyin Jiė quàn dào, kanton. jit kyūn dou, Weg der abfangenden Faust) ist ein von Bruce Lee entwickelter Kampfkunststil bzw. Selbstverteidigungskonzept. Ursprünglich wurde das Kampfsystem Jun Gan Gung Fu bzw. Jun Fan Kung-Fu genannt, wobei Jun Fan von Lees chinesischem Namen herrührt. Jeet Kune Do (auch JKD abgekürzt), wörtlich: „Der Weg der abfangenden Faust", ist ein Konzept, das in einem Kampf auf größtmögliche Effizienz ausgerichtet ist. Die von Bruce Lee erforschten und gesammelten Kampfkunsttechniken selbst werden nach ihm Jun Fan Kung Fu (Jun Fan war der eigentliche Vorname Bruce Lees) benannt. Dazu unterschied Bruce Lee das Kämpfen in drei Distanzen, nämlich Lang-, Mittel- und Nahdistanz. Er kombinierte Elemente aus diversen klassischen Stilen wie dem Wing Chung mit Techniken aus verschiedenen anderen östlichen und westlichen Kampfkünsten, darunter auch das westliche Boxen, Fechten und Judo bzw. Jiu Jitsu und Tang Lang. Der Name Jeet Kune (ohne Do) an sich kommt in mehreren chinesischen Kampfkunststilen als Name einer Form (eine festgelegte Bewegungsabfolge) vor, so im Adlerstil und im nördlichen Gottesanbeterinnenstil, dann zuweilen als „schnelle Faust" übersetzt. Bruce Lee hat in seinen früheren Jahren erwiesenermaßen beide Stile trainiert, insbesondere die Jeet Kune Adlerform und griff später auf diesen Namen zurück. Das System verzichtet dabei auf traditionelle Elemente fernöstlicher Kampfkünste, insofern sie seiner Meinung nach die Effektivität beeinträchtigen, wie z. B. Atemübungen, wie sie in den inneren Kampfkunststilen vorkommen. Lee schuf somit ein offenes Kampfkunst-System, das nicht den Beschränkungen traditioneller Kampfkunststile unterworfen sein sollte. Er legte daher stets großen Wert darauf, dass Jeet Kune Do nicht als ritualisierte Kampfkunst verstanden wurde, anders als das etwa zur gleichen Zeit in Deutschland entwickelte Ju-Jutsu, das zwar grundsätzlich ebenfalls stiloffen ist, aber doch selbst ein Stil ist, eben eine ritualisierte Kampfkunst.

Erwähnenswert ist, dass Bruce Lee zuweilen in Deutschland als eine Art falscher Wing Chung Kämpfer bzw. falscher Wing Chung Lehrer geführt wird, der zwar hervorragend trainiert gewesen, aber nicht fertig ausgebildet worden sei. Das ist unzutreffend, Bruce Lee hat nie Wing Chun unterrichtet. Bereits in seiner ersten Schule, dem Jun Fan Gung Fu Institute in Seattle, unterrichtete er seine Kombination aus Techniken des Wing Chung, Tang Lang, Boxen und Fechten, nämlich eine frühe Version des Jun Fan Kung Fu. Schon damals versuchte Bruce Lee also, der Reglementierung eines einzelnen Stiles zu entkommen, was später zu dem Konzept des JKD führte. Bruce Lee unterrichtete immer nur wenige Schüler gleichzeitig und versuchte diese individuell zu fördern; so bekamen diese auch individuell auf sie zugeschnittene Trainingspläne. Jeet Kune Do (JKD) ist somit nicht als Kampfkunststil, sondern als Prinzip oder Philosophie zu verstehen. Bruce Lee hat es stets als wichtig erachtet, dass „Jeet Kune Do" nur ein Name sei, der nicht überinterpretiert werden sollte. Er beschrieb sein Wirken mit den Worten „Using no way as way – having no limitation als limitation". („Benutze keinen Weg als Weg – habe keine Grenze als Grenze") und verfolgte damit primär die Vorstellung des Taoismus: Man soll Dingen ihren Lauf lassen und keine feste Form oder Vorstellung entwickeln, sondern vielmehr sich dem Fluss der Dinge aktiv hingeben. Im chinesischen spricht man hier vom Wu Wei, dem Leer- beziehungsweise Nichtsein.Eine weitere Beschreibung ist Handeln durch Nicht Handeln Als er aufgrund einer Wirbelsäulenverletzung mehrere Monate an das Bett gefesselt war, beschrieb Bruce Lee das System in Zusammenarbeit mit seiner Frau Linda im Buch Tao of Jeet Kune Do. Das Buch wurde 1978 postum veröffentlicht und enthält viele eigenhändige Skizzen und philosophische Erläuterungen; unklar ist, ob es von Bruce Lee überhaupt zur Veröffentlichung gedacht war. „Take things as they are. Punch when you have to punch. Kick when you have to kick". „Nimm die Dinge, wie sie sind: Schlage, wenn du schlagen musst. Tritt, wenn du treten musst." Bruce Lee selbst verwies des Öfteren auf das Wasser als elementare Kraft der Natur: anpassungsfähig, nicht greifbar und doch in der Lage, einen Stein auszuhöhlen.

Diese Natur des Wassers nahm er sich zum Vorbild für den Zweikampf: Nicht der Boxer, der Karateka oder der Taekwondoin ist der beste Kämpfer, sondern jener, der sich ohne an bestimmten, einstudierten Techniken festzuhalten – der Situation und dem Gegner am besten anpassen kann. Dazu gehört auch, den Menschen als Individuum zu betrachten. Jeder Mensch soll seinen eigenen, individuellen Stil entwickeln, auf seinen Körper hören und diesem folgen. Es spielen nicht nur Schnell/Maximalkraft und Technik eine Rolle, sondern vielmehr der Impuls, die Kombination von Faktoren. Letzteres ist vor allem für kleine, aber schnelle Kämpfer wichtig, da diese die fehlende Masse durch Schnelligkeit ausgleichen können. Darüber hinaus hat JKD einen hohen philosophischen Anspruch und ist daher viel mehr als eine rein körperliche Ausdrucksform Aufgrund seiner kritischen Ausführungen zu den traditionellen Kampfsportarten und der Tatsache, dass er jedwede Person, die den erforderlichen philosophischen Ansprüchen des JKD gerecht wurde, unabhängig von ihrer ethnischen Herkunft unterrichtete, geriet Bruce Lee in Amerika schnell in Auseinandersetzungen mit den traditionellen chinesischen Meistern. Diese waren der Ansicht, dass die Geheimnisse der asiatischen Kampfkünste nicht an die westliche Welt weitergegeben werden duften. Daher kam es zu einem historischen Zweikampf zwischen Bruce Lee und einem der Meister. Nach dem Bruce Lee innerhalb weniger Minuten den Meister besiegt hatte, durfte er von dem Zeitpunkt an ohne weitere Einwände die westlichen Schüler unterrichten. Wie hart Bruce Lee hinsichtlich der Weiterentwicklung seiner Prinzipien zu sich selbst war, kann man gut an der Tatsache erkennen, dass er sich nach dem besagten Kampf darüber ärgerte, dass dieser zu lange gedauert hätte. Eine der berühmtesten Techniken des JKD, die man unweigerlich mit Bruce Lee in Verbindung bringt, ist der sogenannte One Inch Punch (eine Technik, die der sogenannten „Langen Brücke" aus dem Wing Chun ähnlich ist). Dabei führte er aus einer sehr kurzen Entfernung (daher der Name) einen Fauststoß aus, dessen Wucht den Gegner mehrere Meter nach hinten stößt. Bruce Lee gab sein JKD zu Lebzeiten nur an wenige auserwählte Schüler weiter, darunter auch Schauspielgrößen wie James Coburn, Steve McQueen und Chuck Norris.

Des Weiteren waren seine Schüler, Lees Ehefrau Linda, Ted Wong, Larry Hartsell, Bob Bremer, Taky Klimura, Jesse R. Glover, Richard Bustillo, Jerry Poteet, Dan Inosanto und noch einige mehr. Dan Inosanto war der einzige Schüler Lees, der von ihm persönlich zertifiziert wurde, Jeet Kune Do zu unterrichten. Unter Inosantos Führung entwickelten sich zahlreiche hervorragende Kampfsportler, wie z. B. Paul Vunak, der Begründer des Progressive Fighting System (PFS).

„Empty your mind! Be formless, shapeless, like water.
If you put water into a cup, it becomes the cup.
Put it into a bottle, it becomes the bottle,
you put into a teapot, it becomes the teapot.
Now water can flow, or it can crash:
Be water, my friend!"

Bruce Lee

„Leere deine Gedanken! Sei ohne feste Gestalt und Form,
so wie Wasser. Wenn man Wasser in eine Tasse füllt,
wird es zur Tasse. Füllt man es in eine Flasche, wird es
zur Flasche, füllt man es in einen Teekessel, wird es zum
Teekessel. Wasser kann fließen, oder es kann zerstören.
Sei Wasser, mein Freund."

Bruce Lee

Sambo

Sambo ist eine russisch-sowjetische Kampfsportart. Sambo hat seine Wurzeln im japanischen Judo/Jiu Jitsu sowie in den traditionellen Kampf- und Ringer Künsten Europas und des Gebietes der ehemaligen Sowjetunion. Sambo wurde ab 1923 von der sowjetischen Armee entwickelt, um deren Nahkampf Ausbildung zu verbessern. Entwicklungsziel war die Verschmelzung der effektivsten Techniken traditioneller Kampfkünste zu einem für die militärische Ausbildung geeigneten System. Die ersten Pioniere des Sambo waren Viktor Spiridonov und Vasili Oshchepkov, Oshchepkov wurde 1937 auf Befehl Stalins hingerichtet, nachdem man ihn beschuldigt hatte, ein japanischer Spion zu sein. Oshchepkov hatte einen großen Teil seines Lebens in Japan verbracht, wo er direkt mit Kanō Jigorō, dem Begründer des Judo, trainierte. Anatoly Kharlampiev, ein Schüler Spiridonovs, wird offiziell als Gründungsvater des Sambo als Sportart angesehen. Seinem Engagement war es zu verdanken, dass Sambo 1938 vom Sportkomitee der UdSSR als Wettkampfsport anerkannt wurde. Der Begriff Sambo setzt sich aus den russischen Worten Samooborona bez oruschia zusammen - Selbstverteidigung ohne Waffen.

Wettkämpfe

Wettkampfstile im Sambo

Sport Sambo ist ein Wettkampf mit ähnlichen Regeln wie im Judo oder olympischen Freistilringen. Erlaubt sind Würfe, Fixierung des Gegners am Boden und Hebel auf Arme und Beine. Würgegriffe sind im Gegensatz zum Judo verboten. Combat Sambo ähnelt weitestgehend modernen Mixed Martial Arts Wettkämpfen. Die Wettkämpfer tragen Kopfschutz, Zahnschutz, Tiefschutz, Scheinbeinschützer und leichte Handschuhe. Die Regeln lassen erheblich mehr Spielraum als jene des Sport Sambo. Erlaubt sind neben Würfen, Fixierungen und Hebeln auch Schläge und Tritte sowie Würgegriffe.

Der Sieg kann in beiden Kategorien entweder durch Punktevorsprung nach Ablauf der Zeit errungen werden oder vorzeitig durch Aufgabe des Gegners (z. B. aufgrund einer Hebeltechnik, im Combat Sambo auch KO), einen sauberen Wurf (ähnlich dem Ippon beim Judo) nach dem der Werfer mit keinem anderen Körperteil als den Füßen den Boden berührt und der Geworfene mit dem Rücken auf dem Boden liegt, oder Überlegenheit (zwölf Punkte Differenz zwischen den Kontrahenten).

Trainingskleidung

Sambo Kämpfer tragen bei Training und Wettkämpfen in der Regel eine spezielle Jacke (Kurtka) sowie einen Gürtel und kurze Hosen in derselben Farbe. Dazu kommen noch leichte, meist aus Leder gefertigte Ringer Schuhe. Die Sambo Uniform gibt in der Regel keinen Hinweis auf den Status des Trägers. Bei Wettkämpfen müssen alle Teilnehmer sowohl über eine rote als auch eine blaue Kombination verfügen, da (zur besseren Unterscheidung während des Kampfes) jeweils ein Wettkämpfer in Rot und der andere in Blau antritt.

„Wenn du daheim bleibst,
richte nicht mit dem, der kämpft!"

Aischylos

Mixed Martial Arts

Mixed Martial Arts (deutsch „Gemischte Kampfkünste") oder kurz MMA ist eine moderne Art des Pankration. Bekannt geworden ist MMA durch die Vergleichskämpfe im Ultimate Fighting Championship (UFC) der frühen 1990er Jahre.

Die Kämpfer kamen damals noch aus vielen verschiedenen traditionellen Kampfstilen. Es trafen sowohl die Schlagtechniken des Boxens, die Kicktechniken des Kickboxens, des Muay Thai und des Karate als auch die Bodenkampf- und Ringertechniken (Grappling) des Brazilian Jiu Jitsu, des Ringens, des Judo und des Sambo aufeinander. Auch Techniken aus anderen Kampfkünsten wurden benutzt. Das auch im Bodenkampf geschlagen und zum Teil getreten werden darf, ist das Hauptunterscheidungsmerkmal zu anderen Vollkontakt Kampfsportstilen und führte zwangsläufig zur Entwicklung des MMA als Kampfstil. Dies führte zum Sendeverbot von MMA Profilkämpfen im deutschen Fernsehen.

Prinzip und Technik

Bei diesem in Europa noch sehr jungen Sport werden alle Kampfdistanzen, das Treten, Schlagen, Clinchen, Werfen und der Bodenkampf in einem Vollkontaktsport mit möglich wenig Beschränkungen durch Regeln vereint. Ziel des MMA Kämpfers ist es, den Gegner in einem Kampf durch Kraft Ausdauer und dem Einsatz technischer Fertigkeiten zur Aufgabe durch Abklopfen zu bringen, ihn kampfunfähig zu machen oder den Schiedsrichter zum Kampfabbruch zu bringen.. Auch ein Punktsieg ist möglich. Beim MMA kommt es im Gegensatz zum klassischen Ringkampf nicht darauf an, den Gegner mit beiden Schultern auf dem Boden zu fixieren. Selbst aus der Rückenlage heraus kann man den Gegner noch besiegen. Bei Wettkämpfen sind die Kämpfer in unterschiedliche Gewichtsklassen eingeteilt. Anders als z. B. viele traditionelle Kung Fu oder Karate Stilrichtungen enthalten die Mixed Martial Arts keine Formen oder Techniken, die nicht direkt in einem Kampf einsetzbar sind.
Ebenso werden wegen der Versportlichung keine reinen Selbstverteidigungstechniken Fingerstiche, Handkantenschläge, Nervendruck-, Entwaffnungs- und Waffentechniken) trainiert.

Ursprung

Von 776 bis 720 v. Chr. zählen zu den olympischen Disziplinen hauptsächlich verschiedene Laufsportarten, bis 708 v. Chr. Ringen eingeführt wurde. 688 v. Chr. Wurde den olympischen Disziplinen noch Boxen hinzugefügt. Boxen war ein sehr populärer Sport bei den Olympischen Spielen, und es kam sehr schnell die Frage auf: Wer ist der beste Kämpfer? Der Boxer oder der Ringer? Diese Fragestellung ist die eigentliche Geburtsstunde des MMA Sportes. Zuerst nannte man diesen Sport Pankration. Im Jahre 648 v. Chr. Wurde dieser Sport olympisch (33. Olympische Spiele). Pankration sollte endlich die Frage nach dem Besten aller Kämpfer, den besten Kampfstilen beantworten. Pankration bedeutet soviel wie „die ganze Kraft" oder „die ganze Stärke". Nach der griechischen Mythologie führten Herakles und Theseus diesen Sport bei den Olympischen Spielen ein. Einige Geschichtsforscher meinen jedoch, dass Soldaten das Pankration als eine Art Übung für den Krieg entwickelt haben. Andere Quellen geben an, dass die Ägypter schon 2600 v. Chr. Pankration ausübten. Die Männer durften beim Pankration schlagen, treten und alle Teile ihres Körpers verwenden, außerdem durften sie Ringen und den Kampf auch am Boden fortsetzen. Von Anfang an gab es sportliche Regeln. Verboten war, in die Augen zu stechen und zu beißen. Ziel war es, den Gegner mit allen möglichen Mitteln zum Aufgeben zu bewegen. Die Kämpfe dauerten solange, bis einer durch Handheben aufgab, starb oder die Sonne unterging. Pankration Kämpfer genossen ein hohes Ansehen, da die Sportler Boxen und Ringen beherrschen mussten. Die ersten olympischen Sportler waren keine Amateure, sie waren professionelle Kämpfer. Ein Pankration Champion wurde sehr gut bezahlt, musste keine Steuern zahlen und wurde von der Stadt ernährt. Im Jahre 393 nach Christus beendete Theodosius die Olympischen Spiele, da sie mit dem christlichen Glauben nicht kompatibel seien. In der einen oder anderen Form überlebten die Pankration Kämpfe jedoch. Zu verschiedenen Zeiten mit verschiedenen Namen lebte die Idee, „den besten aller Kämpfer zu finden".

In der Provence in Frankreich zum Beispiel gibt es eine spezielle Art des Ringens namens Brancaille, bei der Schläge erlaubt sind. Man kennt solche Hybrid-Systeme auch aus dem alten Japan (bei verschiedenen Jiu Jitsu Stilen), ebenso wie in Brasilien das Luta Livre und Vale Tudo.

Anfänge

Dieser lange Weg führte vom alten Griechenland über Brasilien und den USA bis nach Europa (um 1980). eines der ersten europäischen Länder, in denen dieser Sport (unter dem Namen Free Fight) auftauchte, war Holland. Zehn Jahre später begann der MMA Sport auch in Deutschland langsam ebenfalls unter dem Namen Free Fight, bekannter zu werden. Die Entwicklung der MMA ist eng mit einer Serie von Vale Tudo Kampfsportveranstaltungen in Brasilien und den USA Ende des 20. Jahrhunderts verbunden. Dort wurden Wettkämpfe ausgetragen, um die beste Kampfsportart und die besten Kämpfer zu finden. Dabei traten Kämpfer aus den verschiedensten Kampfstilen gegeneinander an, z. B. Jiu Jitsu, Karate, Taekwondo, Brazilian Jiu Jitsu, Luta Livre oder Muay Thai. Bei diesen klassischen Vale Tudo Veranstaltungen wurde ohne Schutzausrüstung und Handschuhe gekämpft. Es gab bei diesen Kämpfen weder eine Zeitbegrenzung noch eine Punktwertung oder Gewichtsklassen. Erlaubt waren und sind in MMA-, Vale Tudo-, Pancrase-, Free Fight Kämpfen neben Schlag- und Tritttechniken auch Knie- und oft auch Ellenbogentechniken bis hin zu Kopfstößen. Selbst Stampftritte zum Kopf eines am Boden liegenden Gegners sind beim Vale Tudo zumeist nicht verboten. Lediglich das Töten, das Angreifen der Augen und/oder der Genitalien, das Beißen und das Reißen an den Ohren oder der Nase ist bei nahezu allen Vale Tudo Kämpfen untersagt. Charakteristisch ist, dass der Kampf sich sowohl im Stehen als auch auf dem Boden abspielt. Die modernen MMA Kämpfe ähneln dem antiken Pankration Kampf. Wie beim Pankration sind auch beim traditionellen Vale Tudo die beiden Möglichkeiten, den Kampf zu gewinnen, den Gegner durch Hebel- oder Würgetechniken zur Aufgabe zu zwingen oder ihn per K. o. Kampfunfähig zu machen.

Als die professionellsten Veranstaltungen wurden das Pride FC in Japan und das UFC (Ultimate Fighting Championship) in den USA bekannt. 2007 wurde Pride FC durch die UFC-Besitzer aufgekauft und in der Folge aufgrund finanzieller Schwierigkeiten eingestellt. In Japan sind die bekannteren kommerziellen Veranstaltungen nun DREAM und Sengoku. Während in den japanischen Veranstaltungen im Boxring gekämpft wird, ist die Kampffläche des UFC ein Oktagon (Achteck). Diese Art der Kampffläche hat sich in der Mehrzahl der amerikanischen MMA Veranstaltungen durchgesetzt. Es wird mit dünnen, an den Fingern offenen Handschuhen gekämpft. In der Regel im UFC 3 mal 5 Minuten gekämpft (5 mal 5 Minuten in Titelkämpfen). Bei Pride war die erste Runde 10 Minuten, die folgenden Runden jeweils 5 Minuten lang. Es gibt bei diesen Veranstaltungen Gewichtsklassen und Punktrichter. Viele Kämpfe werden jedoch vor Ablauf der gesamten Kampfzeit durch Hebel- oder Würgegriffe oder durch Knockout bzw. technischen K.o. entschieden. Die Sportler, die heute in den MMA Veranstaltungen antreten, sind durchweg auf Vale Tudo bzw. auf MMA Kämpfe spezialisiert. Sie trainieren gleichermaßen den Kampf im Stehen (zumeist Thaiboxen bzw. Muay Thai) wie den Kampf auf dem Boden (zumeist Brazilian Jiu jitsu, Ringen). Profikämpfer verdienen ähnlich wie Profiboxer durch Sponsoren und Werbeverträge Geld. In den letzten Jahren hat sich insbesondere der Verkauf von T-Shirts, Pullovern und Sportbekleidung zu einem sehr ergiebigen Nebenverdienst für die Sportler entwickelt. Zu den bekannteren Sportlern, die sich vertraglich an Werbefirmen gebunden haben, zählt der Judoka Satoshi Ishii sowie die Ringer Randy Couture und Matt Lindland.

„was man lernen muss, um es zu tun,
das lernt man, indem man es tut."

Aristoteles

Thaikido – CPC(Closed Protection Combat)

Thaikido ist ein hybrides Mixed Martial Arts System, das Elemente aus dem Boxen, Thaiboxen, Kickboxen, Judo, Vietnam Kung Fu, Jeet Kune Do, Jiu Jitsu, Kontaktkarate, Ringen und Aikido mit selbstentwickelten Techniken verbindet. Thaikido sieht sich als Verbindung globaler Kampftechniken in europäischer Kampftradition. Thaiboxtechniken und konventionelle Boxtechniken werden ebenso vermittelt, wie BJJ Techniken und klassische Ringertechniken. Thaikido ist die Verbindung von Tradition und moderne. Der Afrodeutsche M. Karallus (2. Dan Ju Jutsu, 1. Dan Shinzen Ryu Jiu Jitsu, Nahkampf, RSF, Kickboxen, Aikido), entwickelte Thaikido 1990 in Hamburg, wo er u.a. im bekannten Siam Store von Ralf Steege Training gibt und zahlreiche MMA Kämpfer betreut, Des weiteren ist M. Karallus seit mehr als zwanzig Jahren erfolgreich als Personenschützer tätig. Außerdem entwickelte er mit dem CPC(Closed Protection Combat) System, ein probates Nahkampfsystem für den zivilen Wach- und Personenschutz. Das Spektrum reicht vom Kampf ohne Waffen bis zum Einsatz von Langwaffen, vom richtigen Stand bis hin zu tödlichen Techniken. Das CPC System beeinhalten Deeskalationsstrategien sowie Kampfvermeidungstaktiken. Weiche Techniken – greifen und halten; Harte Techniken – treten und schlagen.

Shooto

Eine etwas restriktivere Variante der Mixel Martial Arts Kämpfe ist das aus Japan stammende Shooto. Beim Shooto tragen die Kämpfer dickere Faustschützer als beim MMA, und besonders verletzungsträchtige Angriffe sind untersagt. Das Shooto erfreut sich in Europa (insbesondere in Skandinavien und den Niederlanden) seit einigen Jahren rasant wachsender Beliebtheit, nicht zuletzt auch, weil mit Bas Rutten ein Niederländer zu höchsten Ehren in dieser Kampfsportart gelangte. Shooto ist eine Kampfsportart, die Mitte der 1980er Jahre von Satoru Sayama in Japan ins Leben gerufen wurde.

Satoru Sayama, vielen bekannt unter dem Namen „Tiger Mask" aus dem dem japanischen Pro Wrestling, hat die meiste Zeit seines Lebens damit verbracht, Kampfsportarten wie Muay Thai, Sambo, Judo, Karate und das sogenannte Catch As Catch Can Wrestling (Catch Wrestling) zu trainieren und zu studieren und kam zu dem Entschluss, eine globale Kampfsportart zu entwickeln, welche die jeweils effizientesten Techniken aus den verschiedenen Bereichen verbindet. Er nannte diese Kampfsportart Shooto. 1986 fand in Japan die erste Amateur Shooto Veranstaltung statt, und im Jahre 1989 konnte Saturo Sayama einem interessierten Publikum die ersten professionellen Kämpfe präsentieren. Shooto besteht aus den japanischen Wörtern „shu" und „to" und bedeutet übersetzt „Lerne zu kämpfen". Shooto Kämpfe finden in einem Ring statt, mit zwei oder drei Runden á fünf Minuten. Die Anzahl der Runden hängt von der Klasse der Kämpfer ab.

Shooto ist unterteilt in drei Klassen:

Klasse A: Profils, 3 Runden

Klasse B: Profis, 2 Runden

Klasse C: Amateure, nur mit Schutz

1996 wurde die International Shooto Federation gegründet. In den USA werden Shooto Kämpfe von den Veranstaltungsreihen „Hook´n Shoot" und „Superbrawl" veranstaltet.

MMA in Deutschland und Österreich

Deutschland

Die ersten MMA Kämpfe wurden ca. 1990/91 in Deutschland von Andreas Stockmann und Ralf Seeger als sogenannte Mix Fight Galas organisiert und zum Teil auch als Kämpfer bestritten.. Bei Mix Fight Galas treten verschiedene Kampfstile an, z. B. drei Boxkämpfe gefolgt von drei Kickboxkämpfen und dazwischen drei MMA Kämpfe. Der erste deutsche MMA Verband war die Free Fight Association, deren Präsident, Andreas Stockmann, wegweisend für den Sport in unserem Land bleibt. Diese veranstaltete 1994 die erste reine MMA Veranstaltung in Deutschland, gefolgt von Veranstaltungen in Österreich und der Schweiz. Da Free Fight als Name irreführend ist, denn es gab immer Regeln, und da man international immer vom MMA Sport redete, ging man auch in Deutschland dazu über, diesen Namen zu benutzen. Das Jahr 2000 war ein Neubeginn in Sachen MMA. Die Angleichung des Regelwerkes an die Unified Rules of MMA, die weltweit genutzt werden, begann als Vorschlag für den lokalen Staatsanwalt von New Jersey, initiiert durch einen angenommenen Vorschlag einer Selbstregulierung durch interessierte Vereine und Firmen. Am 3. Oktober 2009 wurden in Köln durch eine Kommission aus internationalen Kampfsportexperten, MMA und K-1Veranstaltern sowie Ärzten auf Grundlage des FFA Regelwerkes die international Rules of MMA mit den dazugehörigen Richtlinien entwickelt und als Standard für alle offiziellen MMA Amateurveranstaltungen in Deutschland, Österreich, Tschechien, Frankreich und der Schweiz festgelegt. Die Vorgaben in Sachen Regelwerk, Trainer- und Kampfrichterausbildung berücksichtigen neben der wissenschaftlichen Arbeit von Holger Hoffmann (Untersuchung auf Aggressionswerte unter Berücksichtigung soziologischer und sportpädagogischer Aspekte in Kampfstilen mit Trefferwirkung) auch die Studie der Johns Hopkins Universität für Medizin, Abteilung für Notfallmedizin. Ebenso wurden die Regelwerke und Erfahrungen der WKA, des MTBD, der WKN, der IPTA, der GBA, des Österreichischen MMA Verbandes der FFA, der FFA Swiss, des Shidokan Karates sowie diverser anderer Boxverbände berücksichtigt.

Die international Rules of MMA sind seit 2009 Standard bei MMA Veranstaltungen im Profi- und Amateurbereich. Durch Veranstaltungen der UFC, wie z. B. UFC 122 Marquardt vs. Okami und den Erfolg weiterer deutscher Verbände, wie z. B. der „Respect Fighting Championship" und „German Mixed Martial Arts Championships", sowie der regelmäßigen Teilnahme deutscher Athleten an der M-1 Challenge erhält der Sport in Deutschland seit ca. 2005 ein gesteigertes öffentliches Interesse und bekommt verstärkt mediale Aufmerksamkeit.

Österreich

1999 organisierten die Ettl-Brüder und Gerhard Dexer (der erste österreichische MMA Kämpfer) die erste öffentliche MMA Veranstaltung. Damals wie heute wird in Österreich der Name Free Fight dem Begriff MMA bei kostenpflichtigen Veranstaltungen vorgezogen. Dieser Veranstaltung im Grazer Messeschlössel mit ca. 1.000 Zuschauern war eines der sogenannten old School Events, das heißt, die drei Hauptkämpfe wurden ohne Handschuhe und Schutzausrüstung ausgetragen. Die Kämpfe wurden von Predrag Krsikapa, Gerhard Dexer und Michael Ettl bestritten. In Österreich gibt es zurzeit vier aktive Organisationen in Sachen MMA. Zum einen die Brüder Ettl (Graz), die vor allem in der letzten Zeit als Veranstalter der Cage Fight Series bekannt wurden, Ismet Mandara (Trainer in einer Sportschule und Veranstalter), die ISKA (ein Kickboxverband, der seit 2007 auch MMA anbietet) und die FFA Austria. Am 3. Oktober 2009 wurden in Köln durch eine internationale Kommission die International Rules of MMA als Standard für alle offiziellen MMA Amateur- und Profilveranstaltungen in Deutschland, Österreich, Tschechien, Frankreich und der Schweiz festgelegt.

Im Februar 2010 entschlossen sich sieben Veranstalter, ihr eigenes Regelwerk auf Grundlage der International Rules of MMA sowie ihre eigene Titelstruktur in Österreich zu verwenden. Diese Struktur findet sich im von Gerhard Ettl, Fritz Treiber und Stefan Helmreich gegründeten MMA Verband Österreich wieder.

Kritik

Gewalt und Brutalität sind Schlüsselwörter in der allgemeinen Kritik. Die Kampfsportart Free Fight gilt auch bei Kampfsportverbänden als umstritten, wie die Rundschau des Schweizer Fernsehens berichtete. Roland Zolliker, der Zentralpräsident des Schweizerischen Karateverbandes, sagte dazu gegenüber der Rundschau: „Einen Gegner zu schlagen, der praktisch wehrlos ist, das gibt es nirgendwo. Ich kenne keinen Sport, der das erlaubt. Das überschreitet eine Grenze". In einem Interview mit Spiegel TV verglich der Vorsitzende des Sportausschusses des Bundestages, Peter Danckert, diese Kampfart, die er nicht als Sport bezeichnen würde, mit den Gladiatorenkämpfen im alten Rom zu Zeiten der Christenverfolgung. Am 30. November 2007 starb Sam Vasquez, 42 Tage nachdem er durch die bei einem Kampf verursachten Verletzungen ins Koma gefallen war. Dies war der erste Todesfall in Verbindung mit einem MMA Kampf auf dem Staatsgebiet der Vereinigten Staaten. Zwei Tage nach einem in Kiew ausgetragenen Kampf ohne medizinische Voruntersuchung erlag der US-Amerikaner Douglas Dedge am 18. März 1998 seinen schweren Hirnverletzungen. Insgesamt starben bei dieser Sportart bisher drei Menschen durch die erlittenen Verletzungen. Beim Boxen weit mehr, da dort im Gegensatz zum MMA der Kämpfer nicht jederzeit aufgeben kann und durch die Beschränkung auf Schlagtechniken der Kopf viel häufiger kräftigen Schlägen ausgesetzt ist (siehe Abschnitt Verletzungsrisiko). Dadurch, dass vor allem in Ostdeutschland bei MMA Kampfabenden Nazi Symbole zu sehen waren, sei laut einem Artikel in der Jungle World in Deutschland die gesamte Sportart in Misskredit gebracht worden.

Der Boxkommentator Werner Schneyder sagte gegenüber der Frankfurter Allgemeinen Zeitung, dass man „diesen Wahnsinn" verbieten müsse und ansonsten Krüppelhaftigkeit und Todesfolge in Kauf nehme. Schneyder erklärt darüber hinaus bei Stern TV das Zustandekommen dieser neuen Sportart nur durch das Versagen der Protagonisten, außerdem gäbe es bei Ultimate Fighting keine genaue Begrenzung, wann ein Kampf beendet sei. In der gleichen Sendung warf Gymnasiallehrer Gregor Herb als Vertreter der MMA Kämpfer den Kritikern vor, sich nicht wirklich mit dem Sport befasst zu haben. Ihn wundere nicht, dass gerade Box-Fans kritisch auf Ultimate Fighting schauen, denn: In den USA hätten die MMA Kämpfe dem Boxsport längst den Rang abgelaufen.

Verletzungsrisiko

Eine vorläufige, 2006 veröffentlichte Studie der Abteilung für Notfallmedizin der Johns Hopkins University School of Medicine (Baltimore, USA) ergab ein mit anderen Kampfsportarten (inklusive Boxen) vergleichbares Verletzungsrisiko bei professionellen MMA Kämpfen. Da die prozentuale Anzahl der Kämpfe, die durch K.O. entschieden werden, bei MMA-Kämpfen nur ungefähr halb so groß ist wie bei Boxen, liegt die Vermutung eines verringerten Hirntrauma Risikos gegenüber dem boxen nahe. Da bei den MMA Kämpfen nicht hauptsächlich auf den Kopf geschlagen wird, ist das Risiko, an Dementia Pugilistica zu erkranken, im Vergleich entsprechend geringer einzuschätzen.

Militärischer Nahkampf

Nahkampf ist die physische Auseinandersetzung auf kürzeste Distanz zwischen Kontrahenten mit dem Ziel einer macht bezogenen Überlegenheit über die Gegenpartei. Die bei der Austragung eingesetzten Mittel sind nebst dem eigenen Körper mit Nahkampftechniken wie Hebel und Griffe aus technischen Mittel, welche auf kürzeste Distanz zur Wirkung kommen.

Beide Parteien nehmen dabei eine vorsätzliche oder eventual vorsätzliche Schädigung der eigenen Person, wie jener des Kontrahenten, billigend in Kauf.

Nahkampf kann in zwei Unterformen unterteilt werden:

Nahkampf ohne Sportcharakter als militärischer und ziviler Nahkampf. Verstöße gegen die am Austragungsort geltenden Gesetze werden nach zivil- und/oder strafrechtlicher Gesetzgebung geahndet.

Nahkampf mit sportlichem Charakter. Sie werden nach Sportlichen Maßstäben reglementiert, und ein Verstoß nach sportrechtlichen Gesichtspunkten geahndet.
Die Zielsetzung aller Nahkampf Formen, also die Macht bezogene, hauptsächlich körperliche Überlegenheit, bleibt dabei erhalten, ungeachtet jeglicher Belohnungssysteme.

Ursprung

Schon in der Entstehungsphase menschlicher Zivilisation war Nahkampf die ursprüngliche und vorherrschende Art, körperliche Auseinandersetzungen auszutragen. Mit Fortschritt biologischer und zivilisatorischer Entwicklung des Menschen nahm dessen Fähigkeit zu, Dinge zu instrumentalisieren, technische Instrumente herzustellen und zweckdienlich einzusetzen. So entwickelte der Mensch größeres motorisches Geschick, u. a. speziell mit Daumen, Händen und Armen, in der Anwendung von Werkzeug und Waffen. In zivilisatorischer Hinsicht stieg die Fähigkeit, sich in Gruppen und Verbände zusammen zu schließen und gemeinsame Ziele zu verfolgen. Mit der Fähigkeit zur Entwicklung technischer Instrumente und Waffen, welche auf größere Distanz ihre Wirkung entfalteten, nahm die Bedeutung des unmittelbaren Nahkampfs aus militärischer Sicht ab.

Trotzdem behielt die Fertigkeit zur Auseinandersetzung im Nahbereich mit rein körperlichen Mitteln oder mit Instrumenten ihre Bedeutung. Zivilisatorische Entwicklungen des Nahkampfs sind beispielsweise das Ringen im Altertum und in der Neuzeit und japanische Kampfkünste, wie sie unter der Bezeichnung Budo subsumiert werden, sowie Kampfsport bzw. Kampfkünste anderer Herkunft u. a. Boxen. Die Zielsetzung des Nahkampfs liegt vor allem bei der weitgehend geräuschlosen und/oder waffenlosen Anwendung. Zumeist ist dabei eine Schädigung des Kontrahenten gewollt, nicht wie etwa bei einer Festnahme. Die rechtliche Ahndung einer Schädigung des Kontrahenten liegt vor allem im zivilen Bereich in den Motiven der Anwendung begründet. So werden aus offensiv ausgeführten Angriffen herbeigeführte Schädigungen rechtlich verfolgt. Aus defensiven Motiven der Selbstverteidigung hervorgerufenen Schäden jedoch nicht. Militär und Polizei haben das dem Staat obliegende Gewaltmonopol und sind damit berechtigt den Einsatz von Nahkampf Disziplinen als Mittel des unmittelbaren Zwangs anzuwenden, da sie durch den Einsatzbefehl in ihren Mitteln und bei der Anwendung durch die Militär- und Zivilgesetzgebung legitimiert sind. Eine Rechtsübertretung wird auch in diesen Bereichen geahndet.

Waffenlose Selbstverteidigung

Die Waffenlose Selbstverteidigung (WSV) besteht aus Block-, Stoß-, Schlag-, Tritt und Grifftechniken, die aus dem Jiu Jitsu übernommen wurden. Bei den Feldjägern der Bundeswehr ist WSV Teil der Ausbildung nach dem Gesetz über die Anwendung unmittelbaren Zwanges und die Ausübung besonderer Befugnisse durch Soldaten der Bundeswehr und verbündeten Streitkräfte sowie zivile Wachpersonen (UzwGBw) und beinhaltet die Selbstverteidigung im Rahmen des Verhältnismäßigkeitsprinzips. Neben der Vermittlung dieser Techniken (bei einfacher körperlicher Gewalt) werden Kenntnisse zur Verwendung von Waffen und Hilfsmitteln bei körperlicher Gewalt vermittelt. Dazu gehören Rettungs- und Mehrzweckstöcke (Tonfa), Handfesseln und das Reizstoffsprühgerät RSG4 vermittelt.

Militärische Nahkampfwaffen

Als militärischer Nahkampf wird jedes Gefecht unter 100 m angesehen. Die Zielsetzung modernen militärischen Nahkampfs liegt im Gefecht vor allem bei der weitgehend geräuschlosen auch bedingt waffenlosen Anwendung. Eine Schädigung des Kontrahenten ist dabei meist gewollt, selten wie bei der Festnahme nicht. Die Wehrmacht verlieh für den Nahkampf die Nahkampfspange, und definierte als Nahkampftage, dass der Soldat diesen mit der blanken Waffe und Nahkampfmitteln Mann gegen Mann geführt haben musste und an denen der ausgezeichnete Soldat Gelegenheit fanden, das Weiße im Auge des Feindes zu sehen. Militärisch wurde im Nahkampf mit Behelfswaffen jede Art von Hieb- Schnitt- und Stichwaffen eingesetzt die zur Verfügung stand. Diese waren u. a. Holzkeulen, Stein- und Metallbeile, steinerne und metallene Wurfgeschosse für schleudern, Messer oder Dolch sowie Speere. Sonderkonstruktionen aus Alltagswerkzeugen sind das Kusarigama, Tonfa oder Nunchaku, die Hellebarde und Säbelartige Schnitt- und Stichwaffen u. v. a. Mit dem Aufkommen von einschüssigen Musketen bis in die Zeit der Bewaffnung mit Repetiergewehren wurde im Nahkampf das Bajonett eingesetzt. Dieses verlor mit dem Aufkommen von halb- und vollautomatischen Waffen insbesondere Maschinenkarabinern als Primärbewaffnung und Pistolen als Sekundärbewaffnung seinen Zweck. Heute werden noch durch die Gurkhas der Kukri und durch die russische Infanterie, Marineinfanterie, Fallschirmjäger und Speznas der feststehende Kurzspaten als Nahkampfwaffe auch durch Wurf eingesetzt. Sind jedoch nur noch auf kürzeste Entfernung von Bedeutung und bei einem mit einer Schusswaffe ausgerüsteten Gegner von untergeordneter Bedeutung. Die Anwendung von körperlichen Techniken ist im militärischen Nahkampf die Ausnahme. Jedoch kann es im Orts- und Häuser- sowie bedingt im Waldkampf zum waffenlosen Nahkampf oder mit Behelfswaffen kommen. In der Neuzeit jedoch vor allem mit Faustfeuerwaffen, wie sich dies schon in den Grabenkämpfen des Ersten Weltkriegs zeigte. Eine der wesentlichen Nahkampf Arten ist das israelische militärische Krav Maga.

Zu militärischem und polizeilichem Nahkampf siehe auch Close Quarters Battle. In neuester Zeit wurden Waffen mit beschränkter letaler Wirkung entwickelt. Polizeilich sind dies u. a. Taser und Reizstoffsprühgeräte. Deren Einsatz ist jedoch Soldaten nach dem Kriegsvölkerrecht und über das Verbot von Chemiewaffen verboten.

Nahkampf mit sportlichem Charakter

Nahkampf mit sportlichem Charakter verfolgt das Ziel, mit der Überlegenheit über den Kontrahenten einen Sieg nach sportlichen Maßstäben zu erreichen. Schon in der Antike zeichnete sich der sportliche Sieg durch ein Belohnungssystem aus (Ruhm, ehre, gesellschaftliche Privilegien). Die legitimen Mittel zur Zielerreichung in sportlichen Nahkampf Disziplinen sind in den entsprechenden Regelwerken, bzw. in der Zivilgesetzgebung festgehalten. Sie bestehen beispielsweise aus Schlägen und Hebeltechniken, welche den Kontrahenten zur Aufgabe zwingen, bzw. einer punktemäßigen Überlegenheit nach einer zeitlich befristeten Bemessungsdauer. Viele dieser Disziplinen haben für die Ausübenden eine positive Wirkung bezüglich motorischer Fertigkeiten (Flinkheit, Geschicklichkeit, Körperbeherrschung, Durchhaltewillen), technischer Fertigkeiten (Präzision) und Entwicklung persönlicher Kompetenzen bei der Bewältigung von Niederlagen und erlernen von Fairness und Respekt.

Beispiele sportlicher Nahkampfdisziplinen sind:

Herkunft	Disziplin weltweit
Europa und Vorderasien	Fechten, Boxen, Ringen verschiedener Stilrichtungen (griechisch-römisch, Freistil)

Schweiz	Schwingen
China	Wushu

Japan	Jiu Jitsu und Judo, Aikijutsu und Aikido, Karate, Kobudo, Sujutsu, Yarijutsu(Speerkampf). Naginajutsu (jap. Hellebarde), Tojutsu, Kenjutsu und Kendo (Schwertkampf), Tantojutsu (Messerkampf), Jōjutsu und Jōdō (Stock-/Schwertkampf), Kasarijutsu (Führung der Kette), Ninjutsu, Sumo
Korea	Taekwondo
Thailand	Muay Thai /Leadrit , Muay Boran

Die Grenzen zwischen zivilen sportlichen und militärischen Nahkampf-
stilen sind fließend. So werden beispielsweise im japanischen Militär
Aikijutsu und in der Polizei Tokio Kobudo und Aikido unterrichtet.

„Bei der Liebe ist es wie im Krieg:
Letzten Endes entscheidet der Nahkampf."

Errol Flynn

Nahkampfausbildungsstile

ATK (Anti-Terror-Kampf), Bojewoje, Sambo, Bujinkan, Close Quarter Combat, Escrima, Ju Jutsu, Goju Ryu, Kali, Kapap, Krav Maga, Kyöksul ,SMMA, Sambo, San Shou, Thaikido, Viet Vo Dao, Wing Chung, SMMA(Special Military Martial Arts).

SMMA

SMMA (Special Military Martial Arts) ist ein deutsches hybrid Kampfsystem, das Wurf-, Hebel- und Grifftechniken mit den Faust-Ellenbogen-, Knie- und Tritttechniken des Muay Thai und des Pradal Sarey verbindet und dabei den Waffentechniken (Stock, Spaten, Handfeuerwaffe und Sturmgewehr), besondere Aufmerksamkeit widmet. SMMA wurde 2010 von dem Hamburger MMA- und Muay Thai- Instructor Sascha Mané konzipiert um auf die zunehmenden extremistischen Gewalttaten reagieren zu können. Diese Kampfmethode wurde erschaffen, aus der Notwendigkeit, blitzschnell und ohne Denkverzögerung auf Angriffe jeglicher Art reagieren zu können. Die meisten Kampfstile sind eigentlich Kampfsportstile die über ein umfangreiches Regelwerk verfügen, damit beschränkt man sich dort automatisch nur auf das Erlaubte. Das ist der entscheidende Nachteil auf der Straße oder im Krieg. Deshalb gibt im SMMA keinerlei Beschränkungen und Improvisation ist Programm. Im SMMA wird sehr viel Wert auf körperliche Fitness, Agilität und Schnellkraft gelegt und natürlich auch trainiert. SMMA ist ein rein militärisches Kampfsystem, das die Zielsetzung des militärischen Einsatzes hat.

Dieses extrem Körperbetonte Kampfsystem belastet sich nicht mit Deeskalationsstrategien oder Kampfvermeidungstaktiken, es ist einzig auf den Überlebenskampf fokusiert. Schüler, die diesen lethalen Kampfstil erlernen wollen, müssen sich über sechs Monate einem psychischen, physischen und ethischen Eignungstest unterziehen, bevor eine Mitgliedschaft in Erwägung gezogen wird.

Die effektivsten Militäreinheiten

Spezialeinheiten

Eine Spezialeinheit (englisch special forces unit) ist eine geschlossene Einheit von Spezialkräften (englisch special forces) einer militärischen, polizeilichen oder nachrichtendienstlichen Institution, deren taktische Verwendung eine strategische Wirkung entfalten soll, die durch den Einsatz diplomatischer, nachrichtendienstlicher oder konventioneller militärischer Mittel üblicherweise nicht zu erwarten ist. Die Verwendung von Spezialeinheiten ist daher vom Bestreben nach hoher Präzision bei gleichzeitiger Kosten- und Risiken Minimierung gekennzeichnet. Daher sind sie meist in der Lage, Aufträge mit erhöhter Gefährdungslage bzw. besonders hohem Schwierigkeitsgrad wahrzunehmen. Dazu sind sie aufgrund besonderer Ausbildung und speziellen Trainings- und hochwertiger bzw. besonders moderner Ausrüstung befähigt. Sie decken besondere Einsatzspektren ab, die beispielsweise von konventionellem Militär aufgrund ihrer besonderen Kombination von Kompetenzen, aufgrund logistischer, finanzieller oder andere organisatorischer Erwägungen nicht geleistet werden können. Spezialisierte Kräfte sind in Abgrenzung dazu Kräfte, deren Einsatzarten und Aufträge auf einen besonderen Auftrag ausgerichtet sind wie u. a. Spezialpioniere oder die Boarding Kompanie der Deutschen Marine.

Vorläufer heutiger militärischer Sondereinsatzkräfte waren die deutschen Stoßtrupps im Ersten Weltkrieg, die sowjetischen und deutschen Fallschirmjäger zwischen den Kriegen und die Kommandos des Zweiten Weltkrieges. Einige militärische Spezialeinsatzkräfte, die mit dem Aufstellen, Ausbilden und Führen einheimischer Widerstandsgruppen in feindlichem Territorium befasst sind, werden von militärischen Planern und Politikern als so genannte force multiplier ((dt. „Kraftmultiplikator") angesehen, da ihre Effektivität durch ihr Wirken um ein Vielfaches höher ist als die konventioneller Einheiten. Im Laufe der Zeit gerieten Spezialeinheiten immer mehr in den Fokus militärischer und polizeilicher Planungen, weil sich die Bedrohungsszenarien durch das Aufkommen des Terrorismus, das Ende des Kalten Krieges und das Anwachsen asymmetrischer Konflikte und Krisen weltweit gewandelt haben. Heute gelten sie vielfach als ein probateres Instrumentarium zur Bewältigung und Lösung schwieriger Lagen als traditionelle konventionelle Formationen. Dem Militärhistoriker Simon Anglim zufolge ist der Begriff der Spezialeinheit unzureichend erforscht oder gar theoretisch begründet. Anders als der Krieg im allgemeinen oder die Insurrektion im Besonderen, denen die Schriften Clausewitzens oder Mao Zedongs zugrunde liegen, sei Spezialeinheiten bisher kein einschlägiger Theoretiker vorausgegangen. Des Weiteren werde die Abgrenzung durch drei Faktoren erschwert. Erstens seien offizielle Doktrinen aufgrund von Geheimhaltungsmaßnahmen unzugänglich; zweitens verschwimme die Abgrenzung durch sensationslüsterne Medien, besonders in Film, Fernsehen und in Videospielen. Zuletzt sähen sich befehlshabende Offiziere dem Spannungsfeld zwischen der Politik und der Operationsführung ausgesetzt; während politische Eliten Spezialeinheiten aufgrund ihrer vermuteten oder demonstrierten Wirksamkeit mit Begeisterung oder gar unangemessenen Erwartungen entgegenträten, belaste von Zeit zu Zeit genau diese Patronage, der vergleichsweise hohe Ressourcenaufwand und das Prestige solcher Einheiten das Verhältnis zu den Kommandeuren konventioneller Einheiten mit einem traditionellen Aufgabenverständnis.

In den Vereinigten Staaten wird die Gesamtheit der amerikanischen Spezialeinheiten als Special Operations Forces bezeichnet, da der Begriff Special Forces dort bereits als Eigenname der entsprechenden Einheit der US Army belegt ist. International und in der nichtangloamerikanischen Literatur wird Special Forces allgemein für Spezialkräfte verwendet.

> *„Marsch, Marsch heißt: Arme und Beine bilden rotierende Scheiben, die lediglich zur groben Richtungsveränderung den Boden berühren und das Klappern des Stahlhelms geht in ein leichtes Summen über; An den Kanten des Stahlhelms bilden sich Kondensstreifen."*
>
> Bundeswehr

Eliteeinheiten

Der Begriff Spezialeinheit wird häufig missverständlich verwendet. Nicht jede herausragende Einheit ist originär auch eine Spezialeinheit, denn Angehörige von Spezialeinheiten gehören zwar in der Regel zur professionellen Leistungselite, umgekehrt sind aber nicht alle Eliteverbände Spezialeinheiten. Deshalb muss insbesondere unterschieden werden zwischen militärischen Eliteverbänden , die zwar einen erhöhten Ausbildungsstand, besondere Rekrutierungs- und Auswahlverfahren und damit auch eine überdurchschnittliche Kampfkraft haben, und konzeptionellen Spezialkräften, die einen vom regulären Militär deutlich abweichenden Auftrag haben, für den sie besonders ausgebildet und ausgerüstet sind und der nicht oder nur unbefriedigend von „normalen" Formationen ausgeführt werden kann.

Beispiele für solche Eliteverbände (der Begriff Eliteeinheit ist in den meisten Streitkräften mittlerweile ungebräuchlich und teilweise sogar verpönt und wird heute eigentlich nur noch in der Presse oder in populärwissenschaftlicher Literatur verwendet) sind die französische Fremdenlegion, die Spanische Legion, die Leichte Infanterie der US Army (zum Beispiel die 10. US-Gebirgsdivision) sowie diverse Luftlandeverbände einzelner Nationen.Letztere sind im Grunde nur luftlandefähige leichte Infanterie und aufgrund ihres Einsatzprofils, das regelmäßige von einem auf sich gestellten Kampf gegen überlegene feindliche Kräfte ausgeht, bis Entsatz möglich ist, mit besonders leistungsfähigem und motivierten Personal ausgestattet. All diese Verbände führen aber im Gros klassische militärische Aufträge auf breiter Basis aus, auch wenn sie zum Teil über Zusatzausbildungen für Kampf unter besonderen klimatischen Bedingungen (Dschungel-, Wüsten- und alpine Kriegführung) und zum Teil über eine Kommandofähigkeit (diese beschränkt sich in der Regel allerdings auf eine oder mehrere Kompanien oder auf ein Bataillon und ist nicht in der Breite vorhanden) verfügen. Abzugrenzen vom Kommandoeinsatz ist der Jagdkampf der durch die Infanterie als Gefechtslage früher Besondere Gefechtshandlungen, zusätzlich zu ihrem normalen Spektrum an Aufträgen mit Angriff und Verteidigung durchgeführt wird. Wesentlicher Unterschied ist, dass Kommandoeinheiten nur für den operativen Kommandoeinsatz vorgesehen sind, Infanterie insbesondere Fallschirmjäger und Gebirgsjäger dies im taktischen Sinne zusätzlich wahrnehmen.

„Meine ich eine Verschwörung? Ja, das tue ich.
Ich bin überzeugt davon, dass so ein Plan existiert.
Die Eliten planen es, und ihre Absichten sind
unglaublich bösartig

Larry P. McDonald
US-Kongressabgeordneter

Konventionelle Spezialeinheiten

Der Auftrag konventioneller Spezialeinheiten bewegt sich in der Regel auf der unteren taktischen Ebene und im Rahmen allgemeiner militärischer Operationen. Bestimmte Einsätze können eine strategische Bedeutung haben, beispielsweise wenn ein feindliches Führungszentrum oder eine Radarstation durch einen Kommandoeinsatz zerstört werden konnte und infolgedessen eine ungesicherte Einflugschneise entsteht, durch die die eigene Luftwaffe anschließend strategische Ziele angreift. Spezialeinheiten sind durchgängig sprungtauglich, in der weiterführenden Sprungtechnik HALO und in besonderen Infiltrationstechniken ausgebildet. Klassische Einsatzprofile sind Sabotage- und Kommandooperationen, also das gezielte Einnehmen, Unbrauchbar machen oder Zerstören von feindlichen Schlüsselstellungen, wie Flugplätzen, Kommunikations- und Führungszentren, Artillerie- und Raketenstellungen, Brücken, Häfen, Nachschubbasen, Bunkern oder sonstigen besonders wertvollen Stellungen des Feindes. Überfälle als Handstreich (engl. Direct action) werden entweder an der Front oder aber, nach erfolgreicher Infiltration, im feindlichen Hinterland ausgeführt. Ein weiteres Aufgabengebiet ist die taktische Aufklärung sowie die Bergung von Personal und Ausrüstung hinter feindlichen Linien mit geringer Eindringtiefe (meist bis zu 30 Kilometer). Viele dieser Einheiten sind auch für Sabotage und Such- und Rettungseinsätze in Gefechtssituationen (CSAR) ausgebildet. Sie können darüber hinaus auch als vorgeschobener Beobachter und als Forward Air Controller eingesetzt werden, um das indirekte Feuer der Artillerie zu lenken oder Luftnahunterstützung zu leiten. Um ihr eigenes Selbstverständnis und ihre Abgrenzung zu unkonventionellen Spezialeinheiten wie den Green Berets zum Ausdruck zu bringen, formulierte ein Kommandeur der US Army Rangers seine Mission in einem Interview mit Autor Hartmut Schauer wie folgt: „Unser Auftrag ist es Menschen zu töten und Sachen zu zerstören. Wir sind Killer, keine Helfer und Ausbilder". Typische Vertreter dieser klassischen Kommandotruppen (Stoßtruppen, engl. auch Shock Troops) sind die US Army Rangers und die USMC Reconnaissance Battalions.

„Immer weiter gehen und sich mit den konventionellen Dingen nicht zufrieden geben. Dazu ermutige ich euch. "

Unkonventionelle Spezialeinheiten

Die unkonventionellen Spezialeinheiten operieren im Gegensatz zu den klassischen Kommandoeinheiten eher verdeckt und im Untergrund. Das bedeutet, dass sie zwar ebenfalls über die Fähigkeit dieser Einheiten verfügen (klassische Kommandokriegsführung), aber normalerweise nicht nach den taktischen Grundsätzen regulärer Infanterie operieren. Ihre Einsatzmuster entsprechen eher denen von Nachrichtendiensten. Das heißt, dass sie auch „undercover" und ohne Uniform zum Einsatz kommen können. Ihre Ausbildung geht weit über das Maß einer klassischen Kommandoeinheit hinaus, weil diese Einheiten nicht nur wesentlich mehr Einsatzprofile bedienen, sondern auch sprachlich und kulturell geschult sind, um im Einsatzgebiet arbeiten zu können und sich den dortigen Begebenheiten anzupassen. Das bedeutet im Unterschied zu den konventionellen Spezialeinheiten auch, dass viele Einsatzmuster dieser Einheiten in zivil und verdeckt ablaufen mit erheblichen rechtlichen Konsequenzen für die beteiligten Soldaten und möglicherweise auch für die Nationen, die sie einsetzten. Beispielsweise würde eine verifizierbare Offenlegung oder sogar Gefangennahme bedeuten, dass Angehöriger solcher Einheiten nicht unter dem Schutz der Haager Landkriegsordnung und Genfer Konventionen fallen und so als formale Nichtkombattanten und Spione gelten, die mit einer Hinrichtung rechnen müssen. Die typische Auftragsmuster sind Fernaufklärung mit großer Eindringtiefe (bis zu 800 Kilometern), asymmetrische Kriegführung (engl. Unconventional oder Revolutionary Warfare). Anti-Guerilla Kriegsführung, Sabotage und das weite Feld der Sicherheits- und Militärberatung.

Diese gewinnt in der heutigen Zeit an Bedeutung, weil sie den Regierungen die Möglichkeit gibt, diskret und ohne große Militärkontingente politischen Einfluss auf die befreundeten Gastnationen und deren Region zu nehmen, was sonst Mittels üblicher Machtprojektion durch Flottenverbände oder konventionelles Militär so nicht möglich wäre. Im Rahmen dieser Militärberatungseinsätze werden neben den militärischen und sicherheitsrelevanten Aspekten auch zivile Ziele verfolgt. Durch Ausbildung, infrastrukturelle, soziale und gesundheitliche Maßnahmen sollen die Gastländer politisch stabilisiert und eventuelle Konflikte bereits im Keim erstickt werden (Krisenprävention). Oft sind solche Einheiten auch in psychologischer Kriegführung und militärischer Zivilverwaltung ausgebildet. Man unterscheidet dabei drei Einsatzebenen, die Militärberatung im Frieden, die Krisenintervention und den Kriegseinsatz. Im letzteren arbeiten diese unkonventionellen Formationen meist völlig auf sich allein gestellt monatelang hinter feindlichen Linien in Kleinstgruppen, die meist nur aus sechs bis zwölf Mann bestehen. Dabei sind sie bestrebt, einheimische Widerstandsgruppen zu rekrutieren, auszubilden, in einem Guerillakrieg (Guerra bedeutet „Krieg" und Guerilla „Kleinkrieg", das heutige Synonym für den Partisanenkrieg) gegen den Feind zu führen und sie auch logistisch zu unterstützen. Ein weiteres Auftragsprofil solcher Einheiten besteht in der Geiselbefreiung und Terrorismusbekämpfung. Dies führt häufig dazu, dass Angehörige solcher Einheiten auch als Personenschützer von Oberkommandierenden oder zivilen Würdenträgern fungieren. Aufgrund der engen Anbindung an die (militärischen) Nachrichtendienste führen diese Einheiten auch Sondereinsätze (Special Activities) wie gezielte Tötungen oder Entführungen von Einzelpersonen, zum Beispiel eines Diktators oder Kriegsverbrechers oder die verdeckte Aufklärung in einem feindlichen Land durch. Naturgemäß werden diese Einsätze aufgrund ihrer politischen Brisanz unter besonders strenger Geheimhaltung ausgeführt. Oft ist es so, dass die Auszuführenden sollten sie enttarnt und gefangen genommen werden, auf sich gestellt sind, das heißt, dass die verantwortliche Regierung leugnet, dass es sich bei den Soldaten um Angehörige des eigenen Militärs handelt.

Typische Vertreter solcher Einheiten sind:

Die französische Fremdenlegion mit ihren Untereinheiten wie GCP.

Das französische Commandement des opérations spéciales (COS) mit seinen Untereinheiten wie 1er RPIMa, 13e RDP, 4e RHFS und Commandos marines.

Der britische Special Air Service und der Special Boat Service.

Die israelische Sajeret Matkal.

Die amerikanischen (Army Special Forces, Navy SEALs und die Delta Force.

Das deutsche KSK.

Die GSG9 der Bundespolizei und die deutschen Fernspäher.

Das österreichische Jagdkommando.

„Das Durchschnittliche gibt der Welt ihren Bestand,
das Außergewöhnliche ihren Wert."

Oscar Wilde

Spezialeinsatzkommandos

Vereinigte Staaten

1965 führten die Rassenunruhen des Watts-Aufruhrs in Los Angeles, die sechs Tage andauerten, 34 Todesopfer und über tausend Verletzte forderten, sowie 4.000 Verhaftungen nach sich zogen und letztendlich nur mit Hilfe der Nationalgarde beendet werden konnte, zu einer Überprüfung der polizeilichen Einsatztaktik. Diese Erfahrungen und die deutliche Zunahme von Kriminalität, bei der Schusswaffen eingesetzt wurden, sowie das Anwachsen von Gang-Kriminalität, führten im Los Angeles Police Department (LAPD) zur Entwicklung des SWAT Einsatzkonzeptes (S.W.A.T – Special Weapons And Tactics) und 1967 zur Aufstellung der ersten SWAT Einheit der USA, dem LAPD SWAT. Viele andere US-Polizeiverwaltungen folgten diesem Beispiel und stellten ebenfalls eigene SWAT Teams auf, noch bevor Anfang der 1970er Jahre ein weiteres wichtiges Einsatzfeld hinzu kam, die Terrorismusbekämpfung.

> „Amerika - die Entwicklung von der Barbarei
> zur Dekadenz, ohne Umweg über die Kultur."
>
> Georges Clemenceau

Deutschland

Nach der Geiselnahme von München 1972 wurde die Spezialeinheit des Bundes, die GSG9 im selben Jahr aufgestellt, um in Zukunft derartigen Bedrohungsszenarien adäquat begegnen zu können. Zwei Jahre später beschloss die Innenministerkonferenz im Jahre 1974 durch den „Aufstellungserlass für Spezialeinheiten" die Aufstellung von Spezialeinsatzkommandos(SEK und MEK) für die einzelnen Länder.

„Wenn die Österreicher von uns Reparationen verlangen sollten, dann werde ich ihnen die Gebeine Adolf Hitlers."

Konrad Adenauer

Andere Länder

Ähnlich verfuhr man auch in anderen Ländern und stellte dort taktische Spezialeinheiten auf, die für die Terrorismusbekämpfung, die finale Lösung von Geiselnahmen, das Verhaften besonders gefährlicher Krimineller, sowie das Beenden von Amokläufen und Entführungen, speziell ausgebildet und ausgerüstet waren.

Organisation

Diese Einheiten sind in der Regel aus zwei Gruppen zusammengesetzt, einer Präzionsschützen Gruppe (in Deutschland Präzisionsschützenkommando) und einer Zugriffsgruppe. Die erste sichert den Verbrechensschauplatz, die zweite versucht, die Geiseln zu befreien und/oder die Verhaftung durchzuführen. In vielen Nationen, aber auch in Deutschland auf Bundes- und Landesebene ist der so genannte finale Rettungsschuss erlaubt, die gezielte Tötung eines Geiselnehmers oder drohenden Sprengstoffattentäters. Allerdings gelten in Deutschland hohe Ansprüche an die Verhältnismäßigkeit dieser Maßnahme. Die Anwendung ist nicht in allen Polizeigesetzgebungen geregelt. Typische Vertreter solche Einheiten sind die SEKs der Bundesländer, das Hostage Rescue Team des FBI, die SWAT Einheiten der US-Polizeibehörden und das österreichische Einsatzkommando Cobra.

Andere Einsatzkommandos

Es gibt auch polizeiliche Spezialeinheiten, die sich nicht primär mit Terrorismusbekämpfung und Geiselbefreiung befassen, sondern mit der Bekämpfung anderer Kriminalitätsformen, die dennoch eine besonders ausgebildete Fahndungs-, Observations- und Zugriffseinheit erforderlich macht, da diese Lagen den Ausbildungsstand normaler Polizeibeamter überfordern. In Deutschland sind dies die Mobilen Einsatzkommandos (MEK) der Bundesländer. Sie haben zwei Einsatzschwerpunkte. Die verdeckte Observation von potentiellen oder identifizierten Straftätern kann sowohl personell als auch mit entsprechender Technik ausgeführt werden. Weitere Aufgaben sind Peilung und Ortung, die technischen Observation von Personen, Fahrzeugen und Mobiltelefonen sowie die Absicherung von verdeckten Ermittlern bei möglicherweise problematischem Täterkontakt. MEKs üben auch Festnahmen von Personen aus. Der Zugriff des MEK soll für den Festzunehmenden überraschend aus seiner Bewegung ablaufen, also aus einer mobilen Lage (fahrender/laufender Täter), bei den Spezialeinsatzkommandos (SEKs) hingegen aus der statischen Lage (Wohnung) heraus. Allerdings sind sowohl MEKs als auch SEKs qualifiziert ausgebildet, um jeweils beide polizeilichen Lagen zu bewältigen. Ist jedoch bereits im Vorfeld beim polizeilichen Gegenüber mit starker Bewaffnung, hohem Widerstand oder mit verschlossenen Türen zu rechnen, wird meist die Unterstützung durch ein mit einem besseren Eigenschutz ausgestattetes SEK angefordert. In anderen Ländern gibt es ähnliche Einheiten, die zwar für besondere Lagen und Einsätze ausgebildet sind, sich aber nicht mit terroristischen oder Schwer kriminellen Bedrohungen befassen. Dennoch sind sie besonders ausgerüstet und ausgebildet und als Einheit nicht in den normalen Polizeidienst integriert, sondern kommen ausschließlich situationsabhängig und punktuell zum Einsatz. Beispiele für solche Einheiten sind die WEGA der Wiener Polizei, die russische OMON und die Schweizer Spezialeinheit Enzian. Die Spezialeinheiten des ZOLL wurden, in Gliederung und Unterstellung, denen der Polizei gem. Polizeidienstvorschrift 100 angeglichen. Somit ist die Zentrale Unterstützungsgruppe Zoll (ZUZ), vergleichbar mit einem Spezialeinsatzkommando (SEK) und die Observationseinheit Zoll (OEZ) mit einem Mobilen Einsatzkommandos (MEK).

„Wie viel Mühe kostet die Niederschlagung
und Verhütung von Aufständen. Geheimpolizei,
andere Polizei, Spitzel, Gefängnisse, Verbannungen,
Militär! Und wie leicht sind die Ursachen für
Aufstände zu beseitigen. "

Leo Tolstoi

Observations- und Aufklärungsgruppen

Diese Spezialeinheiten oder auch Einsatzabteilungen befassen sich hauptsächlich mit der Observation von für die Sicherheitsorgane interessanten Personen, um diese zu überwachen und ihre Bewegungsprofile und Gewohnheiten zu ermitteln. Dies können potentielle oder identifizierte Straftäter, Informanten, Undercover, Ermittler, Terrorverdächtige, nachrichtendienstlich relevante Personen und ausländische Bürger oder Diplomaten sein. Normalerweise werden Observationen von Vier Mann Teams vorgenommen, können aber auch mit mehreren Teams stattfinden. Dies richtet sich nach der Bedeutung der Zielperson und nach dem Umstand, ob sie selbst in Observationstechniken und deren Erkennen ausgebildet ist. Dabei wird auch auf technische Hilfsmittel wie Sender, Transponder, UV-Farbmarkierungen oder Reflektoren (an Fahrzeugen) und, in Fällen allerhöchster Bedeutung, auch militärische Satelliten zurückgegriffen. Die zweite typische Aufgabe solcher Einheiten besteht in der taktischen Aufklärung von Stadtvierteln, Gebäuden oder ländlichen Umgebungen, in denen sich relevante Personen, gefangene Geiseln, Attentäter, Amokläufer, Entführer oder Objekte aufhalten oder befinden. Dies geschieht in der Regel als Vorbereitung für einen späteren Zugriff (Einsatz) oder um strafrechtlich relevantes Material oder Umstände zu ermitteln. Oft werden teile des Einsatzprofils solcher Observations- und Aufklärungsgruppen aber auch von Sondereinsatzkommandos selbst übernommen oder gehören bereits zum Einsatzprofil anderer Einsatzkommandos, wie beispielsweise bei den MEK's.

Ein Beispiel für eine solche Spezialeinheit ist das englische Special Reconnaissance Regiment, das zwar der British Army angehört, aber wie der Special Air Service auch polizeiliche Aufgaben wahrnimmt.

„Ein Spion am rechten Ort

ersetzt 20.000 Mann an der Front."

Napoleon I. Bonaparte

Spezialisierte Fachabteilungen

Spezialisierte Fachabteilungen sind keine Spezialeinheiten im eigentlichen Sinne, da sie nicht selbstständig operieren, und keine Verbandsstruktur aufweisen. Sie werden bei besonderen Lagen als Teil einer Kriseninterventionsgruppe bei Geiselnahmen, Lagen mit terroristischen oder schwerkriminellen Hintergrund und bei Naturkatastrophen oder aber als Teil einer speziell eingerichteten Sonderkommission (SOKO) mit individuell festgelegter Zielrichtung. Ein Beispiel für so eine spezialisierte Fach-, beziehungsweise Kriseninterventionsführungsstelle ist die Critical Incident Response Group des FBI. Dies können sein, psychologisch geschulte Verhandlungsführungsgruppen (bei Geiselnahmen), so genannte Profiler Gruppen bei Ermittlungen gegen Serientäter oder auch spezielle EDV Ermittlungsgruppen, die sowohl Internetfahndung als auch gesetzlich legitimiertes Hacken betreiben, das gezielte Eindringen in fremde geschützte IT Systeme. Als ein Beispiel für solche Profilerfachabteilung gilt die Behavioral Analysis Unit des FBI. Bestimmte Abteilungen des Bundeskriminalamts, die ähnliche Ableger in den Strukturen den Landeskriminalämtern haben, wie beispielsweise der Staatsschutz, die Abteilung SO Schwere und Organisierte Kriminalität (unter anderem zuständig für Organisierte Kriminalität, Rauschgiftkriminalität und Verdeckte Ermittlungen und Führung von Vertrauenspersonen) und die Abteilung SG Sicherungsgruppe (Personenschutz), sind ebenfalls Spezialfachabteilungen.

Allerdings verwischen hier die Grenzen und es wird deutlich, wie schwierig eine Abgrenzung zu Spezialeinheiten im klassischen Sinne ist, da es kein verbindliches Unterscheidungssystem gibt. Erschwerend kommt auch die unterschiedliche nationale Einordnung und Klassifizierung verschiedener Einheiten mit dem gleichen Einsatzprofil hinzu.

„Fachidioten verkaufen Katastrophen als Paradiese."

Else Pannek

Nachrichtendienstliche Spezialeinheiten

Auch Nachrichtendienste unterhalten Spezialeinheiten, meist mit paramilitärischem Charakter. Im Unterschied zu den administrativen Fachabteilung der Dienste, haben diese oft eine geschlossene Verbandsstruktur und rekrutieren sich in erster Linie aus besonders qualifizierten und erfahrenen Soldaten der Streitkräfte, die bereits in militärischen Spezialeinheiten gedient haben. Wenn diese Soldaten den Dienstherren wechseln, dann erhalten sie eine Zusatzausbildung in operativer Geheimdienstarbeit. Dabei wird die gesamte Bandbreite der Fertigkeiten, die ein Agent im Einsatz beherrschen muss, von Nachrichtendienst-Instrukteuren gelehrt. Diese umfassen unter anderem Observation, Gegenobservation, direkte konspirative Kontaktaufnahme mit Informanten, aber auch indirekten nichttechnischen Nachrichtenaustausch (zum Beispiel die Nutzung toter Briefkästen) und die verdeckte Infiltration in feindliche Operationsgebiete. Dabei steht nicht so sehr die klassische nachrichtendienstliche Informationsgewinnung im Vordergrund, sondern eher die Weiterleitung von Informanten- und Agentenerkenntnissen und die Sondierung der Lage. Die Angehörigen solcher Einheiten sollen in die Lage versetzt werden, unentdeckt und undercover in feindlichen Territorium zu operieren.

Oft beherrschen die ehemaligen Soldaten viele dieser Fertigkeiten bereits, weil sie beim Militär bereits an den Schnittstellen zu Nachrichtendiensten eingesetzt waren oder bereits in gemeinsamen Operationen eingesetzt waren. Der Einsatzschwerpunkt solcher Einheiten umfasst die ganze Bandbreite der Missionsprofile unkonventioneller Spezialeinheiten. Da Nachrichtendienste meist anderen gesetzlichen Grundlagen folgen als die Streitkräfte des jeweiligen Landes, hat die Eingliederung solcher militärischen Potentiale unter dem Dach eines Nachrichtendienstes den Vorteil, dass Einsätze mit eigenen Mitteln stattfinden können, ohne dass andere Behörden oder Ministerien involviert werden müssen, und so die Geheimhaltung oft besser gewahrt werden kann. Ein weiterer Vorteil besteht in der Eliminierung möglicher Reibungsverluste bei gemeinsamen Operationen mit anderen Dienststellen, wenn das involvierte Personal die besonderen Gesichtspunkte einer nachrichtendienstlichen Operation kennt und so von vornherein mögliche Fehlerquellen ausgeschlossen werden können. In vielen Ländern führt die Einbindung paramilitärischer Spezialeinheiten in nachrichtendienstliche Behörden zu erweiterten Einsatzbefugnissen, die über militärische oder polizeiliche hinausgehen und diese dann verquicken. Das führt nicht selten dazu, dass diese von den jeweiligen Regierungen missbraucht und zur Repression politischer Gegner und zum reinen Machterhalt diktatorischer Regime eingesetzt werden. Dies führt bei politischen Beobachtern, Fachautoren und der Presse oft zu einer generell eher kritischen Einstellung gegenüber paramilitärischen Formationen unter dem Dach von Nachrichtendiensten. Typische Beispiele solcher Formationen sind die US-amerikanische Special Activities Division der CIA, die israelische Sajeret Matkal der Aman, die russische Speznas der GRU, die russische ALFA des FSB sowie Bundeswehrangehörige im Amt für Militärkunde, die für den Bundesnachrichtendienst tätig sind.

„Denn die einen sind im Dunkeln und die
Andern sind im Licht. Und man siehet die
im Lichte Die im Dunkeln sieht man nicht. "

Bertolt Brecht

Vorteile und Risiken

Spezialeinheiten sind aufgrund ihrer Struktur, Ausbildung und Ausrüstung in der Lage, bestimmte Einsatzprofile besser abzuarbeiten als das konventionelle Verbänden oder Abteilungen möglich ist. Darüber hinaus eröffnen sie gänzliche neue Einsatzmuster, die herkömmlichen Einheiten nicht leisten können. Wie andere Eliten in Gesellschaft und Wirtschaft auch haben sie mit denselben Problemen zu kämpfen, was Akzepten und Berechtigung hinsichtlich Aufgabe und Etat angeht. Als Antithese zum großen konventionellen Militär, werden sie innerhalb der Streitkräfte häufig als Fremdkörper und Konkurrent gesehen, da allein ihr Vorhandensein oft einen negativen Einfluss auf die Moral herkömmlicher Einheiten hat, weil diese sich nicht selten in der Wertung zurückgesetzt fühlen und der Unterhalt von Spezialeinheiten im Verhältnis zu ihrer Mannstärke sehr teuer ist. Viele Kommandeure sind auch heute noch skeptisch, was ihren militärischen Nutzen im Verhältnis zu ihren Kosten angeht und stören sich an dem elitären und oftmals die militärischen Etikette verletzenden Habitus solcher Einheiten. Dennoch erfuhr die Bedeutung von Spezialeinheiten seit den 1960er Jahren, dem Zeitalter der Stellvertreterkriege in der Epoche des kalten Krieges, zunächst eine stetige, nach dem Zusammenbruch der Sowjetunion und dem Endes des kalten Krieges jedoch eine massive Aufwertung. Durch die Auflösung des Ost-West Gegensatzes und der Blockpolitik sowie der Entstehung neuer souveräner Einzelstaaten aus ehemaligen Sowjetrepubliken (zum Beispiel Weißrussland, Ukraine und Georgien) wurde aber auch die internationale Lage, was die Führbarkeit von Kriegen angeht, komplizierter und gefährlicher. War früher alles der Ost-Westkonfrontation und der drohenden atomaren Apokalypse (Atomkrieg) untergeordnet, droht dieses Damoklesschwert heute weniger, was viele Staaten glauben lässt, dass Kriege wieder führbar sind und ein nützliches Mittel der Durchsetzung politischer Ziele sein können (siehe v. Clausewitz). Wurden im 20. Jahrhundert bis 1990 rund 600 Kriege dokumentiert, zählt man heute bereits jährlich über 50 militärische Konflikte weltweit, Tendenz steigend.

Diese Entwicklung führte bei vielen Regierungen zu der Einsicht, dass es eines militärischen Instrumentariums bedarf, das in der Lage ist, nationale Sicherheitsinteressen direkt, aber auch im Rahmen internationaler Organisationen, wie beispielsweise der UNO, durchzusetzen. Dies geschieht mittels schlichtender, friedenserhaltender und Konflikt deeskalierender Einsätze bei bereits schwelenden Auseinandersetzungen. Dies ist mit herkömmlichem Militär, wie es im Kalten Krieg zur Abschreckung erforderlich war, sowohl technische als auch politisch nur bedingt möglich. Das führte in vielen Staaten zu einer enormen Abrüstung seit den 1990er Jahren bei gleichzeitiger Beibehaltung und Aufstockung der Spezialkräfte. Schlagkräftige, flexible und luftverlegbare Einheiten fingen an, die Rolle des konventionellen Militärs innerhalb der nationalen Einsatzplanung zwar nicht zu ersetzen aber zu verschieben. Das teure, schwere und unbewegliche Massenheer, meist mit einer Vielzahl Wehrpflichtiger, wurde bei etlichen Planungen und Einsätzen von leichten, durchtrainierten und hochmotivierten Spezialeinheiten aus Berufs- und Zeitsoldaten verdrängt. Die quantitative Veränderung (Zunahme der Konflikte, aber vor allem ihrer qualitative, das Anwachsen der asymmetrischen Bedrohungen und Auseinandersetzungen führten dazu, dass die Rolle und Bedeutung von Spezialeinheiten weiter aufgewertet wurde, da sie nicht nur im Krieg, sondern auch bereits bei Krisen oder im Frieden als Militärberatungsorgan einsetzbar sind und so einen über den rein militärischen Wirkungsgrad weit hinausgehenden politischen Effekt haben.

Kritik

Militärisch

Da für die Auftragserfüllung bestimmter Spezialeinheiten oftmals eine Abschottung und besondere Geheimhaltung erforderlich ist, werden ohnehin latent vorhandene Ressentiments bei konventionellen Einheiten noch verstärkt. Der elitäre und oft geheimnisumwitterte Nimbus wirkt sich nicht selten negativ auf die militärischen Zusammenarbeit aus.

Das Konkurrenz gebaren um Ausrüstung und Etatzuwendungen ist bei vielen Streitkräften nach wie vor vorhanden. Und obwohl „Glücksritter" und „Draufgänger" durch entsprechende psychologische Auswahlverfahren meist ausgesondert werden, gelingt es immer wieder bestimmten Soldaten Zugang zu finden, die charakterlich eigentlich nicht in solche Einheiten passen. Solche Individuen sind auch meist dafür verantwortlich, wenn es zu Schlägereien mit konventionellen Soldaten oder Verspottungen selbiger durch Sondereinsatzkräfte kommt. Trotz der veränderten weltweiten Konfliktlage und der allgemeinen Aufwertung von Spezialeinheiten, gibt es nach wie vor konservativ eingestellte Militärs , die die Rolle der Spezialeinheit als überbewertet sehen und teilweise deren militärischen Nutzen, angesichts ihrer Kosten, in Frage stellen. Die allgemeine Abrüstung der konventionellen Heere bei gleichzeitiger Aufwertung der Spezialeinheiten hat die Verteilungswettkämpfe eher noch verstärkt. Bei den Sondereinsatzkräften (engl. Special Operations Forces) der US-Streitkräfte hat man nach etlichen schlechten Erfahrungen von administrativer Seite dieser Negativentwicklung einen Riegel vorgeschoben. Durch den Erlass des Nunn-Cohen Amendment von 1987 wurde das Militär gesetzlich dazu gezwungen, ein Teilstreitkraftübergreifendes Oberkommando, das US Special Operations Command (SOCOM) einzurichten, das alle Sondereinsatzkräfte gemeinsam führt, ausbildet und ausrüstet und über einen eigenen Etat verfügt, über dessen Verwendung es selbst entscheiden darf. Ähnliche Entwicklungen gab es auch im gleichen Jahr im Vereinigten Königreich mit der Einrichtung des United Kingdom Special Forces (UKSF) des Verteidigungsministeriums und in Frankreich, das 1992 das Commandement des opérations spéciales (COS) ins Leben rief. Die häufig recht laxe militärische Disziplin innerhalb der Spezialkräfte ist ebenfalls eine stetige Quelle für Kritik. Obwohl zum Beispiel die Grußrituale zwischen Offizier und Unteroffizieren (Mannschaften gibt es in den meisten militärischen Spezialeinheiten nicht) schon aus einsatztaktischen Gründen nicht sein sollen, damit beispielsweise feindliche Scharfschützen nicht erkennen, wer das Kommando hat, oder Passanten bei verdeckten Einsätzen nicht erkennen, dass die vermeintlichen Zivilisten tatsächlich gar keine sind.

Da Mitglieder solcher Einheiten in der Regel ein sehr schwieriges Ausleseverfahren durchlaufen haben und im Einsatz in Kleingruppen operieren, sind bei ihnen Intelligenz und eine kreativ, teamorientierte und selbstständige Problemlösungsstrategie gefragt. Dabei wäre eine unnötige und übertrieben hierarchische Disziplin eher hinderlich. Offiziere und Unteroffiziere arbeiten als Team und Rangunterschiede treten gegenüber der persönlichen Qualifikation in den Hintergrund. Die eigentliche Kommandostruktur bleibt jedoch davon unangetastet. Ein weitere Kritikpunkt ist die Oft geheimhaltungsbedingte und immer wieder vorkommende mangelnde Abstimmung mit der Führung des herkömmlichen Militärs im Operationsgebiet. Beispielsweise operieren gegenwärtig in Afghanistan neben dem regulären Militär auch zahlreiche Sondereinsatzkräfte der USStreitkräfte, die nicht dem eigentlich zuständigen Oberkommando des Kriegsschauplatzes, dem US Central Command (CENTCOM) unterstehen, sondern parallel dazu dem im selben Gebiet tätigen US Special Operations Command (SOCOM). Dies hat in der Vergangenheit zum Teil zu Ineffizienz und einer erhöhten Eigengefährdung des konventionellen Militärs geführt, da dieses nicht in die Planungen des SOCOM eingebunden war. Beispielsweise wurden Operationen des deutschen KSK im Nachhinein vom zuständigen Einsatzführungskommando der Bundeswehr (EinsFüKdoBw) kritisiert, weil diese nicht abgestimmt gewesen seien. Administrativ Spezialeinheiten wecken durch ihr oft weitgefächertes Einsatzspektrum teils behördliche Begehrlichkeiten, Abgrenzungsreflexe und Verantwortungsdiffusion. In vielen Fällen werden die meist vom Militär kontrollierten Einheiten auch in angestammten Verantwortungsbereichen anderer Ministerien oder Ämter eingesetzt. Dies ist etwa bei machen Militärberatungseinsätzen der Fall, wenn diese Einheiten unter der Ägide des Außenministeriums arbeiten oder bei der Drogenbekämpfung auch mit heimischen Strafverfolgungsbehörden kooperieren. Ähnliches gilt auch für polizeiliche Spezialeinheiten, auch diese arbeiten im Auslandseinsatz unter der politischen Verantwortung des Außenministeriums sogar dann, wenn diese Kräfte dem jeweiligen Fachministerium des Gastlandes beigeordnet sind. Ein Beispiel, wozu behördliches Kompetenzgerangel führen kann, war die Katastrophe in Waco im US-Bundesstaat Texas am 28. Februar 1993.

Hier wurde eine Farm auf der sich Mitglieder der Davidianer Sekte mit Frauen und Kindern verschanzt hatten, von Beamten des Bureau of Alcohol, Tobacco and Firearms (ATF) belagert, obwohl der Einsatzleitung des FBI bekannt war, dass die Sekte von der geplanten Aktion wusste. Nach heftigen Schusswechseln und einem Brand blieb als Bilanz des misslungenen Einsatzes der Tod von vier Beamten und 68 Sektenmitgliedern, darunter 25 Kindern.

Politisch und Gesellschaftlich

Neben der innermilitärischen Kritik gibt es in einigen Ländern auch politische Kritik Insbesondere werden manche Spezialeinheiten in Lateinamerika und Afrika von Diktaturen immer wieder zum Machterhalt und zur Repression der Bevölkerung missbraucht. Selbst nach nationaler Rechtslage legale regimekritische Organisationen und Presseorgane werden häufig mittels solcher Spezialeinheiten, ob nun militärischen, polizeilichen oder nachrichtendienstlichen Charakters, Verfolgt, verschleppt und getötet. Nicht wenige solcher Einheiten operieren sogar gänzlich im Verborgenen (inoffiziell), wie so genannte Todesschwadronen. Allerdings sind solche Gruppierungen nicht zwingend auf autoritäre Systeme beschränkt. Ein jüngeres Beispiel für eine solche Formation waren die spanischen Grupos Antiterroristas de Liberaci n GAL (dt. „Antiterroristische Befreiungsgruppen"). Diese verdeckt agierenden Kommandos des Innenministeriums waren von 1983 bis 1986 mit der Bekämpfung der baskischen ETA befasst und operieren oft außerhalb des Gesetzes. Aber auch in den Demokratien westlicher Prägung sind die Spezialeinheiten im kritischen Fokus der Gesellschaft. Der sie umgebende elitäre Charakter, ihre oft wenig transparenten Befugnisse und Einsatzprofile, die für sie oft geltenden besonderen Geheimhaltungsbestimmungen, bilden einen stetigen Hort für Befürchtungen, dass solche Gruppierungen außerhalb des Gesetzes stehen könnten, beziehungsweise jenseits desselben eingesetzt und von den politischen und militärischen Entscheidungsträgern möglicherweise missbraucht werden könnten.

Damit stehen Spezialeinheiten und deren Angehörige regelmäßig im Spannungsfeld zwischen erforderlicher Geheimhaltung, Einsatzbefugnissen und Auftragslage einerseits und notwendiger parlamentarischer Kontrolle und politischer Transparenz, dem recht der Öffentlichkeit auf Information, andererseits . Dennoch hat der zunehmende Einsatz von Spezialkräften im Rahmen internationaler humanitärer und infrastruktureller Maßnahmen dazu geführt, dass das früher oft verbreitete „Killer"- und „Rambo" Image solcher Einheiten eine Wandlung erfahren hat und die Soldaten jetzt eher als professionelle Spezialisten gesehen werden.

> „Es ist immer die Leistung,
> die bestimmt, wer zur Elite zählt."
>
> Ludwig Marcuse

Aktive Spezialeinheiten

Sarejet Matkal

Israel

In Israel spricht man schlicht von „der Einheit", deren Existenz erst 1976 nach der Befreiung eines Flugzeuges der Air France offiziell bestätigt wurde. Davor agierte die Spezialeinheit des Militärs seit 1958 im Geheimen und ist nach wie vor dem Geheimdienst unterstellt. Die Hauptaufgabe ist neben der Terrorbekämpfung die Erfüllung von Sonderaufträgen im Ausland. Eine spezielle Mission hat diese Einheit jedoch nicht, dafür kann sie allerdings im Bedarfsfall auf eine Reihe von unterstützenden Einheiten zurückgreifen. Zur 20-monatigen Ausbildung wird man nur zugelassen, wenn man von einem Kommandeur anderer Spezialeinheiten empfohlen wird.

Über diese Ausbildung ist lediglich bekannt, dass sie unter extremer Belastung stattfindet; mache sprechen sogar von ausgesprochener Brutalität. An Waffen steht der Einheit so ziemlich alles zur Verfügung, was am internationalen Markt erhältlich ist, aber wegen der großen Geheimhaltung dringen nur wenige Details an die Öffentlichkeit und auch die Einsätze werden nicht publik gemacht. Benjamin Netanjahu und sein Bruder dienten ebenfalls in dieser Einheit, wobei Jonathan Netanjahu bei der Operation Entebbe, bei der ein entführtes Flugzeug in Uganda befreit werden sollte, getötet wurde. Nachträglich wurden trotz größtmöglicher Geheimhaltung sehr viele Operationen bekannt, davon viele Anschläge auf öffentliche Einrichtungen in Ägypten in den 60er Jahren. An Geiselbefreiungen war die Matkal zahlreich beteiligt und auch die Tötung des PLO-Mitgliedes Chalil al Wasir 1988 geht auf das Konto dieser Spezialeinheit.

Bordo Bereliler

Türkei

Diese Spezialeinheit des türkischen Militärs wurde 1952 als nationale Jägerbrigade für verdeckte Operationen und Informationsgewinnung gegründet. Sie ist eine von drei Spezialeinheiten, die direkt dem Chef des Generalstabes unterstehen. Neben dem Schutz von hochrangigen Mitgliedern des Militärs sind sie auch für Einsätze im In- und Ausland zuständig. Die Ausbildung ist mit dreieinhalb Jahren sehr lange und wer den ersten Teil besteht, wird zum zweiten zugelassen, der in den Vereinigten Staaten stattfindet. Die maroon berets nehmen außerdem regelmäßig an NATO-Übungen teil. Inoffiziell setzt man diese Einheit auch regelmäßig zur Überwachung der türkisch-irakischen Grenze ein. An die Öffentlichkeit gelangte außerdem die Entführungen eines PKK-Mitgliedes im Jahr 1998. Desweiteren, die Entführung des Vorsitzenden der Arbeiterpartei, Abdullah Öcalan 1999 gemeinsam mit der CIA und des israelischen Geheimdienstes Mossad.

2008 bereitete die Bordo Bereliler die Luftangriffe auf PKK-Stellungen vor und intensivierte die Maßnahmen gegen diese terroristische Vereinigung.

GIGN

Frankreich

Ausschlaggebend für die Gründung der französischen Sondereinheit der Gendarmerie 1974 waren einmal mehr die Vorkommnisse während der Olympiade 1972 und auch die Besetzung der saudischen Botschaft in Paris. Fünf Jahre Polizeidienst sind nötig, um zum Auswahlverfahren zugelassen zu werden. Aber dieser Eignungstest, über den wenig bekannt ist, hat es in sich – lediglich 10% der Bewerber schaffen es in die zweimonatige Grundausbildung, die nach weiteren sechs Monaten Training in aktiven Teams abgeschlossen wird. Wer es schafft, ist Teil der 80 Mann starken Einheit, die in Satory stationiert ist und nie mehr als 90 Beamte hat. Neben Personenschutz und Terrorismusbekämpfung ist die GIGN auch im Ausland bei Militäreinsätzen und Botschaftsbesetzungen tätig. Seit der Häufung von Schiffsentführungen durch somalische Piraten, zählen auch solche Befreiungen vermehrt zu den Einsatzgebieten der GIGN. Personenschutz von hochrangigen Politikern nach Terrordrohungen zählt ebenfalls zu ihre Aufgaben. Der spektakulärste der öffentlich bekannt gewordenen Einsätze war die Befreiung von 170 Geiseln in Marseille aus einem Flugzeug der Air France. 1979 zerschlug man die Besetzung der Großen Moschee in Mekka gemeinsam mit der saudi-arabischen Polizei. Dieses Ereignis, an der 500 Islamisten beteiligt waren und tausende Pilger als Geiseln nahmen, gilt als eine der Ursprünge des islamistischen Terrors.

G.I.S

Italien

Nur etwa 120 Mann umfasst die italienische Spezialeinheit mit Sitz in Livorno, 20 Kilometer vom Flughafen Pisa entfernt. Acht Minuten vergehen im Schnitt zwischen Einsatzbefehl und Erreichen der stets bereiten Flugzeuge. Wohlgemerkt ist in dieser Zeitspanne auch das vollständige Beladen der Autos inbegriffen und die Transportklappe des Transportflugzeugs geschlossen. Im Regelfall erreicht man den Einsatzort allerdings auf dem Landweg. Die Hauptaufgaben der Anti-Terroreinheit liegen neben dem italienischen Hauptproblem, der Zerschlagung der organisierten Kriminalität, in der Terrorbekämpfung und in Geiselbefreiungen. Zwar ist die GIS eine Einheit der Carabinieri, aber im Rahmen der italienischen Armee kann sie auch im Ausland eingesetzt werden. Bewerben können sich nur Mitglieder des 1. Fallschirmjäger Regiment „Tuscania" und diese müssen mindestens zwei Jahre in dieser Eliteeinheit des Militärs gedient haben. Wer die 36-wöchige Ausbildung übersteht, wird in eines der aktiven Teams übernommen und darf wegen der geringen Größe vornehmlich heikle Operationen durchführen. Im Ausland wurde die GIS unter anderem im Kosovokrieg im Rahmen der SFOR eingesetzt. Im Irak und in Afghanistan erfolgten ebenfalls Einsätze unter dem Kommando der Amerikaner.

SAS

Großbritannien

Die Spezialeinheit des britischen Militärs gilt als eine der ältesten, die 1941 zur Aufklärung und für Sabotageoperationen gegründet wurde, aber erst Ende der 80er Jahre offiziell bestätigt, als eine Geiselnahme in der iranischen Botschaft in London von der BBC gefilmt wurde. Heute zählen auch vermehrt Terrorbekämpfung im Inland zu ihren Aufgaben.

Die Mitgliedschaft zur SAS untersteht der höchsten Geheimhaltungs-
stufe und ist auch die Anonymität durch die Regierung selbst gewähr-
leistet, da die britische Regierung ihre Beteiligung an Militäreinsätzen
nicht öffentlich preisgeben möchte. Die enge Zusammenarbeit mit
anderen Anti-Terroreinheiten, insbesondere mit der israelischen
Matkal, gelangt ebenfalls eher zufällig an die Öffentlichkeit. Das Einzige, was freiwillig publik gemacht wird, ist die Ausbildung anderer Spezialeinheiten. So zählt zu den Kunden der SAS zum Beispiel die Special Force des Sultanats Oman oder die amerikanische
Delta Force. Um in eine der drei Einheiten, von denen nur eine aktiv
ist, aufgenommen zu werden, muss vor dem 18-monatigen Training ein
Eignungstest absolviert werden. Hier schaffen es lediglich 2 - 10% in
die nächste Runde. Mit Mitte 30 quittieren den Dienst die meisten,
weil die Mitglieder der SAS auf das Töten gedrillt werden und die
Geheimeinsätze aufgrund des Risikos viele zu seelischen Wracks
macht. Dementsprechend hat die britische Regierung mit Nachwuchs-
sorgen zu kämpfen. Details von ehemals Aktiven gelangen selten an
die Öffentlichkeit, da die Regierung einiges an Geld investiert, um
Veröffentlichungen zu verhindern. Viele Bücher wurden bereits zen-
siert und die Verbreitung untersagt. Bei einem Einsatz gilt es nicht, Tote
zu vermeiden, sondern so wenig Tote wie möglich zu beklagen. Die
wenigen bekannten Einsätze belaufen sich auf die Beteiligung im Kosovokrieg zur Verfolgung von Kriegsverbrechern gemeinsam
mit amerikanischen Spezialeinheiten und auf die Zerstörung von Raketenstellungen sowohl 1991 als auch 2003. An den Afghanistan Einsätzen zur Zerschlagung von Terrorzellen der Taliban waren ebenfalls
Mitglieder der SAS beteiligt, wie hinterher zugegeben wurde.

Joint Task Force Two

Kanada

Die Anti-Terroreinheit des kanadischen Militärs ist weltweit tätig und
besteht aus 300 Mann.

Neben Terrorbekämpfung und Geiselbefreiung zählen zu den Aufgaben der 1993 gegründeten Spezialeinheit auch militärische Aufklärungen. Die Ausbildung unterlieg strengster Geheimhaltung, dürfte aber an die der britischen SAS angelehnt sein, da sie Joint Task Force Two auch eng mit dieser und mit der Delta Force zusammenarbeitet. Gerade über die militärischen Einsätze ist wegen der Geheimhaltung wenig bekannt.

Alfa Gruppe

Russland

Die lange Zeit geheim gehaltene russische Spezialeinheit des russischen Militärs untersteht direkt dem Geheimdienst FSB und wurde 1950 aus Mitgliedern des Nachrichtendienstes im Rahmen der 7. Gruppe des KGB gegründet. Über die belastende Ausbildung sind praktisch keine Details bekannt, aber für die Alfa Gruppe kommen nur Personen in Frage, die beim GRU tätig sind und hier dauert die Ausbildung mindestens fünf Jahre. Beim polizeilichen Pendant, der SOBR, müssen die Auszubildenden als Abschlussprüfung gegen 12 Kämpfer mindestens zehn Minuten durchhalten. Aufsehen erregte die Alfa Gruppe jedoch wiederholt mit Befehlsverweigerung und erfolglosen Geiselbefreiungen, wobei diese mit Verrat und Sabotage in den eigenen Reihen begründet wurde. Eine dieser Befehlsverweigerungen fand 1991 statt, als sie sich weigerte das Parlamentsgebäude zu stürmen, in dem sich Boris Jelzin befand. 1993 verweigerte man wiederum den Sturm des Parlamentsgebäudes, jedoch übernahm eine andere Einheit des Militärs diese Aufgabe und führte so das Land in eine Verfassungskrise. In der jüngsten Vergangenheit besetzten Mitglieder der Alfa-Gruppe die ukrainische Halbinsel, was jedoch von offizieller Seite vehement bestritten wird. Wegen der typischen Vorgangsweise der Soldaten liegt die Vermutung jedoch nahe, da diese Einheit seit dem Tschetschenienkrieg vermehrt auf diese Art von Aufgaben und zur Stabilisierung von politischen Unruhen eingesetzt wird.

EKO Cobra

Österreich

Der Sondereinheit der österreichischen Polizei gelang als weltweit einziger Anti-Terroreinheit die Beendigung einer Flugzeugentführung in der Luft. Dafür verantwortlich war allerdings der Umstand, dass sich vier Cobrabeamte im Flugzeug befanden, um die reibungslose Überführung von Schubhäftlingen zu gewährleisten. Der nigerianische Flugzeugentführer wurde überwältigt und den Behörden übergeben. 2013 erfolgte die Umstrukturierung des 1978 gegründeten Gendarmerieeinsatzkommandos und Zusammenlegung von vier Sondereinheiten, die direkt der Generaldirektion für öffentliche Sicherheit unterstellt sind. In der Zentrale in Wiener Neustadt wurden bis dato auch zwei Frauen ausgebildet, was durchaus eine Besonderheit bei den Spezialeinheiten darstellt und versucht das Innenministerium, dies auch zu fördern. Die sechs Monate dauernde Grundausbildung, für die sich jeder Polizeibeamte bewerben kann, ist in vier KO-Prüfungen unterteile. Fällt man bei einer durch, ist die Ausbildung beendet. Derzeit besteht die Cobra aus ca. 700 Beamten, die neben der Terrorbekämpfung hauptsächlich Flugsicherungen durchführen und so über 3000 jährliche Einsätze verzeichnet. Die EKO-Cobra arbeitet außerdem intensiv mit Spezialeinheiten aus aller Welt zusammen, um besser gegen den internationalen Terror agieren zu können und besteht neben der Einheit für Verfassungsschutz und Terrorbekämpfung außerdem aus Spezialisten des Entschärfungsdienstes.

GSG 9

Deutschland

Über 1600 erfolgreich abgeschlossene Einsätze verzeichnet die 1972, nach den Anschlägen auf die israelische Olympiamannschaft, von Ulrich Wegener gegründete Spezialeinheit der Polizei zur Terrorbekämpfung.

Nur 8-10% der Bewerber beenden die neun Monate dauernde Ausbildung – falls sie überhaupt den einwöchigen Eignungstest bestehen, und dienen dann in einer der drei Einheiten. In die Schlagzeilen kam die GSG9 zum ersten Mal in Verbindung mit der Entführung eines Flugzeuges der Lufthansa 1977 mit Kurs auf Mogadischu. Bei der Aktion wurden 86 Geiseln befreit. Seit die Befreiung eines von somalischen Piraten gekaperten Frachtschiffes an der Entscheidung mehrerer beteiligter Beamten scheiterte, ist die Truppe direkt dem Innenministerium unterstellt und kann auch für Auslandsaufgaben eingesetzt werden. Mediales Aufsehen sorgte der Einsatz 1993, bei dem der RAF-Terrorist Wolfgang Grams Selbstmord beging und ein Beamter der GSG9 getötet wurde. Nach dem Irakkrieg setzte die deutsche Bundesregierung Mitglieder der GSG9 ein, um die Botschaft und deren Mitglieder in Bagdad zu schützen. Rebellen verfolgten 2004 den Fahrzeugkonvoi und beschossen den letzten Wagen mit Raketen, weil sie Mitglieder der amerikanischen Spezialeinheit darin vermuteten. Wegen der zerschossenen Reifen prallten sie in die Hausmauer und starben durch den Aufprall. Gefunden wurde nach dem Anschlag lediglich die Leiche eines Beamten.

US-Navy S.E.A.L.S.

USA

Die Spezialeinheit des amerikanischen Militärs wurde 1943 gegründet und bis heute dringt über die Missionen nicht viel an die Öffentlichkeit, da zu den Aufgaben der insgesamt elf Teams der Seals unter anderem die unkonventionelle Kriegsführung oder Geheimdienstoperationen zählen. Immer wieder waren einzelne Teams in verschiedene Korruptionsaffären verstrickt, was auch zur Auflösung und Neugründung innerhalb der Organisation führte. Die Hauptquartiere sind Coronado in Kalifornien und Little Creek in Virginia, aber kleine Führungsteams sind weltweit stationiert, um ein schnelles Eingreifen zu ermöglichen. Die Ausbildung gilt als eine der härtesten weltweit und dauert insgesamt über zwei Jahre.

Dementsprechend hoch ist die Absprungrate, die bei 80% liegt. Viele scheitern dabei in der „Höllenwoche" in der die Rekruten mit Schlafentzug bei gleichbleibendem Training und stundenlangem Sitzen in Eiswasser an die Grenzen ihrer Belastbarkeit gelangen. Die kleinen Teams, von denen das Team 6 das Bekannteste ist, agieren gerne in der Dunkelheit, da sie wegen der geringen Größe unentdeckt bleiben müssen, um nicht in Gefangennahme zu geraten oder getötet werden. Offiziell heißt dieses Team „Development Group" und dient in erster Linie der Eliminierung von Terroristen. Weltweit für Aufsehen sorgte die Operation Neptune's Spear, bei der Osama bin Laden im Mai 2011 ermordet wurde, aber auch die Befreiung eines Schiffes vor Somalia, bei dem alle neun Piraten nach kurzem Feuergefecht getötet wurden.

„Spezialisierung ist Parzellierung der Verantwortung."

Hans Kasper
Deutscher Schriftsteller

Polizei, Zoll und andere Einheiten

Polizeiliche Einheiten

Polizeiliche Spezialeinheiten haben teilweise ähnliche Ausrichtungen, wie militärische, die aber rechtlich und praktisch an die spezifischen Erfordernisse polizeilicher Aufgabenerfüllung angepasst sind. Man unterscheidet drei klassische Gruppen von polizeilichen Spezialeinsatzkräften, sowie diverse Fach- oder Sonderabteilungen für bestimmte Spezialverwendungen, die aber nicht selbstständig operieren, sondern regelmäßig entweder als Führungsstelle oder Unterstützungsabteilung bei besonderen Lagen oder Verbrechenstypen zum Einsatz kommen.

Die europäischen polizeilichen Spezialeinheiten organisieren sich seit 2002 im Atlas-Verbund. Der traditionelle Ausdruck „Blaulichtorganisation" wird zwar nicht in allen Staaten gleich verwendet, steht aber im Allgemeinen für diejenigen zivilen Einheiten, die im Straßenverkehr mit Blaulicht unterwegs sind, also typischerweise Feuerwehr, Rettungsdienst (einschließlich Notarzt), Katastrophenschutz, Zivilschutz, Polizei (und andere Kräfte der inneren Sicherheit wie Zollwache und Justizwache usf.). Im Rahmen moderner Konzepte zum Zivil- und Katastrophenschutz wird der Begriff der Einsatzorganisationen umfassender gesehen: So sind neben klassischen stehenden Einheiten sowie militärischen Einheiten im Unterstützungseinsatz auch – teilweise nichtstaatliche – Funktionsträger (diejenigen, die im Einsatz üblicherweise mit „gelbem Licht" unterwegs sind; bspw. Wartungskräfte im Straßenverkehr, Erhaltungskräfte im Schutz vor Naturgefahren für Hochwasserschutz, Lawinenschutz usw., Reparaturkräfte in der Versorgung mit Strom, Wasser und Gas oder der Sicherungsdienst für Gefahrgut, sog. Hazmat-Kräfte) mit eingeschlossen. Dazu treten neben den bodengebundenen Kräften auch die entsprechenden Einheiten zu Luft und zu Wasser. Eine Definition für Behörden und Organisationen mit Sicherheitsaufgaben lautet etwa: „In Vollziehung öffentlicher Aufgaben zur Gefahrenabwehr oder Schadensbekämpfung berufene Einrichtungen sowie deren Hilfsorgane." International spricht man von authorities and organizations with safety- and security-related tasks. Es sind also nur diejenigen Einsatzorganisationen, die bestimmungsmäßig im Feld „Sicherheit und Ordnung" tätig sind und deren Zweck sich nicht auf die Beratung, medizinische Grundversorgung, humanitäre und karitative Arbeit oder allgemeine technische Services beschränkt. Eine umfassende Koordination all dieser Kräfte ist das zentrale Anliegen im Zivil- und Katastrophenschutz. Zu den Behörden und Organisationen mit Sicherheitsaufgaben (BOS) gehören in Deutschland alle Organisationen, die Aufgaben der inneren Gefahrenabwehr übernehmen. Dazu gehören polizeiliche Maßnahmen, aber auch Hilfeleistung bei Unglücken und Katastrophen. Zu den BOS gehören neben öffentlichen Organisationen auch gemeinnützige Vereine und im Rettungsdienst auch private Unternehmen.

BOS sind neben den Polizeien, dem Zoll, dem Technischen Hilfswerk (THW) sowie den Feuerwehren auch die Organisationen des Rettungsdienstes und des Katastrophenschutzes. Nicht Teil der BOS sind private Sicherheitsdienste und die Bundeswehr an sich, da nur Einrichtungen berücksichtigt sind, die für die innere Sicherheit oder die Nächstenhilfe zuständig sind.einige Einheiten der Bundeswehr, wie die am Rettungsdienst beteiligten SAR-Einheiten und Fahrzeuge von Bundeswehrkrankenhäusern und einigen lokalen Sanitätsbereichen sowie die Bundeswehr-Feuerwehr, sofern sie in die kommunalen Alarm- und Ausrückeordnungen eingebunden ist, gehören jedoch zu den BOS. Auch die Ordnungsämter werden nicht zu den BOS gezählt. Sind diese landesrechtlich (z. B. in Hessen) als Teil der Polizei anzusehen, so können sie als polizeiliche BOS gelten. Die BOS in Deutschland verwenden ein eigenes Funknetz, den BOS-Funk, welcher Teil des nicht-öffentlichen mobilen Landfunks ist. Im Folgenden eine Übersicht über die verschiedenen Einrichtungen, die zu den BOS gehören. Die Bundespolizei (BPOL) ist eine Polizei des Bundes in der Bundesrepublik Deutschland und gehört zum Geschäftsbereich des Bundesministerium des Innern, das über seine Abteilung B auch die Rechtsaufsicht und Fachaufsicht über die Behörden der Bundespolizei ausübt. Im Sicherheitssystem des Bundes nimmt die Bundespolizei umfangreiche und vielfältige sonderpolizeiliche Aufgaben wahr, die im Gesetz über die Bundespolizei, aber auch in zahlreichen anderen Rechtsvorschriften, wie beispielsweise im Aufenthaltsgesetz, im Asylgesetz und im Luftsicherheitsgesetz, geregelt sind. Sie trug bis zum 30. Juni 2005 die Bezeichnung Bundesgrenzschutz. Der Name ergab sich aus der früher ausschließlichen und seit den 1970er Jahren Hauptaufgabe, dem Schutz der Landesgrenzen (gemäß Art. 73 Abs. 1 Nr. 5 GG).

„Es bedrückt zu sehen, wie das positive Beispiel
in Deutschland ständig unterschätzt, das Ermutigende
beiseite geschoben wird - deutsche Medien, und auch
die politische und geistige "Elite", lieben nur das Negative.
Und das hat negative Wirkungen. "

Alfred Grosser

Das Bundeskriminalamt (BKA) ist eine dem Bundesministerium des Innern nachgeordnete Bundesoberbehörde der Bundesrepublik Deutschland mit Standorten in Wiesbaden (Hauptsitz), Berlin und Meckenheim bei Bonn. Zusammen mit der Bundespolizei und der Polizei beim Deutschen Bundestag ist es eine der drei Polizeien des Bundes. Es hat die Aufgabe, die nationale Verbrechensbekämpfung in Deutschland in enger Zusammenarbeit mit den Landeskriminalämtern zu koordinieren und Ermittlungen in bestimmten schwerwiegenden Kriminalitätsfeldern mit Auslandsbezug zu führen. Darüber hinaus schützt das BKA die Mitglieder der Verfassungsorgane des Bundes. Das BKA vertritt die Bundesrepublik Deutschland bei Interpol als nationales Zentralbüro (NZB).

Die Polizei beim Deutschen Bundestag (offiziell abgekürzt Polizei DBT, umgangssprachlich auch Bundestagspolizei, Eigenbezeichnung auch „Polizei- und Sicherungsdienst" bzw. Parlamentspolizei) ist die für den Bereich des Deutschen Bundestages zuständige Polizei. Sie übt für den Präsidenten des Deutschen Bundestages die ihm nach Art. 40 Abs. 2 des Grundgesetzes übertragene Polizeigewalt in den Gebäuden und auf dem Gelände des Bundestages aus. Da die genannte Bestimmung des Grundgesetzes dem Bundestagspräsidenten ausdrücklich die alleinige Polizeigewalt überträgt, sind andere Polizeibehörden und die Staatsanwaltschaft hier nicht zuständig. Aus historischer Sicht begründen das uneingeschränkte Hausrecht, die Immunität der Abgeordneten und die eigene Polizeigewalt die Souveränität des Parlamentes sowie den Schutz des Parlaments gegenüber allen anderen staatlichen Gewalten. Auch die Präsidenten der Landtage verfügen über analoge Rechte. Sie haben jedoch keine eigenständigen Polizeibehörden, die mit der Bundestagspolizei vergleichbar sind.

Wasserstraßen- und Schifffahrtsverwaltung des Bundes(WSV) ist die dem Bundesministerium für Verkehr und digitale Infrastruktur nachgeordnete Wasserstraßen- und Schifffahrtsverwaltung des Bundes (WSV) (zuvor Wasser- und Schifffahrtsverwaltung, geändert durch WSV-Zuständigkeitsanpassungsgesetz vom 24. Mai 2016, BGBl. I S. 1217) ist zuständig für die Verwaltung der Bundeswasserstraßen der Bundesrepublik Deutschland und die Sicherheit und Leichtigkeit des Schiffsverkehrs auf den (bundeseigenen) Bundeswasserstraßen.

Landespolizei ist in Deutschland die zusammenfassende Bezeichnung für die Gesamtheit aller Polizeibehörden eines Landes im Geschäftsbereich des jeweiligen Innenministeriums bzw. der Innenbehörde der Stadtstaaten, mit anderen Worten für alle Polizeikräfte eines Landes.

Nach dem Grundgesetz ist Polizei wie die Ausübung aller staatlichen Befugnisse grundsätzlich Ländersache, vgl. Art. 30 GG. Organisation, Aufgaben und Befugnisse sind in erster Linie in den Polizeigesetzen der Länder geregelt, in einigen Ländern ist ersteres Gegenstand eines separaten Polizeiorganisationsgesetzes. Die Länder haben die früher kommunale Polizei heute weitgehend verstaatlicht, das heißt, sie nehmen die Polizeiaufgaben weitestgehend durch Landesbehörden selbst wahr. Soweit es daneben noch kommunale Polizeien gibt, gehören diese ebenso wenig zur Landespolizei wie quasipolizeilich auftretende Ordnungsämter. Zur Landespolizei gehört in jedem Land die Vollzugspolizei, also das, was heute gemeinhin als „die Polizei" verstanden wird. Zu deren Aufgaben gehören jedenfalls Schutzpolizei und Kriminalpolizei. Die Abgrenzung beider Bereiche ist ebenso wie die Unterteilung der Schutzpolizei jedoch höchst unterschiedlich gestaltet, etwa was das Verhältnis der Wasserschutzpolizei zur übrigen Schutzpolizei oder die Organisation von Verkehrspolizei und Autobahnpolizei betrifft. Die Autobahnpolizei gehört in vielen Ländern zur Verkehrspolizei. Weiterhin gehören Ausbildungs- und Fortbildungsstätten sowie gegebenenfalls ein Polizeiverwaltungsamt und auch die Bereitschaftspolizei zur Landespolizei. Schließlich besteht in jedem Land ein Landeskriminalamt, dessen organisatorisches Verhältnis zur Kriminalpolizei ebenfalls unterschiedlich ist.

Die Bundeszollverwaltung ist als deutsche Zollbehörde Bestandteil der Bundesfinanzverwaltung und dem Bundesfinanzministerium unterstellt. Sie umfasst sowohl die Vollzugsdienste als auch die fiskalische Verwaltung. Die Aufgaben der Zollverwaltung (des Zolls) sind: Zölle, Bundessteuern und Verbrauchsteuern zu erheben, Geldforderungen des Bundes und bundesunmittelbarer Körperschaften zu vollstrecken, die Einhaltung der Verbote und Beschränkungen im grenzüberschreitenden Warenverkehr zu überwachen (Grenzaufsicht durch Zollkontrollen an Zollgrenzen) sowie die Verhinderung und Ahndung von Schwarzarbeit.

Finanzbehörde

Die deutsche Bundeszollverwaltung stellt als Teil der Bundesfinanzverwaltung die Einnahmen von Bundessteuern sicher (die sog. besonderen Verbrauchsteuern – Branntweinsteuer, Stromsteuer, Tabaksteuer, Energiesteuer usw., inklusive der Biersteuer, deren Einnahmen den Ländern zusteht), die Luftverkehrsteuer, die Kernbrennstoffsteuer, die Kraftfahrzeugsteuer sowie Einnahmen der Europäischen Union (75 % aller Zölle werden an die EU abgeführt, 25 % verbleiben als Aufwandsentschädigung und gehen an den Bund).

Vollzugsbehörde

Der Zoll ist für die Überwachung sämtlicher Einfuhren, Durchfuhren und Ausfuhren zuständig und überwacht die Einhaltung des Washingtoner Artenschutzübereinkommens. Zu seinen Kernbereichen zählt die Verhinderung verbotener Im- und Exporte von Waffen, Drogen und anderen gesundheitsschädlichen Substanzen sowie von sonstigen verbotenen Gegenständen. Zu den Aufgaben der Vollzugsbereiche der Zollverwaltung gehören die zollrechtliche Überwachung des Warenverkehrs in, durch und aus der EU, grenzpolizeiliche Aufgaben (Grenzaufsicht), allgemeinpolizeiliche Aufgaben im Straßenverkehr, Schutz des deutschen Festlandsockels in Nord- und Ostsee (d. h. die Überwachung von unterseeischen Bergbau- und Schürfrechten) sowie die Bekämpfung von Schwarzarbeit und Geldwäsche.

Die Kontrolleinheit See bildet zusammen mit anderen Behörden die Küstenwache des Bundes. Die Vollzugsbereiche der Zollverwaltung arbeiten in vielen Bereichen eng mit den Polizeien der Länder und der Bundespolizei zusammen. Sie sind Strafverfolgungsbehörden und werden auch zur Terrorbekämpfung eingesetzt. Zu den Aufgaben der Vollzugsbereiche der Zollverwaltung gehören die zollrechtliche Überwachung des Warenverkehrs in, durch und aus der EU, grenzpolizeiliche Aufgaben (Grenzaufsicht), allgemeinpolizeiliche Aufgaben im Straßenverkehr, Schutz des deutschen Festlandsockels in Nord- und Ostsee (d. h. die Überwachung von unterseeischen Bergbau- und Schürfrechten) sowie die Bekämpfung von Schwarzarbeit und Geldwäsche.

Dem Vollzugsbereich der Bundeszollverwaltung werden zugeordnet: die Kontrolleinheiten (KEV, KEP, KEG, KES, KEFÜ, KEFR und andere, jeweils dem Sachgebiet C der Hauptzollämter zugeordnet), das Zollkriminalamt (Direktion VIII der Generalzolldirektion) mit den acht unterstellten Zollfahndungsämtern die Zentrale Unterstützungsgruppe Zoll (ZUZ, als Spezialeinheit dem Zollkriminalamt zugeordnet) die Observierungseinheiten Zoll (OEZ, den Zollfahndungsämtern zugeordnet). Vollstreckungsbehörde, Siegel der Bundesfinanzverwaltung. Die Bundeszollverwaltung vollstreckt öffentlich-rechtliche Geldforderungen des Bundes und der bundesunmittelbaren juristischen Personen des öffentlichen Rechts wie z. B. der Bundesagentur für Arbeit, der gesetzlichen Krankenkassen, der Berufsgenossenschaften und anderer. Die ausführenden Beamten sind Vollziehungsbeamte und haben genauso wie Gerichtsvollzieher das Recht, Sachen, Grundstücke und Forderungen zu pfänden und später ggfs. zu verwerten.

Auktionator

Es finden regelmäßig Auktionen bei Hauptzollämtern statt, welche über ein Sachgebiet Vollstreckung verfügen. Dort werden Gegenstände versteigert, die gepfändet oder von Behörden zur Verwertung bestimmt worden sind.

Es gibt ein Internet-Auktionsportal, über das ebenfalls auf solche Waren geboten werden kann. Neben dem Zoll nutzen auch andere Behörden und Verwaltungen dieses Angebot und versteigern mit. Von den Versteigerungen ausgenommen sind beschlagnahmte Waren wie Zigaretten und andere Tabakwaren, Waffen, Betäubungsmittel, Tiere und Pflanzen. Das Zollkriminalamt (ZKA) existierte seit Juli 1992 bis zum 31. Dezember 2015 im Fachbereich des Bundesministeriums der Finanzen als Bundesmittelbehörde (§ 1 Nr. 3 Finanzverwaltungsgesetz). Zum 1. Januar 2016 wurde das ZKA in die Generalzolldirektion (GZD) als neu gegründete Bundesoberbehörde in Bonn integriert und dort als eine für den Zollfahndungsdienst zuständige Direktion mit der Ordnungsnummer VIII eingerichtet. Das ZKA (Direktion VIII der Generalzolldirektion) ist die Zentralstelle des deutschen Zollfahndungsdienstes (bestehend aus dem Zollkriminalamt und acht Zollfahndungsämtern mit 24 Außenstellen) und darüber hinaus eine der Zentralstellen für das Auskunfts- und Nachrichtenwesen der deutschen Bundeszollverwaltung. Sein Vorgänger war das 1952 errichtete Zollkriminalinstitut. Das Zollkriminalamt hat seinen Hauptsitz in Köln.

Seit 1998 ist die Behörde im Kölner Stadtteil Dellbrück untergebracht. Darüber hinaus bestehen Dienstsitze in Berlin, Weiden i.d.O., Frankfurt/Oder, Wiesbaden, Bonn, Münster und Linnich. Zollfahndungsämter sind Behörden der Bundeszollverwaltung. Sie sind zuständig für die Verfolgung von Straftaten im Zuständigkeitsbereich des Zolls in Fällen von schwerer und organisierter Kriminalität. Zollfahndungsämter unterstehen direkt dem Zollkriminalamt.

Die Tätigkeitsschwerpunkte der Zollfahndung umfassen u. a. die Aufdeckung und Ermittlung unbekannter Steuerfälle, Bekämpfung der Rauschgiftkriminalität einschließlich die Bekämpfung der Geldwäsche, Bekämpfung der Zoll- und Verbrauchsteuerzuwiderhandlungen, insbesondere auf dem Gebiet des internationalen Zigarettenschmuggels, Erforschung von Steuerstraftaten und Steuerordnungswidrigkeiten, Ermittlung der Besteuerungsgrundlagen in den vorgenannten Fällen, steuerlichen Ermittlungen, insbesondere Außenprüfungen, die den Zollfahndungsämtern im Einzelfall von den Hauptzollämtern zugewiesen werden, im Rahmen der Zuständigkeit der Finanzbehörden sonstigen übertragenen Aufgaben Verfolgung von Zuwiderhandlungen im Außenwirtschaftsbereich, Verfolgung von Zuwiderhandlungen im Marktordnungsbereich, Verhütung und Verfolgung von Straftaten sowie die Aufdeckung unbekannter Straftaten im Zuständigkeitsbereich der Zollverwaltung.

Es gibt derzeit 8 Zollfahndungsämter mit 24 Außenstellen:

Zollfahndungsamt Berlin-Brandenburg

Zollfahndungsamt Dresden

Zollfahndungsamt Essen

Zollfahndungsamt Frankfurt am Main

Zollfahndungsamt Hamburg

Zollfahndungsamt Hannover

Zollfahndungsamt München

Zollfahndungsamt Stuttgart

Jedes Zollfahndungsamt hat einen örtlichen Zuständigkeitsbereich, der sich aber nicht an den Grenzen der Bundesländer orientiert.

So reicht der Zuständigkeitsbezirk des Zollfahndungsamtes Hamburg zum Beispiel bis weit nach Mecklenburg-Vorpommern hinein. Neben der eigenen örtlichen Zuständigkeit sind auch einige Zollfahndungsämter sachlich für andere Bezirke zuständig, z. B. bearbeitet das Zollfahndungsamt Stuttgart die Verstöße gegen das Außenwirtschaftsrecht im Bereich des Zollfahndungsamtes München. Auch die Zollfahndungsämter Essen, Berlin-Brandenburg und Hamburg sind mit dem Außenwirtschaftsrecht befasst. Hauptzollämter sind (mit den Zollämtern als Dienststellen) örtliche Bundesfinanzbehörden. Sie verwalten und erheben die Zölle und Verbrauchsteuern sowie die Einfuhrumsatzsteuer und überwachen die Einhaltung aller Vorschriften im Zuständigkeitsbereich der Zollverwaltung. Als Vollzugsbehörde sind sie zuständig für die Kontrolle und Strafverfolgung im Aufgabenbereich der Zollverwaltung. Sie unterstehen der Generalzolldirektion als Bundesoberbehörde und dem Bundesministerium der Finanzen als oberste Bundesbehörde. Es gibt 43 Hauptzollämter in Deutschland. Die Hauptzollämter befinden sich in Aachen, Augsburg, Berlin, Bielefeld, Braunschweig, Bremen, Darmstadt, Dortmund, Dresden, Duisburg, Düsseldorf, Erfurt, Frankfurt am Main - Flughafen, Frankfurt (Oder), Gießen, Hamburg Hafen, Hamburg Jonas, Hamburg Stadt, Hannover, Heilbronn, Itzehoe, Karlsruhe, Kiel, Koblenz, Köln, Krefeld, Landshut, Lörrach, Magdeburg, München, Münster, Nürnberg, Oldenburg, Osnabrück, Potsdam, Regensburg, Rosenheim, Saarbrücken, Schweinfurt, Singen, Stralsund, Stuttgart und Ulm.

Die Kontrolleinheiten Verkehrswege (KEV), bis zum Inkrafttreten des Projekts Strukturentwicklung Zoll im Jahr 2008 Mobile Kontrollgruppen (MKG), gehören der deutschen Bundeszollverwaltung an und führen überall im Bundesgebiet mobile zoll- und steuerrechtliche Kontrollen durch.

Die Finanzkontrolle Schwarzarbeit (FKS) ist eine Arbeitseinheit des deutschen Zolls mit einer Personalstärke von ca. 6.700 Bediensteten in 113 Dienststellen. Das sind ca. 20 % der beim deutschen Zoll im Dienst stehenden ca. 39.000 Bediensteten.

Der Grenzaufsichtsdienst (abgekürzt GAD) war eine uniformierte und bewaffnete Arbeitseinheit der Bundeszollverwaltung. Sie beschäftigte sich primär mit der zollrechtlichen und grenzpolizeilichen Überwachung der Zollgrenzen der Europäischen Union. Zu ihren Hauptaufgaben gehörte es, die Verbringung (Einfuhr, Ausfuhr, Durchleitung) von verbotenen Waren und Substanzen zu verhindern (siehe Grenzaufsicht und Schmuggel), beziehungsweise deren beschränkten Verkehr zu überwachen (siehe VuB-Regeln).

Mit Harmonisierung des EU-Binnenmarktes und dem Beitritt weiterer Staaten zur EU ist der GAD an diesen Grenzen überflüssig geworden oder wurde von einer anderen Arbeitseinheit der deutschen Zollverwaltung, den Mobilen Kontrollgruppen, ersetzt. Die noch verbliebenen Aufgaben des Grenzaufsichtsdienstes an der Grenze zur Schweiz, an internationalen Flughäfen und an der Nord- und Ostsee (Wasserzoll) werden seit der Umsetzung des Projektes Strukturentwicklung Zoll durch die neugebildeten Kontrolleinheiten wahrgenommen. Die Zollkommissariate der Bundesrepublik Deutschland waren Teile der Bundeszollverwaltung und mit ihren Grenzaufsichtsstellen und Zollschiffstationen für die polizeiliche und zollrechtliche Überwachung der Grenzen des Bundesgebietes zuständig, soweit es sich dabei um EU-Außengrenzen handelte. Die Grenzüberwachung erstreckte sich auf die Landgrenzen, die Küste, die Grenzgewässer und auf Nord- und Ostsee. Seewärts der Begrenzung des deutschen Küstenmeeres wurden zusätzliche Aufgaben wahrgenommen, z. B. Fischereischutz, Festlandsockelüberwachung (d. h. die Überwachung von unterseeischen Bergbau- und Schürfrechten), Umweltschutz- und Verkehrssicherungsaufgaben. In zwei Küstenwachzentren wurde der Einsatz aller mit Vollzugsaufgaben auf See betrauten Behörden auf Nord- und Ostsee koordiniert. Einige Zollschiffstationen wurden für die Durchsuchung von aus dem Ausland kommenden Schiffen sowie für die Abfertigung von Schiffen eingesetzt. Mit der Umsetzung des Projektes Strukturentwicklung Zoll sind die Aufgaben der Zollkommissariate auf die neugebildeten Kontrolleinheiten Grenznaher Raum und See übergegangen.

Die deutschen Kontrolleinheiten See, bis zum Inkrafttreten des Projekt Strukturentwicklung Zoll im Jahr 2008 Wasserzoll, sind Bestandteil des Grenzaufsichtsdienstes der Bundeszollverwaltung und zuständig für die zollrechtlichen Belange auf den deutschen See- und Wasserstraßen und an den Seegrenzen. Zudem sind sie Mitglied der Küstenwache des Bundes und nehmen im Auftrag der Wasser- und Schifffahrtsdirektionen schifffahrtspolizeiliche Aufgaben wahr. Neben dem Einsatz auf Nord- und Ostsee überwachen die Einheiten auch die EU-Außengrenze auf dem Bodensee. Das Hoheitszeichen ist der Goldene Bundesadler mit Schrift „Zoll" auf dunkelblauem Hintergrund. Es existieren auch noch Teams, die auf Schiffsdurchsuchungen spezialisiert sind. Da diese bei den Durchsuchungen ihre Dienstkleidung stark verschmutzen, werden sie intern im Seefahrerjargon „Schwarze Gang" bzw. plattdeutsch „Schwatte Gäng" genannt. Die Laufbahn im mittleren nautischen und maschinentechnischen Zolldienst beginnt mit der Besoldungsgruppe A7, die Dienstbezeichnungen unterscheiden sich hier durch ein vorangestelltes Zollschiffs- von denen des Landzolls. Jede Kontrolleinheit See ist dem örtlich zuständigen Hauptzollamt angegliedert, bis 2008 waren die Beamten des damaligen Wasserzolls dem jeweils örtlich zuständigen Zollkommissariat unterstellt.

Zivile Einheiten

Die deutsche Bundesanstalt Technisches Hilfswerk (THW) wurde am 22. August 1950 als Zivil- und Katastrophenschutzorganisation des Bundes gegründet. Die Bundesoberbehörde untersteht dem Bundesministerium des Innern und hat ihren Sitz in Bonn-Lengsdorf. Seit dem 25. August 1953 ist das THW eine nicht rechtsfähige Anstalt des öffentlichen Rechts ohne eigene Dienstherrenfähigkeit. Der englische Name lautet German Federal Agency For Technical Relief. Vorläufer war die Technische Nothilfe.

Das Bundesamt für Bevölkerungsschutz und Katastrophenhilfe (BBK) ist eine Bundesoberbehörde im Geschäftsbereich des Bundesministeriums des Innern und das zentrale Organisationselement für die zivile Sicherheit. Es wurde am 1. Mai 2004 errichtet. Präsident ist seit September 2004 Christoph Unger, Vizepräsident ist seit Juli 2009 Ralph Tiesler. Sein Dienstsitz befindet sich seit Juli 2006 in Bonn-Lengsdorf (davor im Stadtbezirk Bad Godesberg).

Das Bundesamt für Güterverkehr (BAG) ist die für das (gewerbliche) Güter-Verkehrswesen in Deutschland zuständige selbstständige Bundesoberbehörde im Geschäftsbereich des Bundesministeriums für Verkehr und digitale Infrastruktur (BMVI), vgl. § 10 GüKG (Güterkraftverkehrsgesetz). Das BAG hat seinen Sitz in Köln; Präsident ist Andreas Marquardt. Sein Vertreter (Vizepräsident) ist Robert Maiworm.

Eine Berufsfeuerwehr (Abk.: BF) ist eine öffentliche, kommunale Feuerwehr, die in der Regel nur aus verbeamteten oder fest angestellten Einsatzkräften des Feuerwehrtechnischen Dienstes besteht. Einen Überblick über alle kommunalen Berufsfeuerwehren in Deutschland bietet die Liste der deutschen Städte mit einer Berufsfeuerwehr.

Eine Freiwillige Feuerwehr (in Österreich als feststehender Begriff Freiwillige Feuerwehr) (die offizielle Abkürzung in Deutschland, Österreich und Südtirol lautet FF) ist eine öffentliche Feuerwehr, die sich hauptsächlich aus ehrenamtlichen Mitgliedern, mitunter auch einigen hauptamtlichen Kräften (z. B. für den Rettungsdienst, in Werkstätten) zusammensetzt. Im Gegensatz dazu besteht eine Berufsfeuerwehr (BF) aus rein hauptamtlichen Einsatzkräften. Entgegen der weitverbreiteten Meinung, in den meisten Städten Deutschlands gebe es eine Berufsfeuerwehr, wird der abwehrende Brandschutz und die allgemeine Hilfe in Deutschland hauptsächlich durch Freiwillige Kräfte sichergestellt. Bei einer Gesamtzahl von 2.074 Städten in Deutschland existieren in lediglich knapp über 100 dieser Städte Berufsfeuerwehren. In allen diesen Städten gibt es zur Verstärkung der Berufsfeuerwehr auch Freiwillige Feuerwehren. Auch in Österreich gibt es nur in sechs Landeshauptstädten Berufsfeuerwehren. Die Organisation, den abwehrenden Brandschutz und die allgemeine Hilfe größtenteils mit Freiwilligen Feuerwehren abzudecken, hat sich vor allem in der Schweiz, in Österreich, Deutschland und Polen durchgesetzt, während in den meisten anderen west- und auch osteuropäischen Ländern andere Organisationsformen vorherrschen. In manchen Ländern gibt es jedoch Bestrebungen, ein freiwilliges System zu etablieren. Ein Beispiel hierfür ist die ESEPA in Griechenland. Die Deutsche Gesellschaft zur Rettung Schiffbrüchiger (DGzRS) ist die deutsche nichtstaatliche Seenotrettungsorganisation. Sie ist zuständig für den Such- und Rettungsdienst (SAR: Search and Rescue) bei Seenotfällen. Den größten Teil ihrer Kosten deckt die DGzRS durch freiwillige Zuwendungen, sie erhält keine staatlichen Gelder. Schirmherr ist der amtierende Bundespräsident.

Das Deutsche Rote Kreuz (DRK) ist die Nationale Rotkreuz-Gesellschaft in Deutschland nach den Genfer Abkommen und als solche Teil der Internationalen Rotkreuz- und Rothalbmond-Bewegung mit Hauptsitz in Berlin. Derzeit verzeichnet es etwa vier Millionen Mitglieder. Das DRK ist – als einer der großen Wohlfahrtsverbände in Deutschland – Spitzenverband der Freien Wohlfahrtspflege.

„Der deutsche Polizist ist der demokratischste der Welt.
Er prügelt ohne auf Geschlecht, Rasse und Religion zu achten."

Dr. med. Kurt Pfeifer
deutscher Pathologe

Nachrichtendienstliche Spezialeinheiten

Bundesnachrichtendienst

Der Bundesnachrichtendienst (BND) ist einer der drei Nachrichtendienste des Bundes und untersteht direkt dem Chef des Bundeskanzleramtes. Er ist hervorgegangen aus der "Organisation Gehlen" (OG) des ehemaligen Wehrmachtgenerals und Leiters der Aufklärungsabteilung "Fremde Heere Ost" Reinhard Gehlen. Die OG wurde nach dem Krieg unter amerikanischer Federführung gegründet, um insbesondere die Ostblockstaaten und die Sowjetunion aufzuklären, mit finanziert von der amerikanischen CIA. Erst im Jahr 1956 wurde die OG offiziell von der Bundesregierung übernommen und firmiert seitdem unter dem Namen Bundesnachrichtendienst. Noch immer ist die Zentrale des Dienstes in Pullach bei München, wegen der erforderlichen Nähe zur politischen Führung ist jüngst eine große Außenstelle in Berlin hinzugekommen. Daneben gibt es etliche Dienststellen in Deutschland und auch im Ausland. Von diesen "Residenturen" aus pflegt der BND auch seine Kontakte zu ausländischen Nachrichtendiensten. Der BND beschäftigt rund 6000 Mitarbeiter aller Fachrichtungen, zur einen Hälfte als Soldaten, zur anderen als Beamte oder Angestellte. Das Durchschnittsalter der Bediensteten liegt bei 47 Jahren, das Budget des BND beträgt rund 350 Mio. EUR. Gesetzliche Grundlage des BND ist seit 1990 das "Gesetz über den Bundesnachrichtendienst" (BNDG).

Aufgaben:

Der BND hat als einziger Auslandsnachrichtendienst Deutschlands die Aufgabe, Informationen zu sammeln und auszuwerten, die zur Gewinnung von Erkenntnissen über das Ausland, die von außen- und sicherheitspolitischer Bedeutung für die Bundesrepublik Deutschland sind, notwendig sind (§1 BNDG).

Diese Informationen werden der Bundesregierung übermittelt und erstrecken sich auf viele Themenbereiche: Politik, Wirtschaft, Militär, Wissenschaft oder Technik. Zur Beschaffung dieser Informationen stehen dem BND viele Methoden der Nachrichtengewinnung zur Verfügung, ein Großteil stammt allerdings aus dem Studium offener Quellen wie Zeitungen, Rundfunk und Fernsehen oder auch dem Internet. Daneben setzt der BND auch geheimdienstliche Methoden ein wie die Anwerbung und Führung von Agenten im Ausland (Operative Beschaffung) oder die funkelektronische Aufklärung (Technische Beschaffung). Dies geschieht auf vielen Ebenen, dazu gehört die Telefonüberwachung ebenso wie geheime Bild- und Tonaufzeichnungen oder die Internetüberwachung. Gerade in diesen Bereichen sucht der BND momentan nach qualifizierten Mitarbeitern für Nachrichtentechnik oder Kryptographie. Die gewonnen Informationen werden im BND analysiert und ausgewertet, um Lagebilder und Berichte zu erstellen, die für Entscheidungen der Bundesregierung von Bedeutung sind. Neben den Kernaufgaben der Auslandsaufklärung übernimmt der BND zunehmend auch Aufgaben in der Beobachtung der international operierenden Organisierten Kriminalität, insbesondere auf den Gebieten Waffen- und Technologietransfers (Proliferation), Geldwäsche, Menschenhandel und Rauschgiftschmuggel. Gerade in jüngerer Zeit ist zudem die Aufklärung des internationalen Terrorismus noch bedeutsamer geworden.

Gliederung:

Dem Präsidenten des BND unterstehen neben zwei Stabsabteilungen insgesamt sechs Fachabteilungen:

Stabsabteilung Sicherheit:

Spionageabwehr, zuständig für den Schutz der Einrichtungen und Personen, Geheimschutz, Sicherheitsüberprüfungen und nachrichtendienstliche Tätigkeiten gegen die Behörde.

Stabsabteilung Qualitätsmanagement:

Umstrukturierung von Behördenstrukturen zugunsten modernerer Kosten- und Leistungsrechnung, Definition der Aufgaben und Erfolgskontrolle

Abteilung 1 (Operative Aufklärung):
Anwerbung und Führung von geheimdienstlich arbeitenden Informanten im In- und Ausland

Abteilung 2 (Technische Beschaffung):
Fernmeldeelektronische Aufklärung, Kommunikationsüberwachung

Abteilung 3 (Auswertung):
Bedarfsplanung und Analyse der gewonnenen Informationen

Abteilung 4 (Verwaltung):
Innerbehördliche Verwaltung

Abteilung 5 (Operative Aufklärung / Auswertung):
Beschaffung und Auswertung im Bereich Organisierte Kriminalität und Terrorismus

Abteilung 6 (Technische Unterstützung):
Bereitstellung von Technik, Laborarbeit, Dokumenten, EDV

Nachrichtendienste in der DDR

Auch wenn die DDR und somit ihre Geheimdienste der Vergangenheit angehören, darf ein Hinweis auf die seinerzeit allgegenwärtigen Geheimdienste der ehemaligen DDR nicht fehlen. Noch immer ist die Aufarbeitung der Tätigkeiten des Ministeriums für Staatssicherheit -der "Stasi"- nicht abgeschlossen, noch immer gibt es Diskussionen, zu Recht und Unrecht dieses Überwachungsapparates.

1. MfS und AfNS

Die Gründung des Ministeriums für Staatssicherheit geht auf ein Gesetz zurück, das die DDR-Volkskammer im Jahre 1950 beschloss. Es war ein Organ der Landesverteidigung und dem Vorsitzenden des Nationalen Verteidigungsrates unterstellt. Dies war zugleich der Generalsekretär des Zentralkomitees der SED (Sozialistische Einheitspartei Deutschlands), jahrelang also Erich Honecker. Leiter der Behörde war ebenso lange der Minister für Staatssicherheit Erich Mielke, auch Mitglied des Politbüros der SED. Aufgaben des MfS waren im weitesten Sinne alle Überwachungen von Bestrebungen gegen die DDR und Ihrer Verbündeten, deren Aufdeckung und Bekämpfung auch mit geheimdienstlichen Mitteln. Dabei ging es nicht nur um Spionage, Terrorismus und Politik, sondern im besonderen Maße auch um "oppositionelle" Bestrebungen im eigenen Land. Daneben hatte die Behörde weitreichende Polizeibefugnisse, war zuständig für Geheimschutz und Sicherheitsbauten und die Aufdeckung von "Straftaten gegen die Staatsgrenze". Dabei bediente sich das MfS aller nachrichtendienstlicher Mittel, von funkelektronischer Überwachung über massive Eingriffe in den Postverkehr bis hin zum Einsatz angeworbener Agenten, den sogenannten "Inoffiziellen Mitarbeitern" (IM). Zudem war das MfS auch für die Nachrichtenbeschaffung im Ausland zuständig. Dies besorgte die mit Spionage befasste "Hauptverwaltung Aufklärung" (HVA) unter ihrem bekannten Leiter Markus Wolf. Neben der Zentralstelle in Berlin gab es 15 Bezirksverwaltungen und etliche Kreisdienststellen. Abteilungen in der Zentrale und in den Bezirken waren u.a. betraut mit folgenden Aufgaben: Militärabwehr, Spionageabwehr, Beobachtungen, Chiffrierwesen, Untersuchungshaft, Staatsapparat/ Kirche/Kunst/Kultur/Opposition, Telefonüberwachung, Personenschutz. Im Zuge der fortschreitenden Veränderungen in der DDR im Jahre 1989 wurde das MfS offiziell in das Amt für Nationale Sicherheit (AfNS) umgewandelt. Bei der endgültigen Auflösung der Behörde 1989/90 hatte sie geschätzte 99000 Mitarbeiter. Hinzu kamen (geschätzt) weit über 100000 IM. Das Gesamtvermögen des MfS wurde im Jahr 1990 mit schätzungsweise 60 Milliarden DM beziffert.

2. MilND der NVA

Der militärische Nachrichtendienst der Nationalen Volksarmee der DDR unterstand als Stabsteil dem Hauptstab des Ministeriums für Nationale Verteidigung. Der Bereich Aufklärung gliederte sich in vier Bereiche:

1. Informationsdienst
   Sammlung und Auswertung von allen militärisch relevanten Informationen über NATO-Armeen und Beurteilung der militärischen Lage

2. Agenturische Aufklärung
   Beschaffung von Informationen mit nachrichtendienstlichen Mitteln, Beobachtung von Objekten, Sammlung von geheimem Material

3. Truppenaufklärung
   Funkelektronische und Fernmeldeaufklärung v.a. durch das Fernmeldeaufklärungsregiment 2

4. Militärattachédienst
   Kontakte und Aufklärung auf diplomatischer Ebene

Nachrichtendienste in den USA

In den Vereinigten Staaten gibt es Vielzahl von Stellen, die mit nachrichtendienstlichen Methoden arbeiten. Alle zusammen bilden die "United States Intelligence Community", also die Vereinigung aller Nachrichtendienste, und werden in ihrer Arbeit hauptsächlich durch die CIA koordiniert. Die grundlegenden Aufklärungsziele der Dienste werden vom "National Security Council" (NSC) vorgegeben, einem Gremium, dem neben dem Präsidenten auch andere Regierungsmitglieder wie der Verteidigungsminister angehören.

Nachrichtendienstliche Stellen gibt es in nahezu allen Politikbereichen, entsprechend verteilt sind auch die Verantwortlichkeiten: Dem Präsidenten unterstehen zum Beispiel die Central Intelligence Agency (CIA) und die National Security Agency (NSA), die vor allem für alle Arten der elektronischen Aufklärung und für Datensicherheit und Kryptographie zuständig ist. Die NSA gilt als größter Geheimdienst der USA und ist nicht zuletzt wegen der Federführung des ECHELON-Projektes öfter in den Schlagzeilen. Im Bereich des Justizministeriums arbeiten das Federal Bureau of Investigation (FBI), die amerikanische Bundespolizei, sowie die Drug Enforcement Administration (DEA), die mit der nationalen Drogenbekämpfung betraut ist. Zum Finanzressort gehört der United States Secret Service (USSS), dessen Aufgabe primär der Schutz des Präsidenten ist. Und auch das Verteidigungsministerium hat eine Reihe nachrichtendienstlicher Stellen unter sich, so zum Beispiel die Defense Intelligence Agency (DIA), zuständig für Aufklärung auf militärischem Gebiet, oder die Dienste der Navy und anderer Teilstreitkräfte bis hin zu den spezialisierten Aufklärungseinheiten. Aktuelle Schätzungen gehen von rund 200.000 Mitarbeitern bei allen amerikanischen Geheimdiensten aus, das Gesamtbudget soll bei rund 30 Milliarden Dollar liegen.

Nachrichtendienste in Großbritannien

In Großbritannien gibt es drei offizielle Nachrichtendienste:

1. Secret Intelligence Service (SIS)

2. Government Communications Headquarters (GCHQ)

3. Security Service.

Daneben spielt auch der Defence Intelligence Staff (DIS), der direkt dem Verteidigungsministerium zugeordnet ist, eine wichtige Rolle. Es gibt einen gemeinsamen Haushaltsposten für die drei Dienste, er beträgt für 2002/2003 rund 893 Mio. Pfund. Der Kabinettsminister ist dem Parlament für die ordnungsgemäße und effiziente Verwendung der Mittel verantwortlich.

Der Premierminister hat die übergeordnete Verantwortung für alle nachrichtendienstlichen Belange und wird dabei vom Kabinettsminister unterstützt. Die Dienste selbst werden von einem Direktor geleitet, der dem zuständigen Minister persönlich verantwortlich ist.

Dabei gelten folgende Zuständigkeiten:

SIS und GCHQ - Außenministerium

Security Service - Innenministerium

DIS - Verteidigungsministerium.

Die Kontrolle der Nachrichtendienste erfolgt zudem durch das Ministerielle Komitee für Nachrichtendienste, dem Ministerial Committee on the Intelligence Services (CSI), dessen Mitglieder aus verschiedenen Bereichen kommen und das vom Premierminister geleitet wird. Für die Koordination der Dienste und die langfristige Planung und Bedarfsanalyse gibt es das gemeinsame Nachrichtendienstkomitee, das Joint Intelligence Committee (JIC). Neben den Leitern der Dienste sind Mitglieder verschiedener anderer Ministerien vertreten, so auch aus den Ressorts Wirtschaft und Finanzen. Dieses Gremium trifft sich wöchentlich und ist wichtiges Instrument für die effektive Zusammenarbeit.

Die Nachrichtendienste im einzelnen:

1. Secret Intelligence Service (SIS)

Der britische Auslandsgeheimdienst wird gelegentlich auch als MI6 bezeichnet. Sein Vorläufer wurde bereits im Jahr 1909 als Auslandsabteilung des Secret Service Bureau von Sir Mansfield Cumming gegründet, wurde dann 1922 zum eigenständigen SIS. Aus dieser Zeit stammt auch eine bis heute bestehende Tradition: Cumming unterzeichnete stets mit "C", und so wurden alle späteren Direktoren ebenfalls als "C" bezeichnet.

Diese Tradition griff Ian Fleming in seinen "James Bond" Romanen auf, indem er den Chef des Geheimdienstes als "M" bezeichnet. Die gesetzliche Grundlage des SIS ist der Intelligence Services Act von 1994, verantwortlich ist der Außenminister. Die allgemeine Aufgabe des SIS ist die Bereitstellung nachrichtendienstlicher Informationen, die für das Land von Bedeutung sind, aus Bereichen wie Sicherheitspolitik, Verteidigung, Wirtschaft. Den aktuellen Bedarf bestimmt auch das JIC. Der SIS bedient sich dabei aller Methoden der Nachrichtenbeschaffung, offene Quellen ebenso wie menschliche oder technische Quellen, also Agententätigkeit oder elektronische Aufklärung. Der SIS arbeitet eng mit Nachrichtendiensten anderer Nationen zusammen, so auch mit Deutschland oder den USA.

2. Government Communications Headquarters (GCHQ)

Der GCHQ ist der technische Aufklärungsdienst Großbritanniens. Sein Vorläufer, die Government Code and Cipher School, wurde 1919 gegründet und wurde vor allem durch die Entschlüsselung deutscher Geheimnachrichten während des Zweiten Weltkrieges bekannt, die durch die Codiermaschine Enigma verschlüsselt worden waren. Der jetzige GCHQ besteht seit 1946 und arbeitet in den Bereichen funkelektronischer Nachrichtenbeschaffung, Kryptographie und Datensicherheit auch in Forschung und Entwicklung. Gesetzliche Grundlage ist der Intelligence Services Act von 1994, verantwortlich ist der Außenminister. Der GCHQ betreibt satellitengestützte Abhöreinrichtungen in Großbritannien und weltweit, er arbeitet mit Diensten anderer Nationen zusammen, so auch mit der amerikanischen NSA. Den Gegenstand der benötigten Informationen ermittelt auch das JIC. Die Sicherheitsgruppe Kommunikationselektronik des GCHQ, die Communications Electronics Security Group (CESG) berät andere staatliche Stellen und das Militär in allen Fragen der Sicherheit ihrer Kommunikationssysteme, in Bereichen wie Datensicherheit oder Lauschabwehr.

3. Security Service

Der Inlandsnachrichtendienst Großbritanniens, gelegentlich auch als MI5 bezeichnet, wurde als Inlandsabteilung des Secret Service Bureau bereits 1909 gegründet. Zweck war zunächst die Aufdeckung deutscher Spionage, ab 1931 kamen erweiterte Aufgaben der nationalen Sicherheit hinzu. Aufgabe ist nach wie vor der Schutz des Landes vor Angriffen aus verdeckten Bereichen wie Terrorismus, Spionage und Waffenhandel, erweitert um die Bekämpfung von Schwerkriminalität. Gesetzliche Grundlage ist der Security Service Act von 1996, verantwortlich ist der Innenminister. Der Security Service ist ein reiner Nachrichtendienst ohne Exekutivbefugnisse, ähnlich wie der deutsche Verfassungsschutz, seine Mitglieder dürfen also keine Verhaftungen vornehmen. Daher ist der Service auf eine gute Zusammenarbeit mit der Polizei angewiesen. Neben Informationsbeschaffung zum Schutz des Territoriums berät der Security Service auch andere Stellen in Fragen der Sicherheit und des Geheimschutzes.

4. Defence Intelligence Staff (DIS)

Der DIS ist die Zentralstelle des militärischen Nachrichtenwesens Großbritanniens und wurde 1964 als Zusammenschluss verschiedener Abteilungen gegründet und untersteht dem Verteidigungsminister. DIS unterstützt militärische Entscheidungen im Ministerium und in allen Truppenteilen des Militärs.

Hauptaufgabe ist die Analyse von Informationen aus offenen und geheimen Quellen, dem DIS unterstehen zwei weitere militärische Dienste:

der militärische Dienst für Geographie und Bilder, die DefenceGraphic and Imagery Intelligence Agency (DGIA)

der militärische Dienst für Nachrichtenwesen und Sicherheit, das De fence Intelligence and Security Centre (DISC).

Deren Aufgaben bestehen in der Beschaffung und Bereitstellung von Kartenmaterial, (Satelliten)Bildern, Fotografien und anderem geografischen Material, sowie in der Ausbildung im Bereich des Nachrichtenwesens.

Nachrichtendienste in Russland

Die Rolle der Nachrichtendienste in der Russischen Föderation ist unverändert bedeutend. In der Tradition des ehemaligen KGB sind auch die heutigen Dienste wichtiges Instrument für die politische und militärische Führung des Landes, war doch der russische Präsident Putin selber langjähriger Mitarbeiter des KGB (auch in Deutschland) und Leiter des Inlandsnachrichtendienstes FSB. Der Stellenwert der nachrichtendienstlich gewonnenen Informationen in den Bereichen Wirtschaft und Militär wird als sehr hoch angesehen. Wichtiges Aufklärungsziel ist dabei auch Deutschland. Die Zunahme russischen Geheimdienstpersonals in Botschaften und Konsulaten sowie mehrere jüngst bekanntgewordene Spionagefälle geben Hinweise auf die Aktivitäten auch auf deutschem Boden. Nachfolgend finden Sie Kurzdarstellungen wichtiger russischer Aufklärungs- und Sicherheitsdienste.

FAPSI
(Federalnoie Agentstvo Pravitelstvennoi Svjazi Informatsii)

Die Föderale Agentur für Regierungsfernmeldewesen und Information ist zuständig für Aufklärung und Abwehr im fernmeldetechnischen und elektronischen Bereich. Sie sichert zum einen die Fernmeldeverkehre von Armee und Regierung, sorgt für Abhörsicherheit und Verschlüsselungstechniken, klärt zum anderen aber auch selber auf, empfängt also fremde Nachrichten und dechiffriert diese. Die etwa 120.000 Mitarbeiter dieses Dienstes sollen eine gute technische Ausstattung besitzen und ähnlich leistungsfähig aufklären können wie zum Beispiel entsprechende Dienste der USA.

FPS
(Federalnaia Pogranitshnaia Slushba)

Der Föderale Dienst für Grenzschutz ist zuständig für die Sicherung und Bewachung der russischen Aussengrenzen. Eine Abteilung soll dabei auch in den Grenzregionen Auslandsaufklärung betreiben. Der FPS hat mehr als 200.000 Mitarbeiter.

FSB
(Federalnaia Slushba Bezopasnosti)

Der Inlandsabwehr- und Sicherheitsdienst FSB ist zuständig für Verfassungsschutzaufgaben. Dazu gehören die Spionageabwehr im militärischen und zivilen Bereich, die Bekämpfung von Terrorismus und die Aufklärung von Organisierter Kriminalität. Neben anderen Informationsbeschaffungsmaßnahmen werden dazu auchfremde Staatsangehörige observiert und abgeschöpft. In jüngster Zeit soll die Überwachung des

Internets eine bedeutendere Rolle bekommen haben. In bestimmten Fällen ist der FSB auch befugt, Auslandsaufklärung zu betreiben. Der Dienst hat etwa 100.000 Mitarbeiter.

FSO
(Federalnaia Slushba Okhrani)

Der FSO ist ein Schutzdienst, der für die Sicherheit von Regierung und Präsident zuständig ist. Dazu gehören Personen- und Objektschutz, nach Weisung des Präsidenten sind aber auch nachrichtendienstliche Aktivitäten zur Abwehr oder Aufklärung möglich. Der Dienst hat etwa 40.000 Mitarbeiter.

GRU
(Glavnoie Rasvedyvatelnoie Upravlenie)

Der militärische Auslandsnachrichtendienst GRU ist zuständig für die militärische Aufklärung im Ausland und untersteht dem russischen Verteidigungsministerium. Der nach eigenen Angaben "geheimste Dienst Russlands" soll Informationen aus den Bereichen Militärpolitik, Strategie, Geografie, Rüstungstechnik und militärisch nutzbarer Produkte sammeln und auswerten. Der Dienst hat etwa 12.000 Mitarbeiter.

SWR
(Slushba Vneishnei Rasvedki)

Der SWR ist zuständig für die zivile Auslandsaufklärung. In den Bereichen Wirtschaft, Wissenschaft, Technologie und Politik werden nachrichtendienstlich bedeutende Informationen gesammelt und ausgewertet, auch mit Hilfe von angeworbenen Agenten im Ausland. Ausserdem sollen fremde Nachrichtendienste aufgeklärt werden. Der SWR wurde auch mit dem Skandal um den Plutoniumschmuggel nach Deutschland 1994 in Verbindung gebracht. Der Dienst hat etwa 15.000 Mitarbeiter.

Nachrichtendienste in Israel

Die Nachrichtendienste Israels entsprechen organisatorisch eher einzelnen Abteilungen eines Geheimdienstes, dessen Leiter traditionsgemäß der Chef der Abteilung "Mossad" ist, des israelischen Auslandsnachrichtendienstes. Diese "Abteilungen" sind:

Mossad.
Zuständig für weltweite Nachrichtenbeschaffung, Geheimaktionen und Terrorismusbekämpfung. Weitere Informationen unten.

Aman.
Militärischer Nachrichtendienst mit der Aufgabe, Israel über den Stand der Kriegsvorbereitungen seiner Gegner zu informieren.

Shabak oder Shin Beth.
Verantwortlich für die innere Sicherheit Israels und die Spionageabwehr.

Nachrichtenstelle des Außenministeriums.
Sammlung und Auswertung sicherheitsrelevanter Informationen
zur politischen Lage, vornehmlich aus arabischen Staaten.

Dienststelle für jüdische Angelegenheiten.
Kümmert sich um die Angelegenheiten von jüdischen Minderheiten
in solchen Staaten, in denen sie Verfolgungen ausgesetzt sind.

Der Mossad
(ha-Mossad le-Modiin ule-Tafkidim Meyuhadim)

Diese Organisation wurde bereits 1937 gegründet, um auch mit sicher-
heits- und geheimdienstlichen Methoden die Überführung europäischer
Juden nach Palästina zu besorgen. Nach der Gründung des Staates Israel
im Jahr 1948 wurde auch der heutige Mossad (Das "Institut", der Name
bedeutet Institut für Nachrichtenwesen und besondere Aufgaben) im April 1951 unter der Federführung des damaligen Premierministers David
Ben Gurion wiedergegründet. Hauptsitz ist Tel Aviv, der Dienst hat etwa
1200 Mitarbeiter. Hauptaufgabe ist die nachrichtendienstliche Informationsbeschaffung vornehmlich in arabischen Staaten, aber auch in allen
anderen Teilen der Welt. Seit 1963 hat der Mossad die alleinige Befugnis
zur Agentenführung im Ausland. Menschliche Quellen sollen ein wesentlicher Bestandteil der Beschaffungsarbeit dieses Dienstes sein. Der
Dienst verfügt zu diesem Zweck über Auslandsresidenturen, die sowohl
unter diplomatischem Schutz stehen als auch geheim sein können. Wichtig ist auch der Austausch mit befreundeten ausländischen Diensten, so
auch dem deutschen BND. Anders als die deutschen Nachrichtendienste
aber, denen solche Vorgehensweisen ausdrücklich untersagt sind, arbeitet der Mossad auch mit Mitteln der Sabotage, verdeckter und psychologischer Kriegsführung und u.U. mit Tötungskommandos, wie einige bekannt gewordene Fälle der letzten Jahrzehnte belegen. Die für solche
Spezialoperationen zuständige Abteilung ist die "Metsada".

Neben der Auswertungsabteilung existiert noch eine technische Abteilung, die zu der technischen Aufklärung auch die Spezialausstattung von Geheimoperationen übernimmt. Die absolute Geheimhaltung war schon immer ein Markenzeichen dieses wohl bekanntesten israelischen Dienstes. bis 1996 war selbst der Name des Leiters Staatsgeheimnis.

Shabak
(Sherut ha-Bitachon ha-Klali)

Dieser Dienst ist zuständig für die innere Sicherheit Israels und die Spionageabwehr. Die Bezeichnung Shin Beth ist nur die Wiedergabe der Initialen von Sherut Bitachon ("Sicherheitsdienst"), der eigentliche Name Shabak ist die Abkürzung des vollen Namens (s.o.). Zum Schutz des Territoriums vor Terroranschlägen verfügt der Shabak über ein weitverzweigtes Netz von Agenten im Land, um feindliche Organisationen zu unterwandern. Er verfügt über Anti-Terror-Einheiten und Kommandos, die die Aufgabe haben, gesuchte Terroristen ausfindig zu machen. Mitarbeiter dieses Dienstes übernehmen auch den Schutz von Regierungsgebäuden und diplomatischen Vertretungen, wichtigen Industriebetrieben und Veranstaltungen. Ausserdem sind sie verantwortlich für den Schutz der staatlichen Fluggesellschaft El-Al, in deren Maschinen bereits seit vielen Jahren Sicherheitspersonal mitfliegt. Im Bereich Spionageabwehr hatte der Shabak einige Erfolge zu verzeichnen, nicht zuletzt auch wegen des wiederum dichten Netzes von Informanten. So sollen alle Ausländer, unabhängig von ihrer Nationalität, überwacht werden können.

„Man wird kein Spion, man ist einer."

Kurt Tucholsky

Nachrichtendienste in Frankreich

In Frankreich gibt es eine Vielzahl von Stellen, die mit nachrichten-dienstlichen Aufgaben betraut sind. Neben den eigentlichen "großen" Diensten sind dies Abteilungen in Ministerien, Ämter und mehrere militärische Behörden. Im folgenden finden Sie zunächst Kurzinformationen zu zwei wichtigen französischen Diensten:

1. Direction Generale de la Securite Exterieure (DGSE)

2. Direction de la Surveillance du Territoire (DST)

Der französische Auslandsnachrichtendienst entstand als Zusammen-schluss mehrerer Geheimdienste aus dem Zweiten Weltkrieg im Jahre 1946 und hieß zunächst Dienst für Auswärtige Dokumentationen und Gegenspionage, Service de la Documentation Exterieur et Contre-Espi-onage (SDECE). Er war dem Premierminister unterstellt.1962 wurde er auf Beschluss Charles de Gaulles dem Verteidigungsminister unterstellt, in dieser Zeit fanden auch zahlreiche verdeckte Operationen im Ausland, so in Kanada und Algerien, statt. Die heutige Bezeichnung erhielt der Dienst im Zuge von Umstrukturierungen im Jahre 1982. Der DGSE ist zuständig für Nachrichtenbeschaffung im Ausland. Dabei sind alle Be-reiche von Interesse, militärische Daten, strategische und sicherheitspo-litische Informationen und zunehmend auch Industrie und Wirtschaft. Alle nachrichtendienstlichen Methoden finden Verwendung: offene und geheime, technische und menschliche Quellen und funkelektronische Aufklärung.

„In Kants Jahren konnte der Aufklärer nicht aufklären,

weil man ihn nicht ließ, zu unserer Zeit nicht,

weil man ihn nicht liest. "

Ludwig Marcuse

Dem Direktor unterstehen fünf Hauptabteilungen:

-Verwaltung

-technischer Dienst

-Strategie

-Nachrichtenbeschaffung

-Spezialoperationen

Der technische Dienst ist zuständig für die elektronische Aufklärung und betreibt eine Vielzahl von Abhörstationen in Frankreich und weltweit. Die strategische Abteilung analysiert Informationen, wertet sie aus und bedient so Anfragen aller berechtigten Stellen. Die Nachrichtenbeschaffung arbeitet vornehmlich mit menschlichen Quellen, setzt Agenten ein und wirbt Informanten an. Zunehmend erhält neben dem militärischen und politischen auch der zivile Sektor steigende Bedeutung, vor allem im Bereich der Wirtschafts- und Industriespionage. Einige bekannt gewordene Fälle der vergangenen Jahre zeigen die Aktivität in diesem Bereich: Boeing, Siemens im Zusammenhang mit dem ICE-Projekt in Südkorea, die Verwanzung der Ersten Klasse in Air France-Flugzeugen. Die Abteilung für Spezialoperationen plant geheime Aktionen und führt diese mit eigenen militärischen Spezialkräften durch. Das können Sabotageakte ebenso wie gezielte Anschläge auf Leib und Leben sein, so im Zusammenhang mit dem algerischen Unabhängigkeitskrieg. Unfreiwillige Berühmtheit erlangte die Abteilung auch durch den Greenpeace-Skandal 1985: Agenten des DGSE versenkten mittels einer Bombe ein Schiff von Greenpeace im Hafen von Auckland, Neuseeland. Ein Mensch kam dabei ums Leben. Solche Vorgehensweisen sind dem Deutschen BND ausdrücklich nicht erlaubt. Für den DGSE arbeiten rund 4300 Zivilisten und Soldaten, der Etat betrug 2001 geschätzte 1600 Mio. Francs.Hauptsitz des DGSE ist noch immer Paris, nachdem ein lange geplanter Umzug aus finanziellen Gründen nicht stattfinden konnte.

2. Direction de la Surveillance du Territoire (DST)

Der französische Inlandsnachrichtendienst geht geschichtlich auf die Umwandlung der militärischen Gegenspionage in einen Dienst für die Überwachung des Territoriums unter der Verantwortung des Innenministers im Jahr 1899 zurück. Danach folgten allerdings Auflösungen und Neugründungen, im Jahr 1937 dann der Surveillance du Territoire (S.T.). Der heutige DST wurde 1946 gegründet, untersteht noch immer dem Innenminister und ist der Polizei angegliedert. Gesetzliche Grundlage ist eine Verordnung aus dem Jahr 1982. Danach hat der DST die Aufgabe, auch mit nachrichtendienstlichen Methoden den Schutz des Landes zu gewährleisten, also ermittelt und beobachtet er Extremisten, Terroristen und Ausländer im Bereich der Spionageabwehr. Neben der Terror- und Spionageabwehr ist er auch zuständig für Schwerkriminalität im Bereich Waffenhandel und Organisierter Kriminalität sowie für den Geheimschutz französischer Behörden und betroffener Wirtschaftsunternehmen. Der DST soll nur auf französischem Hoheitsgebiet tätig werden. Seine Mitarbeiter sind vornehmlich Polizisten in allen Diensträngen. Hauptsitz ist in Paris, dem Direktor unterstehen fünf Hauptabteilungen und eine Abteilung für internationale Zusammenarbeit. Daneben gibt es sieben Regionaldirektionen (Lille, Rennes, Bordeaux, Marseille, Lyon, Metz, Tours) und Vertretungen in den französischen Überseegebieten.

„Spionieren ist eine schöne Sache, man verschafft sich die Genüsse des Diebes und bleibt dabei ein ehrlicher Mann."

Johann Nepomuk Nestroy

Terrorismus

Régime de la terreur, war der Name, des durch die Jakobiner um Robespierre, errichteten Regimes nach der Französischen Revolution. Er bezeichnet die Methode der Ausübung der Herrschaft des revolutionären Staats in seiner Bestrebung, Ordnung und Macht der Regierung gegen seine Feinde zu schaffen. Einschüchterung, Verurteilung und Vernichtung anders Denkender, der „Volksfeinde" gehörten zu den Methoden zur Erhaltung der Macht. In Robespierres Denken stand der Terrorismus in engem Zusammenhang mit Tugend, dem Streben nach einer umfassenden Demokratie und der Schaffung einer besseren Gesellschaft durch die Vernichtung des alten Systems. Das er seinem eigenen System zum Opfer fiel, ist die Ironie der Geschichte. In Russland entstand in der ersten Hälfte des 19.Jahrhunderts eine Bewegung, die sich Terrorals nannte ("Propaganda der Tat"). Diese Gruppe prangerte die ungerechten Zustände unter der Herrschaft des Zaren an. Sie war eine Unterabteilung der „Narodnaya Wolya", einer linksterroristischen Organisation, der später auch Alexander Ulyanov, Lenins älterer Bruder, angehörte. Die Organisation Narodnaya Wolya bekämpfte vehement die Herrschaft des Zaren. Der Terrorismus der Anarchisten unterschied sich dadurch, daß viele kleine nicht koordinierte Organisationen oder sogar einzelne Individuen auf der ganzen Welt verstreut, autonom operierten. Verbunden waren sie durch das gemeinsame anarchische Denken (=Ablehnung jeglicher Herrschaft). Ihre Intention war es hierarchische Herrschaftsstrukturen zu bekämpfen und diese zu destabilisieren. Die Ereignisse, die dem Ersten Weltkrieg vorausgingen, tragen ebenfalls die Handschrift des Terrorismus: Damals erhoben sich verschiedene serbisch-bosnische Gruppen enttäuschter Nationalisten und Intellektueller (Jungbosnier). Gavrilo Princip, ein Mitglied der Mlada Bosna führte den Anschlag auf den Erzherzog Franz Ferdinand in Sarajevo aus und schaffte damit angeblich den Anlass für den Ersten Weltkrieg. Die Vorraussetzungen bestanden längst. Das Ziel dieser Gruppen war die Erschaffung einer föderalistischen, südslawischen Staates, welcher Kroaten, Slowenen und Serben umfassen sollte. Hier war der Terror Werkzeug separatistischer Bestrebungen.

Der Freiheitskampf der katholischen Iren gegen die protestantischen Engländer wird seit 1905 auch durch Anschläge gegen englische Einrichtungen und Soldaten geführt. Die Irish Republican Army (IRA) war eine paramilitärische katholisch-republikanische Organisation. Sie ging 1919 aus den 1913 gegründeten Irish Volunteers hervor. Die IRA und die politische Organisation Sinn Fein treten für ein unabhängiges Irland ein. Die Bombenanschläge werden durch englischen Staatsterror gegen die Verdächtigen gekontert. In den 1930er Jahren verliert der Begriff „Terrorismus" seine revolutionäre, national humanistische Ausrichtung, durch Ausnutzung der totalitären Regime (Russland mit dem „Großen Terror" Stalins, Italien mit dem Faschismus Musolinis, Deutschland mit Hitlers Nationalsozialismus). Der Begriff drückte den Missbrauch der Macht durch diese Regierungen aus. Diese Form des Terrorismus, die staatlich organisierte Gewalt gegen politische Gegner und gegen die eigenen Bürger verwendet, ist bis heute aktuell (Staatsterrorismus). Terror dient der deutschen Wehrmacht als Besatzungsprinzip um potenziellen Widerstand zu unterdrücken. Auf Partisanenangriffe gegen die Wehrmacht, reagiert diese mit Terror gegen Zivilisten. Partisanen und asymmetrische Kombattanten unterstanden nicht der Haager Landkriegsordnung Mitte des Neunzehnten Jahrhunderts gab es immer mehr anti koloniale, nationalistische Konflikte in Asien und Afrika, die fälschlicherweise als Terrorismus bezeichnet wurden. Unterschiedliche Länder wie Israel, Zypern und Algerien verdanken terroristischen Tätigkeiten ihre Unabhängigkeit. Aber hier tritt schon bald der politisch korrekte Ausdruck Freiheitskampf auf. In den 60er und 70er Jahren entwickelt sich der Begriff Terrorismus in eine politische Richtung. Vertriebene Minderheiten, politisch entrechtete ethnische Gruppen (wie die palästinensische PLO oder die baskische ETA) greifen, um ihre Existenz zu behaupten, ebenso zu gewalttätigen Handlungen wie die linksorientierte politische Extremisten (RAF oder Rote Brigaden). Dieser neue Terrorismus erfährt am 22. Juli 1968 einen weiteren wichtigen Wandel - er wird international. Er verlässt das Kampffeld des nationalen Staates und richtet sich gegen die Weltöffentlichkeit. An diesem Tag wird erstmals ein Flugzeug von der PFLP (People Front forLiberation of Palestine) entführt, um politische Ziele zu erreichen.

Die PFLP wollte mit diesem Anschlag auf den Flugverkehr, die Flüchtlingssituation im Nahen Osten bekannt machen und Israel schädigen. Die Geiselnahme von elf israelischen Athleten bei den Olympischen Spielen von München 1972 Rückte die Situation der Palästinenser ins Rampenlicht der Medien. Selbst das Fehlschlagen der Aktion, das zur Ermordung der Geiseln und zur Erschießung der Täter durch die Polizei führte, wurde von der antiisraelischen Allianz als Erfolg verbucht. Auch der Terror der RAF befand sich zu diesem Zeitpunkt auf seinem Zenit. Um Gefangene freizupressen, entführen Terroristen den Arbeitgeberpräsidenten Hans Martin Schleyer und ein Flugzeug der Lufthansa. Nachdem ein Kommando der Spezialeinheit GSG9 die Geiseln des Fluges in Mogadischu befreit hatte, wird Schleyer ermordet und die gefangenen RAF Mitglieder begehen Selbstmord. Die Konstruktion der Selbstmorde wird so kompliziert geplant, dass manche Aspekte auf Mord hindeuteten. Mit dieser Ablenkung versuchten die Terroristen um Baader, über den Tod hinaus eine Scheinwelt des politischen Kampfs aufzubauen und ihre Anhänger so zu stärken. Die internationalen Verbindungen des Terrors werden offenbar. Da die Palästinenser, für ihren Krieg gegen Israel, an dessen Grenze keine Basis mehr fanden, wandten sich zunehmend Anschlägen auf internationaler Ebene zu. Ihre Anschläge richteten sich zunehmend gegen alle Unterstützer des Staates Israel, wie die USA und Westeuropa. Da palästinensische Terroristen zusammen mit marxistischen Gruppierungen agierten, die den Kampf gegen den Kapitalismus (an der Spitze die USA) führen wollten, wurden ihre Mitglieder auch im Nahen Osten ausgebildet. Israels Besatzungspolitik der Unterdrückung der Palästinenser, zu der die Schließung von Schulen und Universitäten, die Vertreibung, die Zerstörung der Olivenkulturen, die Vertreibung und Förderung von Armut gehörten und gehören, wird als Staatsterrorismus bezeichnet. Der Widerstand gegen Israel wird immer gewalttätiger. Vor allem werden immer mehr Kinder und Jugendliche in den Widerstand einbezogen (Intifada). Der Reaktion Israels führt zu neuem Terror. Raketenangriffe auf Siedlungen und Selbstmordanschläge nehmen an Intensität zu. Diese lösen in den besetzten Gebieten eine Einzäunung der palästinensischen Siedlungsgebiete aus. Dieser Mauerbau isoliert die Palästinenser vollständig. Diese Mauer teilt die Palästinensergebiete in viele kleine Zonen und erlaubt Israel eine bessere Kontrolle.

Der Bürgerkrieg im Libanon und das Eingreifen der USA in diesen führt zur Kampfform der Autobombe, die ein Selbstmörder gegen das Ziel steuert. Der Terroranschlag von Beirut am 23. Oktober 1983 ereignete sich während des Libanesischen Bürgerkrieges. Zwei sprengstoffbeladene LKW, gesteuert von Selbstmordattentätern, zerstörten Gebäude, in denen Soldaten der US Marines und französische Fallschirmjäger der UN Streitkräfte untergebracht waren. Dabei wurden insgesamt 299 Soldaten und 6 Zivilisten getötet, darunter 241 US-Soldaten. Der Anschlag hatte den Abzug der internationalen Friedenstruppen aus dem Libanon zur Folge. Sie waren seit dem 1982 dort stationiert gewesen(Im strengen Sinn kein Terroranschlag, da Kriegshandlung gegen feindliche Soldaten). Mit dem Anschlag auf das Maison de France am 25.08.1983, traten erstmals Auftragsterroristen auf den Schauplatz des kalten Krieges. Der Bombenanschlag auf das Kulturzentrum, wurde von den Berufsterroristen Carlos und Johannes Weinrich geplant und von Mustafa Ahmed el-Sibai, einem Mitglied der armenischen Terrorgruppe Asala, ausgeführt. Unterstützung erhielt das Terrortrio dabei von dem Oberstleutnant des MfS Helmut Voigt, als Mitarbeiter der Ostdeutschen Staatssicherheit. Am 21.12.1983 sah die Welt, mit dem Anschlag von Lockerbie, einen besonders perfiden Fall von Staatsterrorismus. Der libysche Geheimdienstoffizier Abdel Basset Ali al-Megrahi organisierte die Deponierung von Sprengstoff in einer Boing 747 des Pan Am Fluges 103, die dann über dem Städtchen Lockerbie, durch die Explosion, auseinanderbrach und 270 Tote hinterließ. Auch der sog. Rechtsterrorismus nahm in den 1980er Jahren stark zu und erlebte im Jahr 1995 seinen Höhepunkt mit den Sprengstoff Anschlag von Oberwart in Österreich, bei dem vier Menschen ums Leben kamen und dem Bombenanschlag von Oklahoma, bei dem das Murrah Federal Building total zerstört wurde, 168 Menschen starben und über 800 Menschen, zum Teil schwer verletzt wurde. Es grenzt an ein Wunder, als die IRA am 15.06.1996 mitten in Manchester Stadt eine 1,5 Tonnen! Bombe zündet, ohne das Menschen ums Leben kommen. Dieser Anschlag zeigte einmal mehr, über welch hochqualifizierte Sprengstoffexperten einige terroristische Gruppierungen verfügen.

Mittlerweile hat sich der internationale Terrorismus im Allgemeinen und der islamistische Terrorismus im Besonderen, finanzielle Quellen und Mittel erschlossen, die jegliche Sicherheitsbehörden unterlaufen. Dementsprechend werden auch die Anschläge in ihrer Organisation größer. Am 26.08.1998 werden Zeitgleich die US-Botschaften in Daressalam und Nairobi angegriffen. Über 220 Tote und hunderte Verletzte haben die, der al-Qaida zugehörigen Attentäter auf dem Gewissen. Ein Anschlag, der in seiner Dimension nur noch vom Anschlag des 09.11.2001, mit tausenden Toten, übertroffen wurde. Unter Terrorismus wird vor allem die Anwendung von Gewalt zur Durchsetzung politischer Ziele verstanden. Obwohl Terror auch staatlich organisiert sein kann, handelt es sich bei Terroristen in der Regel um nichtstaatliche Akteure. Terroristen organisieren sich häufig in militanten Gruppierungen. Zu den wohl bekanntesten dieser Gruppierungen gehören der sogenannte Islamische Staat, Al Qaida und Boko Haram. Der bisher folgenschwerste terroristische Anschlag war der Angriff auf die Twin Towers des World Trade Centers in New York am 11. September 2001. Damals starben ca. 3.000 Menschen. Die Häufigkeit der terroristischen Anschläge hat besonders in den westlichen Demokratien in den letzten Jahren stark zugenommen, was im Zusammenhang mit der stark zunehmenden Ausbeutung der dritten Welt zu sehen ist. So gab es in den Jahren 2015 und 2016 (bis Juli) schon eine Reihe von Anschlägen mit einer Vielzahl von Todesopfern und Verletzten, so z.B. in Paris im November 2015, am Flughafen in Brüssel im März 2016 oder in Nizza im Juli 2016. Auch die Türkei wurde in jüngster Vergangenheit Tatort mehrerer Anschläge, besonders betroffen waren Istanbul und Ankara.

„Der Unterschied zwischen dem Revolutionär und dem Terroristen, liegt in dem Grund, warum er kämpft. Denn wer immer sich für eine gerechte Sache und die Freiheit und Befreiung seines Landes von Eindringlingen, von Siedlern und Kolonisten einsetzt, kann unmöglich als Terrorist bezeichnet werden."

Yassir Arafat

Asymmetrische Kriegführung

Ein asymmetrischer Krieg ist die Austragung eines Konfliktes durch unterschiedlich starke und ausgerüstete Kombattanten, die organisatorisch und taktisch stark unterschiedlich ausgerichtet sind. Weil sich die asymmetrische Kriegführung vom gewohnten Bild des (symmetrischen) Krieges unterscheidet, bei dem man von ungefähr gleich starken Kriegsparteien ausgeht, wird die Bezeichnung asymmetrischer Konflikt verwendet. Typischerweise ist eine der beteiligten Kriegsparteien, meist die reguläre Staatsarmee eines Staates, waffentechnisch und zahlenmäßig so überlegen, dass die andere Kriegspartei militärisch in offen geführten Gefechten nicht gewinnen kann. Auf lange Sicht jedoch ist die Zermürbungstaktik sehr oft Erfolgreich. Verluste und schockartige Angriffe können die überlegene Partei zum Rückzug drängen. Die vermeintlich überlegene Kriegspartei ist mit dem Einsatzraum und seiner Bevölkerung nicht vertraut. Sie wird im weiträumigen Einsatzgebiet ihre Kräfte immer nur punktuell ansetzen können. Tritt die überlegene Partei außerdem als Besatzungsmacht auf, wird sie ideologisch oft in eine unterlegene Position forciert und kann auch aus diesem Grund den Kampf nicht gewinnen. Die scheinbar unterlegene Seite hingegen rekrutiert sich zumeist aus der regionalen Bevölkerung immer wieder neu. Diese militärtheoretischen Grundlagen sind schon seit der Antike bekannt. Die Kolonialkriege, des 20. Jahrhunderts in denen nationale Befreiungsarmeen in den Kolonien gewaltsam gegen die jeweiligen Kolonialmächte und ihr Militär rebellierten, zeigen diese Problematik in all ihren Nuancen, sehr deutlich auf. Seit etwa dem Ende des kalten Krieges 1990 taucht der Begriff, der vorher hauptsächlich Fachleuten bekannt war, zunehmend in öffentlichen Debatten auf, verstärkt in Zusammenhang mit der Besetzung des Irak und dem NATO-Einsatz in Afghanistan. Taktische Konzepte zur Bekämpfung von Guerilla Verbänden durch reguläres Militär werden auch unter dem Begriff Aufstandsbekämpfung(engl. Counterinsurgency oder COIN) zusammengefasst.

Die Bezeichnung „asymmetrische Kriegführung" kam auf, als nach dem Ende des kalten Krieges klassische „symmetrische" Kriege, wie die sog. Stellvertreterkriege, die von den beiden Großmächten, mit Vorliebe in unterentwickelten dritte Welt Ländern geführt wurden, mit immensen Kollateralschäden, kaum noch geführt wurden. Stattdessen werden Auseinandersetzungen zwischen ungleichen Gegnern (Asymmetrie) und Kriegshandlungen in unerklärten Kriegen zwischen zwei Kriegsparteien, gerne synonym genutzt, sie sind jedoch voneinander zu trennen. Die strategische Gewaltanwendung des Guerillakampfes und des Terrorismus, wurden mit der Bildung des Begriffes „asymmetrische Kriegführung" ebenfalls als Krieg erfasst, obwohl sie sich vom klassischen Krieg der Vergangenheit stark unterscheidet. Die nach Allmacht strebende Position der vereinigten Staaten als einzig verbliebener Supermacht wird als „asymmetrisch aus Stärke" bezeichnet, während de n unterlegenen Staaten aus Schwäche nur die unorthodoxe Gefechtsweise bleibt. Der Terrorismus ist die Fortentwicklung der Partisanenkriegführung, mit der sich seit ihren Anfängen die spanische Guerilla gegen die napoleonische Besatzung zur Wehr setzte. Wesentlich für die Charakterisierung ist, dass eine konventionelle Armee, die einen Krieg nicht gewinnt, verliert, eine Guerilla hingegen im asymmetrischen Krieg gewinnt, wenn sie diesen nicht verliert. Einen bewaffneten Kämpfer, der nicht zu der regulären Armee eines souveränen Staates gehört, nennt man Partisan. Dies trifft vor allem auf irreguläre Kämpfer im Zusammenhang mit den konventionellen Kriegen des 20. Jahrhunderts wie bei den sowjetischen Partisanen, der französischen Résistence oder den „Waldbrüdern" im Baltikum. Diese Art von Kriegführung wurde auch Bereits in der Frühzeit der Militärstrategie behandelt und während der Kolonialeroberungen sowie den nachfolgenden Kriegen der regionalen Bevölkerung, angewandt. Bereits 1785 veröffentlichte Johann von Ewald in Kassel seine „Abhandlung über den kleinen Krieg", welche auf seinen Erfahrungen mit den Aufständischen in den nordamerikanischen Kolonien beruhten. In seinem Buch Vom Kriege im Kapitel Volksbewaffnung, beschreibt Carl von Clausewitz ebenfalls das Konzept der asymmetrischen Kriegführung und führt im „Vom kleinen Kriege" Gefechtshandlungen unter diesen besonderen Bedingungen aus.Lawrence von Arabien, erzielte enorme Erfolge mit dieser Art Kriegführung während des 1. Weltkriegs, in Arabien.

Die militärische Taktik der Schockangriffe benutzte Lawrence, indem er permanent tiefe Flankenangriffe, auf die Versorgungs- und Transportlinien, sowie der Bahnstrecken der türkischen Armee unternahm und diese unterbrach. Dadurch konnte er die Stadt Akaba über die Landseite der Wüste als Versorgungsstation für die britische Armee erobern. Mao Tsetung gliederte diese Kriegführung in den 1920er und 1930er Jahren in seine Revolution ein und orientierte sich dabei an dem antiken Schriftsteller Sunzi, der in seinem Werk „Die Kunst des Krieges" ein Buch über die dreizehn Prinzipien der Kriegführung verfasst hatte. Ziel seiner Strategie war die konsequente Fehler- und Schwächen - Auswertung des Feindes bei gleichzeitiger Nutzung kleiner, aus dem Überraschungsmoment operierender Einheiten oder Einzelpersonen. Ziel war es, mit unterlegenen Mitteln und konsequenter Anwendung der Strategie den Feind empfindlich zu treffen und abschließend endgültig zu schlagen. Ein Vorteil der asymmetrischen Kriegführung liegt in den geringen Kosten. Ein Trupp gut ausgebildeter Partisanen oder Guerilla, ist in der Lage, mit primitiven und teilweise dem Feind abgenommenen Waffen einen hochgerüsteten Gegner zu bekämpfen. Um seine Nachschublinien und Infrastruktur zu schützen, muss der überlegene Gegner aufwendige Maßnahmen ergreifen, die sehr hohe Kosten nach sich ziehen. Der Burmafeldzug der britischen und amerikanischen Armee 1944, ist ein sehr gutes Beispiel für eine asymmetrische Kriegführung, ebenso wie der Indochina Krieg der französischen Armee, der amerikanische Vietnamkrieg, die Unabhängigkeitskriege in Afrika, der russische Afghanistankonflikt 1979/1989, der amerikanische Krieg in Afghanistan (2001/2009), der amerikanische Irak Krieg 2003, die Kriege Russlands in Tschetschenien und Georgien, die palästinensische Intifada, die Befreiungskriege der kommunistischen Bewegungen Farc und Senderos luminosos in Mittel- und Südamerika, sowie eine der letzten asymmetrischen Auseinandersetzungen in Mali, die Opération Serval. Der Begriff der asymmetrischen Kriegführung, der in Militärkreisen schon seit den 1960er Jahren Verwendung findet, wird in jüngerer Zeit erstmals 1999 im Angriffskrieg gegen Serbien verwendet.

Da der aggressive Luftkrieg der USA und ihrer Verbündeten gegen Serbien wenig Wirkung erzielte, konnte die reguläre jugoslavische Volksarmee weiter ungehindert die UCK Terroristen bekämpfen. Grund dafür war das Konzept der Verteilung, Tarnung, Deckung und des überraschenden direkten Angriffs auf den Gegner unter Ausnutzung der Geländekenntnisse durch die jugoslawische Armee. Ein Terrorangriff wie der des 11. September 2001 beispielsweise, ist im Vergleich zu dem Schaden den er anrichtet, mit relativ wenig Aufwand durchzuführen. Ein geringer Aufwand im Vergleich zu den großen Investitionen im Sicherheitsbereich an den Flughäfen, die aus dem Anschlag resultierten. In der zweiten Hälfte des 20. Jahrhunderts schrieb Carlos Marighella Sein Minimanual do Guerrilheiro Urbano (span. Kleines Handbuch des Stadtguerillero, in deutscher Fassung meist übersetzt als Handbuch des Stadtguerillero), in Sao Paulo. Seine Lehrsätze wurden vor allem von westeuropäischen terroristischen Gruppierungen wie zum Beispiel der ETA oder der RAF adaptiert. Die Asymmetrie der Gefechtsführung fand auch in jedem der Kolonialkriege statt, da die Befreiungsbewegungen oder Guerilla meist in der waffentechnischen Unterlegenheit waren. Ein gutes Beispiel einer erfolgreichen asymmetrischen Kriegführung, die gezielt die offene Feldschlacht vermied, war die sog.Varusschlacht. Den Germanen gelang es, unter taktischer Ausnutzung des Geländes, einen zahlenmäßig und Waffentechnisch überlegenen römischen Gegner in Einzelgefechten „aufzureiben". Die asymmetrische Kriegführung bzw. der Partisanenkampf existiert seit den ersten kriegerischen Auseinandersetzungen der Menschheit. Bereits die Kämpfe der frühen Eidgenossen, Dithmarscher oder der Slawen (siehe Landnahme der Slawen auf dem Balkan) lassen sich dazu zählen. Hierbei handelte es sich um eine kleine Anzahl unorganisierter Bauernhaufen, die durch ihre hervorragenden Geländekenntnisse wesentliche Vorteile gegenüber den besser ausgerüsteten Rittern zu Pferd hatten. Auch der bewaffnete Widerstand der Spanier gegen Bonaparte im 19. Jahrhundert oder die französische Résistance im 2. Weltkrieg wählten eine asymmetrische Kriegführung ohne wesentliche ethische Zweifel an ihrer Berechtigung. In eng besiedelten Bevölkerungsgebieten sind asymmetrische Kriege sehr häufig mit hohen Opferzahlen unter einer eigentlich nicht direkt am Kampf beteiligten Zivilbevölkerung verbunden.

Diese bietet zwar bei vorhandener Sympathie des Anliegens gegenüber asymmetrisch Kriegführenden und eigener Leidensfähigkeit eine ausgezeichnete Versteckmöglichkeit für die waffentechnisch schwächere Kriegspartei, bei denen auch technisch immer ausgeklügeltere Systeme moderner hochtechnisierter Armeen zwar kurzfristig erfolgversprechend sind, aber in ihrer Wirkung rasch abstumpfen (vgl. ständige blutige Zwischenfälle in Afghanistan und Irak). Das Verstecken und unerwartete Zuschlagen von asymmetrischen Kombattanten, die sog. Nadelstiche führen aber bei konsequenter Durchführung innerhalb moderner Armeen rasch zu Frustrationen auf der unteren Kommandoebene. Die Gefahr einer Eskalation, die sich dann in plötzlichen Massakern an der Zivilbevölkerung oder zur Nichteinhaltung eines Mindestmaßes an Humanität äußern kann, ist sehr groß. Freischärler sind jederzeit in der Lage, in der Zivilbevölkerung unterzutauchen und sie so als Schutzschild zu missbrauchen. Aus humanitärer Sicht ist damit auch bei kriegführenden Demokratien rasch eine Missachtung des menschlichen Lebens zu erwarten, so wie es von der Gegenseite ohnehin regelmäßig praktiziert wird. Vor allem demokratische Staaten laufen Gefahr, ihre eigenen moralischen Ideale zu verraten, indem sie sich der gleichen Verbrechen schuldig machen, wie ihr Guerilla-Gegner (foltern und wahllos töten). Der Kolonialkrieg der französischen Armee in Algerien, bei dem es zu etlichen Repressalien gegenüber der einheimischen Bevölkerung als mögliche Unterstützer der FLN und gegen Gefangene der Guerilla kam, ist ein gutes Beispiel für die Gefahr in die sich demokratische Staaten mit einem Krieg begeben. Während Asymmetrischer Kriegshandlungen verfügt die unterlegene Seite meist über Rückzugsmöglichkeiten in einem neutralen Land, in das die andere Seite keine Gefechtshandlungen hinein durchführen will und kann. Beispiele bieten Südvietnam und Nordvietnam, Laos und Kambodscha; Oman und Jemen; Algerien mit Tunesien und Marokko; Malaysia und Indonesien, und in der heutigen Zeit, Afghanistan und Pakistan.

Die symmetrisch kriegführende Partei ist der asymmetrisch kriegführenden Partei waffentechnisch und materiell überlegen, jedoch durch die meist große Fläche taktisch unterlegen, außerdem ist eine Unterscheidung von Freund und Feind oder Feind und Zivilbevölkerung für die meist im Land fremde Kriegspartei nicht möglich. Auch verschärfte internationale Regelungen zur Schonung menschlichen Lebens in asymmetrischen Konflikten sind kaum in der Praxis durchsetzbar, humanitäre Aspekte bleiben ohne nennenswerte Wirkung. Bewusst wird durch die unterlegene Seite die Nähe zur Zivilbevölkerung gesucht und das Gefecht aus deren Mitte heraus geführt, um der Feuerüberlegenheit der konventionellen Armee zu entgehen. Dadurch werden unter der Zivilbevölkerung Opfer verursacht, die sie der konventionell kämpfenden eigenen Armee oder Friedenstruppen entfremdet und in die Arme der asymmetrisch kämpfenden Gruppen treibt. Humanitäre Regelungen sind in dieser Phase des Kampfes eine Einschränkung und Entwertung einer qualitativen und quantitativen Überlegenheit und führt zur Benachteiligung der regulären Kämpfer. Asymmetrische Kämpfer fühlen sich nicht an humanitäre Regelwerke gebunden, es sei denn, sie können sie gegen den Besatzer Medienwirksam nutzen. Sie sind nicht Vertragspartei in solchen internationalen Regelwerken. Provozierte Gewaltexzesse der konventionellen Armee sind gutes, ideologisch verwendbares Kampfmittel und daher nicht unerwünscht. Die Zivilbevölkerung ist in solchen Konflikten die Haupt leidtragende Partei. Diese Einstellungen beider asymmetrischen Kriegsparteien sind eine ernsthafte Herausforderung an die Weiterentwicklung und Bewahrung des aktuellen humanitären Völkerrechts auch während eines Krieges. (anders als beispielsweise noch 1907 anlässlich der Haager Landkriegsordnung, die von gleichrangigen Kombattanten ausging). Die unkonventionelle Kriegführung wird meist von der unterlegenen Kriegspartei geprägt. Durch Spreng- und Brandfallen, Hinterhalte oder Infiltration, können Guerillakämpfer die Kräfteverhältnisse oft umkehren. Da der Gegner durch die Soldaten und Sicherheitskräfte nicht oder selten gesehen werden kann und auch nicht im Gefecht zu stellen ist, wird die Truppe zermürbt. In der asymmetrische Kriegführung wird es immer wichtiger, Fernmeldetechnische Hoheit über das Konfliktgebiet zu sichern, da die irregulären Truppen nicht über Funksicherheit verfügen.

Eine asymmetrische Kriegspartei kann ihren Kampf im eigenen Staat nur führen, wenn sie aus oder von einem „neutralen" Nachbarstaat unterstützt wird, und dessen Territorium uneingeschränkt als Rückzugsgebiet nutzen kann. Häufig dienen neben der Eroberung von Ressourcen des Kriegslandes, Drogenhandel, Elfenbeinwilderei, Geiselnahme und Erpressung mit dem Eintreiben einer Kriegssteuer sowie andere Mittel als Finanzquelle. In letzter Zeit ist auch verstärkt das Phänomen des verdeckten Finanz- und Staatsterrorismus zu beobachten. Länder wie Qatar, Oman, Saudi Arabien u.v.m. finanzieren immer häufiger extremistische Gruppierungen und Splittergruppen in Problem- und Konfliktzonen.

Terrorismus als Strategie der asymmetrischen Kriegführung

Die Taktiken des paramilitärischen Kampfes, sind Schock artige Überfälle und blitzschnelle Rückzüge, Hinterhalte und verdeckte Feuerüberfälle, die in erster Linie darauf abzielen, den militärisch überlegenen Gegner mit der Strategie der „Nadelstiche" kontinuierlich zu schwächen, zu provozieren oder zu demoralisieren. Der Terrorismus als offensive Strategie im Rahmen der asymmetrischen Kriegführung hingegen, kann im Gegensatz zum Partisanenkampf, in andere Länder getragen werden und dort unabhängig und autonom operieren. Die Durchführung erschreckender Anschläge mit möglichst hoher medialer Resonanz soll die Bevölkerung verunsichern und somit den politischen Rückhalt der kriegführenden Regierung erschüttern. Durch Angriffe auf die Infrastruktur und die Zivilbevölkerung des Feindes, soll auch der moralische und psychische Durchhaltewillen seiner Bevölkerung gebrochen werden, die Zwangsläufig hinter dem Staat und seiner Militärmaschinerie steht. Somit findet in dieser Form des Krieges nicht nur eine Asymmetrisierung der Kräfte und Taktiken, sondern auch der Schauplätze und Schlachtfelder statt. Der Begriff „asymmetrischer Konflikt", ist eine Verengung der Sicht auf Entstehung und Lösungsmöglichkeiten solcher Konflikte. Zu den heftigsten Kritikern dieser ausschließlich militärischen Betrachtungsweise asymmetrischer Konflikte gehört der US-Oberstleutnant John A. Nagl.

Seine Studie: „Counterinsurgency Lessons from Malaya and Vietnam: Learning to Eat Soup with a Knife", aus dem Jahr 2002 fordert das Pentagon auf, die Anti-Terror-Strategie im Zeitalter asymmetrischer Konflikte zu modernisieren, die, so Nagl, vom Vietnamkrieg über Afghanistan bis zum Irakkrieg allein auf massiver Feuerkraft basiert. Nagl mahnt zur Rückbesinnung auf die Erfahrungen der britischen Armee in Malaysia und auf das darauf basierende Konzept des „winning hearts and minds" des General G. Templer. Dieses Konzept, sieht eine Kombination aus sozialen, politischen, wirtschaftlichen und militärischen Unterstützungen vor, um die Zivilbevölkerung zu gewinnen und sie vor der Vereinnahmung durch Guerilla- oder Partisanentruppen zu schützen. Hätte man in Vietnam, dieses Konzept frühzeitig und damit rechtzeitig als Handlungsstrategie um die „Herzen" der Bevölkerung eingesetzt, hätten die Vietkong- und Vietminhverbände niemals zu so enormer Größe anwachsen können. Daher kommt dem Schutz der Landbevölkerung und deren wirtschaftliche Entwicklung bei gleichzeitiger Akzeptanz der Lebensgewohnheiten und der Religion der verschiedenen Bevölkerungsgruppen besondere Bedeutung zu. Die entscheidenden Erkenntnisse General Templers waren, die Guerillabewegung ist militärisch nicht zu zerschlagen, die Guerillabewegung muss vom Volk getrennt werden, die Entscheidung im asymmetrischen Konflikt fällt auf wirtschaftlichem, sozialem und politischem Gebiet. Als weitere erfolgreiche Lösung eines asymmetrischen Konflikts durch General Templers Konzept ist der Dhofar Krieg zu nennen. Dieser Krieg im Sultanat Oman von 1965 – 1975, wurde durch eine marxistische Bewegung in der Provinz Dhofar ausgelöst, die von der damaligen UDSSR und China unterstützt wurde. Ihre Stützpunkte befanden sich in der benachbarten Volksdemokratischen Republik Jemen (VDRJ), von dort aus konnten sie in dem dicht bewaldeten und mit Nebel überzogenen Küstengebirge fast ungehindert operieren. Militärisch war die Guerillatruppe auch durch die Rückzugsmöglichkeit in das „neutrale" Jemen und nach Saudi-Arabien durch die omanischen Streitkräfte nicht zu zerschlagen. Am 23. Juni 1970 wurde Sultan Sayyid Sa'id bin Taimur Al Sa'idhn durch einen Staatsstreich entmachtet und sein Sohn Sultan Qaboos übernahm die Macht im Staat.

Im Gegensatz zu seinem Vater, wendete er konsequent das britische Konzept an, das er an der Militärhochschule von Sandhurst kennengelernt hatte. Es wurde eine Amnestie erlassen – Kämpfer, die überliefen, wurden nicht bestraft. Sie wurden sofort in eine neu gegründete Miliz des Sultans übernommen, durften ihre Waffen behalten und erhielt einen Sold ausgezahlt. Alle Gebirgsdörfer erhielten eine Anbindung an das Straßennetz und jede Hütte wurde an das Energienetz angeschlossen. In jedem Dorf wurden ein Laden mit westlichen Waren, eine Schule und eine Krankenstation eröffnet. Die Regierung schenkte den Dorfbewohnern Kühlschränke und Farbfernsehgeräte. Damit erweckte sie den Wunsch in den Dorfbewohnern, Geld zu verdienen, um sich die neuen verlockenden Waren auch kaufen zu können. Diese Möglichkeit eröffnete sich jedoch nur, wenn die Dorfbewohner nicht mehr für die Guerilleros kämpften, sondern in den Dienst des Sultans traten. So liefen mehr als 90 Prozent der Guerilla-Kämpfer zum Sultan über. Der Rest wurde in asymmetrischen Aktionen der omanischen Armee und des britischen SAS zerschlagen.

„Ich bin des kämpfens müde.Unsere Häuptlinge wurden getötet.
Looking Glass ist tot. Too-Hul-Hul-Sute ist tot. Die Alten
sind Alle tot.Die jungen Männer haben nun das Sagen.
Jener, der sie einst führte, ist tot. Es ist kalt und wir haben
keine Decken. Die kleinen Kinder erfrieren.
Einige meines Volkes sind weggelaufen in die Berge.
Sie haben keine Decken und nichts zu essen. Niemand weiß wo
sie sind – vielleicht erfrieren sie gerade. Ich will Zeit, um nach
meinen Kindern suchen zu können und um zu sehen, wieviele von
ihnen ich noch finden kann. Vielleicht finde ich sie unter
den Toten. Hört mich, meine Häuptlinge! Ich bin müde.
Mein Herz ist krank und traurig. Vom jetzigen Stand
der Sonne an will ich nie mehr kämpfen – für immer. "

Hinmah-Too-Yah-Lat-Keht
(Häuptling der Nez Perce)

Absteigende Chronologie weltweiter Terroranschläge

Der Sprengstoffanschlag von Ansbach am 24. Juli 2016 war ein islamistischer Terroranschlag in der Altstadt von Ansbach. Dort zündete der syrische Flüchtling Mohammed Daleel vor einem Weinlokal eine Rucksackbombe, verletzte damit 15 Personen und kam selbst ums Leben. Der Attentäter hatte seit zwei Jahren in Deutschland gelebt und Verbindungen zur Terrormiliz „Islamischer Staat".

09.07.2016 Anschlag auf Kirche in Nordfrankreich. Wieder wird Frankreich von einem Terroranschlag erschüttert, zwei Angreifer drangen in der Normandie in eine Kirche ein und töteten den Priester.

Bei dem Anschlag in Nizza am 14. Juli 2016 fuhr ein Attentäter auf der Promenade des Anglais mit einem LKW durch eine Menschenmenge. Mindestens 85 Personen wurden getötet und mehr als 300 zum Teil schwer verletzt.

Der Terroranschlag in Istanbul am 28. Juni 2016 wurde im und am Flughafen Istanbul-Atatürk von drei Selbstmordattentätern verübt. Die türkische Regierung und Terrorexperten vermuten die Terrororganisation Islamischer Staat (IS) hinter dem Anschlag. Ein Bekenntnis steht aus.

Die Terroranschläge in Brüssel am 22. März 2016 waren Selbstmordattentate, die am Flughafen Brüssel-Zaventem, sowie in der Brüsseler Innenstadt verübt wurden. Zu den Anschlägen bekannte sich die Terrororganisation „Islamischer Staat". Am Morgen des 22. März 2016 sprengten sich zwei Terroristen am Flughafen Brüssel-Zaventem und ein weiterer in der Brüsseler Innenstadt im

U-Bahnhof Maalbeek/Maelbeek in die Luft. Letzterer liegt in unmittelbarer Nähe zu Gebäuden einiger EU-Behörden, darunter der Europäischen Kommission. Nach offiziellen Angaben kamen 35 Menschen ums Leben, darunter drei der Attentäter, mehr als 300 Menschen wurden verletzt.

Durch den Terroranschlag in Istanbul am 12. Januar 2016 auf dem Sultan-Ahmed-Platz am Obelisken von Thutmosis III. wurden 12 Menschen getötet und 13 verletzt. Bereits ein Jahr zuvor war dort ein Sprengstoffanschlag durch eine tschetschenische Selbstmordattentäterin mit Verbindungen zum IS verübt worden.

13. November 2015 Frankreich Paris Die Stadt wurde von einer ganzen Reihe an koordinierten Terrorakten getroffen. Es gab Explosionen in der Nähe des Fußballstadions Stade de France, wo gerade eine Länderspiel zwischen Frankreich und Deutschland stattfand, eine Massengeiselnahme in einem Konzertsaal und Schüsse auf mehrere Cafés. Nach bisherigen Angaben kamen 129 Menschen ums Leben und 352 wurden verletzt. Mindestens sieben Täter waren an den Anschlägen beteiligt, zu denen sich der Islamische Staat bekannt hat.

Am 7. Januar 2015 verübten zwei Täter einen Anschlag auf die Redaktionsräume der Satirezeitschrift Charlie Hebdo. Dort töteten sie elf Personen und erschossen auf der Flucht einen Polizisten. Zwei Tage später wurden sie in Dammartin-en-Goële erschossen, wo sie sich verschanzt hatten.

Am 8. Januar erschoss ein weiterer Angreifer eine Polizistin und stürmte am Tag darauf einen Supermarkt für koschere Speisen, in dem er vier weitere Menschen tötete. Er wurde bei der Befreiung der Geiseln durch die Polizei ebenfalls erschossen. Die Terroristen, die den Anschlag auf Charlie Hebdo verübten, bekannten sich zur Al-Qaida. Der Täter, der den Supermarkt überfiel, bekannte sich zum Islamischen Staat und erklärte, dass seine Taten in Zusammenhang mit den Anschlägen der Vortage stünden.

12. November 2015 Libanon – Beirut Mindestens 43 Tote und über 200 Verletzte forderte ein Anschlag in den frühen Abendstunden in Beirut. Ein Selbstmordattentäter soll einen Sprengstoffgürtel gezündet haben, als sich danach Helfer am Schauplatz einfanden, soll ein zweiter Attentäter sich ebenfalls in die Luft gesprengt haben. Das Stadtviertel ist ein

Zentrum der Hisbollah, die im syrischen Bürgerkrieg an der Seite Assads gegen den Islamischen Staat kämpft. Der IS bekannte sich zu dem Anschlag.

31. Oktober 2015 Ägypten – Sinai Halbinsel. Der Airbus mit der Flugnummer 9268 vom Flughafen Scharm asch-Schaich in Ägypten auf dem Weg nach Sankt Petersburg stürzte kurz nach dem Start über der Sinai Halbinsel ab. Alle 224 Insassen kamen dabei ums Leben. Die genaue Absturzursache konnte bisher nicht geklärt werden, allerdings behauptet ein Ableger der Terrororganisation des Islamischen Staats den Flieger zum Absturz gebracht zu haben. Momentan werden noch alle Szenarien in Betracht gezogen. Die Auswertung der Daten des Flugschreibers und die Untersuchung der Trümmer läuft weiter.

10. Oktober 2015 Türkei – Ankara. Während einer Demonstration der kurdischen Organisation Demokratische Partei der Völker (HDP) und der Gewerkschaft Konföderation der im öffentlichen Dienst beschäftigten Arbeiter (KESK) kam es zu zwei Explosionen, bei denen 102 Menschen starben und mehr als 500 verletzt wurden.
Ermittler der Regierung machen die Terrororganisation Islamischer Staat für die Selbstmordattentate verantwortlich, während HDP-Chef Selahattin Demirtas von einem Angriff der Regierung auf das Volk spricht.

07. August 2015 Mali – Sévaré. Zuerst versuchten die Angreifer einen Militärstützpunkt zu stürmen, zogen sich dann aber zurück und überfielen eine Reihe von Hotels in dem Ort Sévaré. In einem dieser Hotels kam es zu einer Geiselnahme, die von der Armee beendet werden musste. Der Anschlag kostete 13 Menschen das Leben, darunter befinden sich auch vier UN-Mitarbeiter. Malische Jihadisten mit Kontakt zur Al-Qaida bekannten sich zu dem Angriff.

27. Juli 2015 Somalia – Mogadishu Ein Selbstmordattentäter, mutmaßlich ein radikaler Islamist aus Bonn, steuert ein mit Sprengstoff beladenes Fahrzeug in das Jazeera Palace Hotel in Mogadishu. Dabei kamen mindestens 15 Menschen ums Leben, mindestens 35 wurden Verletzt.

Durch die Wucht der Explosion stürzten mehrere Häuser in der Umgebung ein und begruben Anwohner unter sich. Der Attentäter gehörte zu der islamistischen Terror-Miliz Al-Shabaab.

20. Juli 2015 Türkei – Suruç Ein Selbstmordattentäter zündete während einer Versammlung im Kulturzentrum der Stadt einen Sprengsatz und riss 32 Menschen mit in den Tod, mehr als 70 wurden teils schwer verletzt. Mehrere hundert meist junge Sozialisten waren zusammengekommen um beim Wiederaufbau der zerstörten syrischen Stadt Ain al-Arab zu helfen.

Die Regierung schreibt den Anschlag dem Islamischen Staat zu und veränderte im Nachhinein ihre Politik gegenüber der Terrororganisation. Nach dem Bombenattentat griff das türkische Militär erstmals offen den IS an.

17. Juli Nigeria – Gombe Am Ende des Fastenmonats Ramadan ereigneten sich auf dem Markt der Stadt Gombe mehrere Explosionen, bei denen 29 Menschen getötet und 71 verletzt wurden. Der Anschlag wird der Organisation Boko Haram zugeschrieben, die immer wieder Angriffe auf die Stadt verüben. Im Februar wurde die Stadt direkt von der Boko Haram angegriffen, so dass Regierungssoldaten sich zeitweise zurückziehen mussten.

26. Juni 2015 Tunesien Port El-Kantaoui Vor einer Hotelanlage schoss ein Attentäter zuerst am Strand mit einem Sturmgewehr um sich, bevor er in Richtung Hotel vordrang und Handgranaten auf den Poolbereich und in die Hotelbüros warf. Er tötete 38 Menschen, bevor er selbst erschossen wurde. Die Terrororganisation Islamischer Staat bekannte sich zu dem Anschlag.

26. Juni 2015 Kuwait – Kuwait-Stadt Der Täter betrat während des Freitagsgebets die Imam-Dscha´far-as-Sādiq-Moschee, in der sich die Gläubigen zum Gebet niederknieten. In der Menschenmenge zündete er dann einen Sprengsatz, der 26 Menschen tötete und über 200 verletzte.

Zu dem Anschlag bekannte sich die radikal-sunnitische IS-Miliz, die die Angehörigen der schiitischen Konfession als Ungläubige betrachtet.

26. Mai 2015 Kenia – Provinz Garissa   Ein Konvoi kenianischer Sicherheitskräfte geriet in der Nacht in einen Hinterhalt. Die Fahrzeuge sollen mit Sprengstoff attackiert worden sein. Bei dem Hinterhalt, für den die Al-Shabaab-Miliz verantwortlich ist, wurden mindestens 20 Polizisten getötet.

20. April 2015 Somalia – Garowe   Ein Selbstmordattentäter sprengte sich in einem Unicef-Bus in die Luft und riss mindesten 6 weitere Menschen mit in den Tod. Die UN-Mitarbeiter, zu denen auch das Al-Shabaab-Mitglied gehörte, waren auf dem Weg von ihrer Unterkunft zur Arbeit. Mindesten sieben weitere Mitarbeiter des UN-Kinderhilfswerk seien teilweise schwer verletzt worden.

14. April 2015 Somalia – Mogadishu   Zuerst sprengte sich ein Selbstmordattentäter in seinem Fahrzeug vor dem Bildungsministerium in der Hauptstadt in die Luft, dann sollen vier weitere Personen, bewaffnet mit Sprengstoffgürteln und Maschinengewehren, das Gebäude gestürmt haben. Es wurden mindestens 15 Menschen getötet und 20 verletzt.

18. März 2015 Tunesien – Tunis   Auf dem Vorplatz des Nationalmuseums von Bardo in der tunesischen Hauptstadt eröffneten zwei Angreifer das Feuer auf Touristen. Als einige von ihnen in Richtung des Museums flohen, folgten die mit Sturmgewehren Bewaffneten in das Gebäude und nahmen dort Geiseln. Beim Befreiungsversuch wurden die Angreifer getötet. Es starben insgesamt 24 Menschen. Im Nachhinein bekannte sich der Islamische Staat zu dem Anschlag.

07. März 2015 Mali – Bamako   Eine Gruppe Bewaffneter hat einen Nachtclub in der Hauptstadt überfallen und das Feuer auf die Gäste eröffnet. Dabei starben drei Einheimische, ein Franzose und ein Belgier. Zudem wurden mindestens acht Personen verletzt. Zum dem Anschlag bekannte sich die islamistische Al-Murabitoune-Gruppe.

20. Februar 2015 Somalia – Mogadishu   Bei einem Anschlag, der hauptsächlich Politiker des Landes treffen sollte, wurden bis zu 20 Menschen getötet. Zu den Toten gehört eine Parlamentarier und der stellvertretende Bürgermeister der Stadt Mogadishu. Mehrere Minister wurden verletzt. Zuerst zündeten die Attentäter eine Autobombe vor dem Hotel, danach sprengte sich ein Angreifer mit einem Sprengstoffgürtel in die Luft.

14./15. Februar 2015 Dänemark – Kopenhagen   Am 14. Februar eröffnete der Attentäter das Feuer auf eine Diskussionsveranstaltung zum Thema Kunst, Meinungsfreiheit und Gotteslästerung, an der unter anderen der schwedische Karikaturist Lars Vilks und der französische Botschafter in Dänemark teilnahmen. Dabei wurde ein Gast getötet und drei Polizisten verletzt. Am nächsten Tag erschoss er einen jüdischen Wachmann vor einer Synagoge und verletzte zwei weitere Polizisten. Als er in seiner Wohnung gestellt wurde, wurde er nach Gegenwehr erschossen. Der Täter hatte keine Verbindung zu einer Terrororganisation, war wohl auch kein Djihadist, aber sehr wahrscheinlich politisch motiviert. Außerdem könnte der Anschlag auf die Redaktion von Charlie Hebdo als Vorbild gedient haben.

Am 7. Januar 2015   verübten zwei Täter einen Anschlag auf die Redaktionsräume der Satirezeitschrift Charlie Hebdo. Dort töteten sie elf Personen und erschossen auf der Flucht einen Polizisten. Zwei Tage später wurden sie in Dammartin-en-Goële erschossen, wo sie sich verschanzt hatten. Am 8. Januar erschoss ein weiterer Angreifer eine Polizistin und stürmte am Tag darauf einen Supermarkt für koschere Speisen, in dem er vier weitere Menschen tötete. Er wurde bei der Befreiung der Geiseln durch die Polizei ebenfalls erschossen. Die Terroristen, die den Anschlag auf Charlie Hebdo verübten, bekannten sich zur Al-Qaida. Der Täter, der den Supermarkt überfiel, bekannte sich zum Islamischen Staat und erklärte, dass seine Taten in Zusammenhang mit den Anschlägen der Vortage stünden.

Norwegen, 22. Juli 2011   Der Rechtsextremist Anders Behring Breivik zündet eine Bombe im Regierungsviertel in Oslo, acht Menschen werden getötet. Anschließend erschießt er 69 Jugendliche in einem Sommerlager auf der Insel Utöya.

Großbritannien, 7. Juli 2005   Bei einer Anschlagserie in U-Bahnen und Bussen in London reißen vier Selbstmordattentäter 52 Menschen mit in den Tod. Mindestens 150 Menschen werden teils schwer verletzt. Zu den Anschlägen bekennt sich das Terrornetzwerk Al-Kaida.

Spanien, 11. März 2004   Bei Bombenanschlägen auf vier Pendlerzüge in Madrid sterben 191 Menschen, fast 2000 werden verletzt. Auch zu diesem Anschlag bekennt sich Al-Kaida. Sieben mutmaßliche Drahtzieher der Anschläge sprengen sich drei Wochen nach der Tat in der Nähe von Madrid bei einer Polizeirazzia in die Luft.

Großbritannien, 15. August 1998   Bei dem schwersten Bombenanschlag im Nordirland-Konflikt werden in der nordirischen Kleinstadt Omagh 29 Menschen getötet und 220 weitere verletzt. Zu dem Attentat bekennt sich die Wahre IRA, eine Abspaltung der nordirischen Untergrundorganisation IRA, die den Friedensprozess ablehnt. Der Anschlag soll vermutlich das wenige Monate zuvor geschlossene Karfreitagsabkommen gefährden.

Spanien, 19. Juni 1987   Bei einem Bombenanschlag der baskischen Untergrundorganisation ETA auf ein Einkaufszentrum in Barcelona werden 21 Menschen getötet und 45 weitere verletzt.

Italien, 2. August 1980   Im Wartesaal des Bahnhofs von Bologna explodiert eine Bombe. 85 Menschen werden bei dem schlimmsten Attentat in der italienischen Geschichte getötet und 200 weitere verletzt. Zwei Mitglieder einer rechtsextremen Terrorgruppe werden dafür später zu lebenslanger Haft verurteilt.

„Vom Fanatismus zur Barbarei,
ist es nur ein Schritt."

Denis Diderot

Radikalislamische Terrororganisationen

Islamischer Staat (IS, Daesh):   Die sunnitische Miliz beherrscht größere Gebiete in Syrien und im Irak, musste aber zuletzt herbe Niederlagen verkraften. Im Juni 2014 rief der IS ein Kalifat aus. Für die Terrororganisation gelten alle Abweichler des eigenen Glaubens (auch andersgläubige Muslime wie beispielsweise Schiiten) als „Ungläubige" und sind daher als todeswürdig eingestuft. Der IS wird des Völkermordes beschuldigt und verübt zahlreiche Terroranschläge.

Al-Qaida: Al-Qaida ist ein lose und weltweit operierendes Terrornetzwerk meist sunnitischer islamistischer Organisationen. Terroranschläge in mehreren Staaten gehen auf das Konto des Netzwerkes, das zum Ziel hat, einen islamischen Gottesstaat zu errichten. Der Dschihad wird als einzige Möglichkeit angesehen, die Interessen des Islam gegen angeblich un- bzw. antiislamisch handelnde Länder, Regierungen, Religionsgemeinschaften und Volksgruppen zu vertreten. Im Irak ging der Islamische Staat aus Al-Qaida hervor. Auch im Jemen ist die Organisation aktiv.

Al-Schabaab-Miliz: Die islamistische und militante Bewegung in Somalia. Sie kämpfte im somalischen Bürgerkrieg gegen das äthiopische Militär, gegen die Übergangsregierung und den heutigen Staat Somalia. Ziel ist die Errichtung eines islamischen Staates am Horn von Afrika. Sie kontrolliert Teile Südsomalias und ist seit 2012 ein Ableger der Al-Qaida.

Al-Qaida im Maghreb: Die AQMI ist eine radikale islamische Terrororganisation in Algerien und geht aus der ehemaligen Salafisten-Gruppe für Predigt und Kampf hervor. Seit 2007 ist sie ein Ableger der Al-Qaida. Sie gilt als gefährlichste Terrorgruppierung weltweit.

Boko Haram: Die islamistische terroristische Gruppierung im Norden Nigerias. Sie setzt sich für die Einführung der Scharia in ganz Nigeria und das Verbot westlicher Bildung ein; auch die Beteiligung an Wahlen lehnt sie ab. Boko Haram ist bekannt für die Ermordung von Christen und von Muslimen, die sie nicht unterstützen. Ethnisch gehören die meisten Mitglieder von Boko Haram dem Volk der Kanuri an. Die Gruppe bringt sich selbst mit den Taliban in Verbindung. Auch die lokale Bevölkerung nennt sie „die Taliban". Das Hauptquartier der Sekte befand sich bis zum Tod von Sektenchef Ustaz Mohammed Yusuf in Maiduguri. Die Führung der Gruppe hat die Shura übernommen, ein Rat aus 20 Männern, der Kontakte nach Tschad und Kamerun unterhält. Ihr Sprecher war Abubakar Shekau. Der Gruppe werden Verbindungen zu Al-Qaida im islamischen Maghreb, Al-Shabaab in Somalia und zu Terrorcamps in Afghanistan nachgesagt. Außerdem soll Boko Haram sich zusammen mit Al-Qaida an Ansar Dines Besetzung Timbuktus, Gaos und Kidals in Mali beteiligt haben. Boko Haram hat keine Verbindung zur Aufstandsbewegung Movement for the Emancipation of the Niger Delta, die im Nigerdelta seit 2006 gegen die Ölindustrie kämpft. Im Januar 2012 spaltete sich die Terrororganisation Ansaru von Boko Haram ab. Berichten aus dem März 2015 zufolge hat sich Boko Haram formell der Terror-Miliz Islamischer Staat (IS) angeschlossen.

Taliban: Die radikalislamische Miliz hat ihre Ursprünge in religiösen Schulen und trat erstmals 1994 in Erscheinung. 1996 nahmen die Taliban die afghanische Hauptstadt Kabul ein und errichteten das Islamische Emirat Afghanistan. 2001 wurde ihre Regierung durch die US-geführte Intervention nach den Anschlägen vom 11. September gestürzt. Seither verüben die Taliban von Pakistan aus Anschläge gegen die demokratische Islamische Republik Afghanistan und die bis 2014 im Land stationierten ISAF-Truppen. Nach UN-Berichten sind die Taliban im Durchschnitt für etwa 75 Prozent der zivilen Opfer verantwortlich.

Abu Sayyaf: Ist eine islamistische militante Untergrundorganisation im muslimischen Süden der Philippinen, die seit 1991 besonders im Bereich der Inseln Jolo, Basilan und Mindanao operiert. Ziel der Abu Sajaf ist die Errichtung eines islamischen Gottesstaates auf den Südinseln der Philippinen. Die Organisation steht auf der US-amerikanischen Liste der Terrororganisationen.Die Gruppe ist benannt nach dem Beinamen „Abu Sajaf", den Abdurajik Abubakar Janjalani (Abd al-Raziq Abu Bakr Janjalani), der spätere Anführer der Gruppe, in den 1980er Jahren als Mudschahedin-Kämpfer in Afghanistan führte. Der Name setzt sich aus dem häufigen arabischen Beinamen „Abu" (وبأ = Vater) und „Sayyaf" (فايس = Schwertträger oder Schwertkämpfer) zusammen und bedeutet in der Zusammensetzung etwa Schwertträger. Die Gruppe soll intensive Kontakte zu anderen extremistisch islamischen Bewegungen und Terrororganisationen wie etwa al-Qaida haben. Der Gründer Janjalani war auch ein ehemaliger Afghanistan-Kämpfer im afghanischen Bürgerkrieg und Krieg mit der Sowjetunion, wie viele andere Mitglieder der Gruppe. Auch wurden Mitglieder wohl in Lagern in Pakistan, Afghanistan und Saudi-Arabien ausgebildet. Langjährige Führer der Abu Sajaf waren Abdurajik Abubakar Janjalani und Khaddafy Janjalani. Den Kern der Gruppe sollen rund 200 Mitglieder stellen, aber man rechnet mit etwa 2.000 Unterstützern.

Hamas: Die Hamas") ist eine sunnitisch-islamistische Palästinenser-Organisation. Sie wurde 1987 als Zweig der Muslimbruderschaft unter anderem von Ahmad Yasin gegründet. Sie besteht aus den paramilitärischen Qassam-Brigaden, einem Hilfswerk und einer politischen Partei. Die Hamas hat u.a. das Ziel, den Staat Israel mit militärischen Mitteln zu beseitigen und einen islamischen Staat zu errichten.Die Hamas ist eine sunnitisch-islamistische Palästinenser-Organisation. Seit 1993 verübt die Hamas Anschläge gegen Israelis und israelische Soldaten.

Phänomen - Kindersoldaten

Unter dem Begriff Kindersoldaten verstehen wir im Allgemeinen alle Personen unter 18 Jahren, die von Streitkräften oder bewaffneten Gruppen rekrutiert oder benutzt werden, darunter Kinder, die als Kämpfer, Köche, Träger, Nachrichtenübermittler oder Spione benutzt wurden. In mindestens 19 Ländern wurden im Jahr 2015 Kinder als Soldaten eingesetzt. In Lateinamerika in Kolumbien, in Afrika in Mali, Nigeria, Libyen, Zentralafrikanische Republik, Sudan, Südsudan, Demokratische Republik Kongo, Somalia, in Asien im Jemen, Syrien, Israel/Palästina, Irak, Afghanistan, Pakistan, Indien, Myanmar (Burma), Thailand, Philippinen. Nach wie vor werden weltweit rund 300.000 Kinder in mindestens 19 Ländern in Afrika, Asien und Lateinamerika von bewaffneten Gruppen als Soldaten rekrutiert. Sie werden entführt oder mit falschen Versprechungen und einem geringen Sold gelockt, um dann zu Tätern gedrillt zu werden. Kinder sind leichter manipulierbar, gehorsamer und furchtloser als Erwachsene. Die Kinder der dritten Welt kämpfen meist um Resourcen, für amerikanische oder europäische Großkonzerne, im Hintergrund. Leichte und billige Kleinwaffen aus Amerika und Europa ermöglichen es den Kriegsherren, auch junge Kinder an die Front zu schicken. Kindersoldaten werden von den Vorgesetzten als weniger wertvoll angesehen wie erwachsene Soldaten und an besonders gefährlichen Stellen an der Front eingesetzt, zum Beispiel als Spione, Vorhut oder Minensucher. Entsprechend hoch ist das Risiko, verletzt oder getötet zu werden. Oft werden sie durch Misshandlungen, Drogen oder Geld gefügig gemacht. Die langfristigen Folgen für das psychische und körperliche Wohl der Kinder sind katastrophal: Sie werden zu absolutem Gehorsam gezwungen, das Selbstbewusstsein schwindet, sie stumpfen gegenüber Grausamkeiten ab und werden traumatisiert und sind emotional verwahrlost. Kurioserweise kämpfen die Kinder der ersten und zweiten Welt, meist in religiös motivierten Bewegungen, gegen die unterdrückung durch Großmächte und Großkonzerne.

Durch die mangelnde Bildung die Sie in Ihren Heimatländern Deutschland, Frankreich, Belgien oder den USA, erhalten haben, aber mit Blick auf die weltgeschichtlichen Verbrechen selbiger, sind die Mittel Ihrer Wahl meist fragwürdig. Einige der Methoden, die z.b. der Islamische Staat zur Steuerung und Dominierung seiner jüngsten Mitglieder nutzt, tragen eine beunruhigende Vertrautheit zu Konflikten der Vergangenheit. Wie die Kindersoldaten in den Ethnischen- oder Rohstoffkriegen von Sierra Leone und Sri Lanka, haben IS Kindersoldaten, angeblich Jungen und Mädchen entführt und rekrutiert, um Soldaten, Leibwächter, Spione und Selbstmordattentäter aus ihnen zu machen. Aber was den Grad der Ausbeutung von Kindern bei der Terrorgruppe IS unterscheidet, so Terrorismus- und Menschenrechtsexperten, ist, wie aggressiv und systematisch sie stattfindet. Abweichend von früheren Kriegen, sieht der IS über das Schlachtfeld hinaus. Immer auf der Suche nach unermüdlichem Engagement von seinen Kindersoldaten. Von Schulen und Moscheen geholt und manchmal sogar freiwillig von den Eltern der Gruppe übergeben, werden sie ideologisch geschult und auf Linie, einer radikalen Interpretation des Islam gebracht. IS Kämpfer locken junge Rekruten mit Outdoor-Events, Süßigkeiten, Spielzeug und Exekutions-Videos. Sie weisen Banden von Kindersoldaten in militärischem Drill, in den Gebrauch von Waffen und rezitieren Schriftstellen aus dem Koran, ein. Und sie nutzen sie, zur Ausführung öffentlicher Hinrichtungen. Die Kinder von Ausländern, die in den Irak und nach Syrien reisen, um zur IS zu kommen, werden auch zu Propagandazwecken auf diese Weise eingesetzt, um große Wirkung zu erzielen. Zu einer der drastischsten Darstellungen der IS Brutalität, wurde ein 7-jähriger australischer Junge, der im vergangenen Jahr, in Syrien auf einem Bild mit einem abgetrennten Kopf posierte. „Das ist mein Junge", war die Bildbeschriftung zu dem Foto, Berichten zufolge, vom Vater des Kindes, Khaled Sharrouf gepostet. Solche Vorfälle wurden von den Vereinten Nationen dokumentiert.
Ein vom IS veröffentlichtes Video zeigt eine Gruppe von militanten Teenagern bei der Abschlachtung von 25 syrischen Soldaten. Tage später bekannte der IS sich zu einem tödlichen Selbstmordanschlag, der von einem 14-jährigen Jungen durchgeführt, wurde.

Als nächstes veröffentlichte der IS das, Video eines Kindes bei der Enthauptung eines syrischen Armee Offizieres. Psychologen und IS Experten glauben nicht daran, daß es gelingen könnte, eine Deradikalisierung und Wiedereingliederung dieser Kinder zu erreichen, für sie sind diese Kinder verloren. Allein im Jahr 2016, wurden Mindestens 52 Kindersoldaten, im Dienste des IS, in Kämpfen getötet. Weitere acht Kinder wurden als Selbstmordattentäter eingesetzt. Es wurde ermittelt, daß der IS seit Anfang Januar allein in Syrien mindestens 1.100 Kinder als Kämpfer rekrutiert hat. Eine genaue Zahl der Kinder, die für den IS in Irak und Syrien kämpfen ist nicht verfügbar. Rund 7.000 Kinder kämpften zwischen 1991 und 2002 in Sierra Leones Bürgerkrieg, laut Child Soldiers International. Nicht weniger als 300.000 Kindersoldaten sind in aktuellen Konflikten weltweit aktiv. Neben der UN-Kinderrechtskonvention und dem Zusatzprotokoll „Kinder in bewaffneten Konflikten", konnten in den letzten Jahren wichtige Maßstäbe gegen die Rekrutierung von Kindern durchgesetzt werden. Die Einrichtung des Internationalen Strafgerichtshofes in Den Haag, der unter anderem die Rekrutierung von Kindern als Kriegsverbrechen verfolgt ist nur eine der Maßnahmen, allerdings erhofft man sich von ihr die meisten Erfolge. Desweiteren gelten die Benennung eines Sonderbeauftragten der UN für Kinder in bewaffneten Konflikten und eine deutlich stärkere Beachtung der Situation der Kinder bei Entscheidungen des UN-Sicherheitsrates, bei Friedensmissionen und Friedensvereinbarungen, als bedeutender Fortschritt im Kampf gegen die Rekrutierung von Kindersoldaten. Doch dies reicht bei weitem nicht aus, denn viele Regelungen werden in der Praxis nicht umgesetzt. Das Zusatzprotokoll vom 8. Juni 1977 zu den Genfer Abkommen vom 12. August 1949 über den Schutz der Opfer nicht internationaler bewaffneter Konflikte (Protokoll II) verbietet es, Kinder unter 15 Jahren „in Streitkräfte oder bewaffnete Gruppen einzugliedern" oder ihnen "die Teilnahme an Feindseligkeiten zu erlauben". Im UN-Fakultativprotokoll über Kinder in bewaffneten Konflikten (Fakultativprotokoll zum Übereinkommen über die Rechte des Kindes betreffend die Beteiligung von Kindern an bewaffneten Konflikten) vom 25. Mai 2000 wurde vereinbart, dass Kinder unter 18 Jahren nicht zwangsweise eingezogen werden dürfen.

Ausnahmen sind bei der Anwerbung von Freiwilligen für staatliche Streitkräfte zugelassen, die Altersgrenze für sie wurde auf Druck Großbritanniens, der USA, Russlands und Chinas auf 16 Jahre festgelegt. 101 Staaten haben bisher dieses Zusatzprotokoll ratifiziert. Die Bundesrepublik Deutschland hat dieses Zusatzprotokoll ebenfalls ratifiziert und nimmt 17-jährige freiwillige Bewerber in die Bundeswehr auf. Im Rom-Statut des Internationalen Strafgerichtshofs (IStGH) in Den Haag wurde festgelegt, dass die Rekrutierung von unter 15-Jährigen ein Kriegsverbrechen ist und verfolgt wird. Thomas Lubanga, Gründer und Führer der bewaffneten Miliz Union des Patriotes Congolais in der Demokratischen Republik Kongo, wurde im August 2006 wegen dieses Verbrechens vor dem IStGH angeklagt. Er ist damit der erste Angeklagte in der Geschichte des Gerichts. Dennoch arbeiten die USA und Europa, oft mit Regimen und Despoten zusammen, die Kindersoldaten einsetzen, um Vorteile bei der Resourcenverteilung zu erziehlen. Die Internationale Arbeitsorganisation (ILO) hat in ihrer Resolution 182 festgelegt, dass es sich beim Einsatz von Kindern als Soldaten um eine extreme Form von ausbeuterischer Kinderarbeit handelt. Dennoch gilt die Flucht der Minderjährigen vor Zwangsrekrutierung in der Bundesrepublik Deutschland nicht als Asylgrund. Ehemalige Kindersoldaten bekommen in der Regel den Status einer Duldung. Eine ausführliche Dokumentation wurde von terre des hommes veröffentlicht, Titel: „Ehemalige Kindersoldaten als Asylbewerber in Deutschland". George W. Bush hatte 2007 ein Gesetz unterzeichnet, das es den USA verbietet, solchen Ländern Militärhilfe zu leisten, in denen es noch Kindersoldaten gibt. Präsident Obama machte jedoch im Oktober 2010 von der Ausnahmeklausel Gebrauch, damit die USA weiterhin Länder mit Kindersoldaten unterstützen können. Dies dient den „wirtschaftlichen" Interessen der USA.

Terrorismusbekämpfung

Die Bekämpfung des Terrorismus hat zum Ziel, asymmetrische Kampf-
aktionen im Vorfeld zu erkennen, zu verhindern und terroristische Vereinigungen oder Einzeltäter zu bekämpfen. Die altbewährten Strategien
des General G. Templer zur Terrorismusbekämpfung umfassen vor allem militärische Einsätze, Einflussnahme „Winning Hearts and Minds"
und Demokratisierung, während Abschreckung, Entwicklungsarbeit und
Ausgleich seltener angewandt worden sind. Das „Überleben" von Terrororganisationen hängt hauptsächlich von drei Faktoren ab:

- *von der Fähigkeit, Unterstützung aus der Bevölkerung
  zu erhalten.*

- *von der Effektivität der staatlichen Antiterror-
  kampagnen.*

- *die Fähigkeit der Terroristen, außenstehende Geld-
  geber zu finden.*

Angegriffene Staaten haben verschiedene Möglichkeiten gegen Terrorismus vorzugehen. Neben Antiterrormaßnahmen wie der Erhöhung der eigenen Sicherheit und der Fundierung der Informationen über Terrorein-
heiten, können Staaten mit Terroristen verhandeln und/oder ihnen Zuge-
ständnisse machen, um weitere Angriffe zu verhindern. Einen alternati-
ven Ansatz zur Terrorismusbekämpfung hat die Friedensforschung.

Konzepte sind zum Beispiel:

- Verhandlungen mit Terroristen an einem Tisch, bevor
  zugte Möglichkeit (Verhandlungslösung suchen).

- Prävention durch Bekämpfung von Ursachen des Terrorismus. Zu den Ursachen zählt man Armut, Fanatismus, Ungerechtigkeit, geringe Bildung und den daraus resultierenden Hass in den unterprivilegierten Staaten der Erde gegenüber den erste Welt Staaten bzw. ehemaligen Kolonialmächten.

Völkerrechtlich wird die Verfolgung und Bestrafung von Terroristen,terroristischen Vereinigungen und terroristischen Straftaten durch zahlreiche Abkommen, Resolutionen und Beschlüsse geregelt. Als Straftaten weltweit anerkannt sind nur typische Aktionsformen wie Flugzeugentführungen, Geiselnahmen und Sprengstoffanschläge. Es gibt bislang keinen Konsens über eine international einheitliche Definition was Terrorismus ist. Ziel der Abkommen, wie Der Prümer Vertrag oder bilaterale Abkommen über die Vertiefung der Zusammenarbeit, haben zum Ziel, bei der Bekämpfung schwerwiegender Kriminalität, die zwischenstaatliche Zusammenarbeit in Strafsachen zu erleichtern. In der Zuständigkeitsordnung des internationalen Strafgerichtshofes wurde infolgedessen ein Straftatbestand „Terrorismus" nicht aufgenommen (in Entwürfen war er noch vorhanden). Nur terroristische Straftaten, die sich als Verbrechen gegen die Menschlichkeit während eines Krieges oder Genozid einordnen lassen, fallen in seine Zuständigkeit. Daher sind für die strafrechtliche Verfolgung die jeweiligen nationalen Behörden zuständig.

Situation in Deutschland

In der Bundesrepublik Deutschland zählen (§129, §129a, §129b Strafgesetzbuch Mitgliedschaft in einer terroristischen Vereinigung) so genannte terroristische Angriffe nicht als militärische oder kriegerische Handlungen. Für die Abwehr entsprechender Gefahren sind die Polizeikräfte der Bundesrepublik Deutschland zuständig und nicht die Bundeswehr, für die Strafverfolgung gilt das deutsche Straf- und Strafprozessrecht. 2007 beriet der Bundestag, ob in der Verfassung eine Sicherheitslücke existiere und ob bzw. wie man diese schließen solle. Erwogen wurde eine Erlaubnis für den Einsatz der Luftwaffe zum Abschuss von entführten Passagiermaschinen. Am 14. Januar 2004 legte die Bundesregierung dem Bundestag einen Gesetzentwurf (Entwurf eines Gesetzes zur Neuregelung von Luftsicherheitsaufgaben) vor. Die deutschen Streitkräfte können die Polizei unter bestimmten Umständen, im Wege der Amtshilfe, anlassbezogen, unterstützen. Das Militär kann gemäß der Notstandsgesetze „beim Schutze von zivilen Objekten und bei der Bekämpfung organisierter und militärisch bewaffneter Aufständischer" (Art. 87a Abs. 4 GG) eingesetzt werden. Die Bundeswehr kann nach dem Luftsicherungsgesetz im Falle eines von Terroristen entführten Verkehrsflugzeuges tätig werden. Das Bundesverfassungsgericht hat die unmittelbare Einwirkung mit Waffengewalt, also einen Abschuss, nach § 14 Abs. 3 LuftSiG allerdings für verfassungswidrig erklärt. Ein zwischenbehördliches Mittel zur Terrorismusbekämpfung ist das Gemeinsame Terrorismusabwehrzentrum. Seit dem 12. September 2014 steht in Deutschland jedwede Beteiligung an der terroristischen Vereinigung Islamischer Staat (IS) unter Strafe. Die Zahl der IS motivierten Ermittlungsverfahren, stelle in Deutschland, „eine besondere Herausforderung für die Strafverfolgungstätigkeit" dar. Tatsächlich muss man skeptisch sein, ob die Bundesrepublik Deutschland der drohenden Gefahr adäquat entgegenzutreten vermag. Es ist eher zu vermuten, dass viele Umstände fehlgedeutet und die Bedrohungen leichtsinnigerweise unterschätzt werden. Da entsprechende Organisationen seit Jahrzehnten Ihre Ideologischen Pfeiler tief in die westlichen Gesellschaften verankern Stück für Stück eine Parallelgesellschaft errichten, die zum Ziel hat, eine „überholte"(weil in die Minderheit geratene) Gesellschaft zu beerben.

Nach der Intention einer terroristischen Vereinigung kann man ihre Verhaltensweisen analysieren und einordnen. Hatten wir es in den 1970er und 80er Jahren vorwiegend mit politisch motivierten Gruppen wie der RAF, der IRA, der ETA oder Action Directe zu tun, die aus der Gesellschaft heraus versuchten extreme Veränderungen zu erzielen, ohne das Staatsgebilde dabei explizit zu zerstören, haben wir es mittlerweile mit Parallelgesellschaften in allen europäischen Städten zu tun die ihre Lebensenergie aus den ursprünglichen Gesellschaften ziehen und letztendlich durch ihre Zerstörung zu voller Blüte gelanen. Es stehen mit Afghanistan, Irak, Syrien, Somalia, Nigeria, Albanien, Philippinen, Pakistan, Tschetschenien, Inguschetien uvm., genug Islamische Konflikte zur „Verfügung" , in die Organisationen wie Abu Sayyaf, Gama' al-Islamiyya, al Qa'ida, Ansar al-Islam, ISIS, al-Shabaab, Boko Harram, al Nusra uvm. ihre Anhänger zur Ausbildung schicken können; U.a. auch Konvertiten aus ebenjenen europäischen Städten, die nun über nahezu reibungslos funktionierende Parallelgesellschaften verfügen und damit einen idealen Rückzugsort für Rückkehrer und Schläfer darstellen. Den wenigen offensichtlich extrem eingestellten Islamisten, die in Kriegsgebiete reisen und von den einzelnen europäischen Staaten erfasst werden, steht das Heer an unerkannten, unerfassten, über Dritt-, Viert- und Fünftländer Einreisenden, mit perfekt gefälschten Papieren ausgestatteten, fanatischen oder fanatisierten Flüchtlingen und Illegalen gegenüber, die unbehelligt die Rückzugsgebiete der Parallelgesellschaft besetzen. Flüchtlinge aus den Konfliktgebieten, in denen islamische Terrormilizen gesetzgebend sind, sind in den Industrieländern kaum von ihren Peinigern zu unterscheiden. Das Problem besteht darin, dass das Vorgehen gegen diese Parallelgesellschaften von der normalen Gesellschaft mittlerweile als Menschenrechtsverletzung gesehen wird, ein Erfolg von Organisationen, die sich seit sehr langer Zeit nur damit beschäftigen, eine abstrakte Art von Public Relation im Namen einer Weltreligion zu betreiben, die darauf hinaus zielt, eine eigene Weltordnung zu manifestieren. Dazu ist allerdings zu bemerken, dass die europäischen Länder diesen Organisationen enormen Vorschub leisten, durch ihre völlig verfehlte Integrationspolitik.

Ausländer, Immigranten und Flüchtlinge werden in Ghettos abgeschoben und vollständig von der Bildung abgeschnitten, dem normalen gesellschaftlichen Leben entrissen. In diese Erziehungslücke stoßen die radikal islamischen Vereinigungen und sorgen für die religiöse Erziehung ohne Bildung. Nur ein ungebildeter Mensch lässt sich dermaßen radikalisieren und fanatisieren. Wenn die Industrienationen nicht lernen, diese Zuwanderer an sich zu binden, durch gerechte Behandlung und Bildung, wird dieses Problem auf lange Sicht nicht zu lösen sein. Da die manipulative Indoktrination per Internet in viele Kinderzimmer europäischer Staaten gelangt ist für die Heranwachsenden Meinungsbildend. Wenn den von Bildung abgeschnittenen   Jugendlichen, durch Meinungsbildende Medien, falsche Vorbilder und Helden präsentiert werden und sie durch subtile journalistische Manipulationen die Orientierung verlieren, ist es nur noch eine Frage der Zeit, bis   fanatische minimal Zellen in den westlichen Großstädten Anschlägen an neuralgischen Stellen verüben werden. Der dadurch einsetzende Rechtsruck in den Gesellschaften der Industrienationen, wird zu einem extremen Zusammenhalt aller Muslime führen und die Parallelgesellschaften stärken. Die Schwierigkeit, eine so offene Gesellschaft vor Terrorismus zu schützen besteht in der Wahl der Mittel. Die Notwendigkeit zum Selbstschutz der demokratischen Gesellschaft, eröffnet ihr die notwendigen Möglichkeiten der juristischen Notwehr.

„Wer Gott liebt, hat keine Religion außer Gott."

Dschalal ad-Din Muhammad Rumi

Situation in den Vereinigten Staaten

Die Regierung von Präsident Bush hat nach dem 11. September 2001 den Kampf gegen den internationalen Terrorismus zu einem wichtigen Bestandteil der Innen- und Außenpolitik der USA erklärt und rief in der Folge den so genannten „War on terrorism" aus (der Terminus "Krieg" ist freilich umstritten). Unter anderem wurde ein eigenes Ministerium für innere Sicherheit gegründet, das angeblich 230.000 Mitarbeiter hat. In Anbetracht der nur zehn Terroropfer, die 2012 in den USA starben, sprechen Kritiker von "Terror-Paranoia". Dennoch leiden die Einrichtungen, die zur Terrorismusbekämpfung in den USA geschaffen bzw. neu koordiniert wurden, unter personellen, kulturellen und organisatorischen Problemen, so dass sie ihren Aufgaben kaum gerecht werden können.

Terrorismusbekämpfung und Menschenrechte

Die Demokratie ist in Gefahr an Substanz und Glaubwürdigkeit zu verlieren indem sie ihren eigenen Grundsätzen untreu wird und Völker- und Menschenrechtsverletzungen als Mittel gegen den Terrorismus duldet oder nicht wahrnehmen will. In einem solchen gesellschaftlichen Klima, indem solche Rechtsverletzungen schon als präventiver Eigenschutz gerechtfertigt werden, wird es wahrscheinlicher, daß sie auch tatsächlich geschehen. Die Menschenrechtsverletzungen und Kriegsverbrechen in zahlreichen US Geheimgefängnissen sind Beispiele für eine gezielte Unterhöhlung der Demokratie, ebenso wie die direkte Tötung von Terrorverdächtigen durch die israelische Armee. Wenn eine große Anzahl von Zivilisten durch Antiterroreinsätze ums Leben kommt, kann der Kampf gegen den Terrorismus seine Glaubwürdigkeit verlieren. Deutsche Wirtschafts Nachrichten vom 26.11.2014: „Die Amerikaner haben in den vergangenen Jahren 41 Extremisten unter Einsatz von Kampfdrohnen getötet. Doch die Zahl der damit in Verbindung stehenden zivilen Opfer, die als Kollateralschäden abgetan werden, ist weitaus höher. Sie liegt bei 1.147 Personen! Selbes gilt auch für die gravierenden Einschränkungen bürgerlicher Grundfreiheiten durch neue Anti-Terror Gesetze.

Das ARD-Magazin Plusminus kommt in seiner Sendung 2006 zu dem Ergebnis: „Bilanz nach fünf Jahren Terrorbekämpfung: Neben sinnvollen Maßnahmen, wie der Einrichtung der Antiterrordatei, werden die Bürger auch ohne greifbare Erfolge überwacht. (…) Die totale Finanzüberwachung hilft nichts gegen diese neuen Formen des Terrorismus. Aber sie kostet Wirtschaft und Verbraucher viel Geld, und die Bürger verlieren ein Stück Freiheit."

Die internationale Juristenkommision kam im Februar 2009 in ihrem Report „Assessing Damage, Urging Action" nach einer 3-jährigen Studie in vierzig Ländern zu dem Ergebnis, dass die ursprünglich gegen den Terrorismus gerichteten Maßnahmen bereits in den Normalbetrieb der Staaten und das alltägliche Justizsystem eingesickert seien. Dies habe für den Begriff des Rechtsstaates Konsequenzen und gefährde die im letzten Jahrhundert aufgebaute, auf dem Respekt von Menschenrechten beruhende legale Ordnung und damit letztendlich die Demokratie erheblich. 2009 untersuchen Piazza und Walsh in einer statistischen Analyse die Frage, inwieweit Menschenrechte nach Terrorangriffen eingeschränkt wurden. Dabei kommen sie zu dem paradoxen Ergebnis, dass Staaten, die besonders schwerwiegende Terrorereignisse erleben zwar mehr gezielte Tötungen von Terroristen durchführen und mehr Terrorverdächtige "verschwinden", die Häufigkeit von Folter und politischer Gefangenschaft aber keineswegs systematisch mit Terrorereignissen in einem Land zunimmt. Die Autoren konnten in einer weiteren Studie einen klar gegliederten Zusammenhang zwischen der Missachtung grundlegender Menschenrechte und dem Auftreten terroristischer Ereignisse herausarbeiten.

„Das allgemeine Stimmrecht gab der Masse

nicht das Recht zu entscheiden, sondern

die Entscheidung der einen oder andern

Elite gutzuheißen."

José Ortega y Gasset

Die theoretische Erklärung beruht dabei auf drei kausalen Mechanismen:

1. Regierungen, die das Recht auf körperliche Unversehrtheit bei ihrer Bevölkerung missachten, können nicht auf notwendige Informationen der Bevölkerung im Kampf gegen Terrorismus zurückgreifen.

2. Die Missachtung körperlicher Rechte erzeugt zusätzliches Konfliktpotential mit anderen politischen Gruppierungen in einem Land.

3. Länder, die das Recht auf körperliche Unversehrtheit missachten, sind keine guten Kooperationspartner für die Internationale Staatengemeinschaft. Die Autoren schlussfolgern, dass weniger der institutionelle Aufbau von Staaten als vielmehr die eigentliche Ausübung von Macht durch Staaten die Anfälligkeit für Terrorismus erklärt. Piazza und Walsh mahnen daher eine weitaus striktere Einhaltung von Menschenrechten an, um so die Gefahr terroristischer Aktionen zu verringern. Damit spielt die Frage der Achtung von Menschenrechten in der Terrorismusdiskussion sowohl für Ziel- als auch für Ursprungsländer von Terrorismus eine bedeutende Rolle.

„Entwicklungshilfe ist, wenn die armen Leute eines reichen Landes für die reichen Leute eines armen Landes Geld spenden."

Denis Healey

Entwicklungshilfe

Seit den Anschlägen vom 11. September 2001 ist ein Anstieg von terroristischen Attentaten, vor allen Dingen in Form von Selbstmordanschlägen, zu vermerken. adäquate Antiterror- maßnahmen, sind daher unumgänglich. Sie nehmen nicht nur für westliche Staaten stetig an Bedeutung zu. Ferner stellt sich die Frage, inwiefern Entwicklungshilfe seitens entwickelter Länder und eine Steigerung des nationalen Wohlstands in weniger entwickelten Ländern, zur Reduktion von transnationalem Terrorismus, .d. h. Täter und Opfer gehören unterschiedlichen Nationalitäten an, beitragen können. Die wirtschaftliche Situation eines durch Terrorismus betroffenen Landes resultiert aus dem wirtschaftlichen und politischen Gebaren der involvierten Regierung. Trägt Entwicklungshilfe zur Schaffung von demokratischen und transparenten Institutionen bei, und sollte außerdem die Korruption bekämpft und wirtschaftlicher Wohlstand geschaffen werden, so kann Entwicklungshilfe über das verantwortungsbewusste Handeln der Regierung zu einer Reduktion von Terrorismus führen. Es ist bedenkenswert das speziell die Förderung von Bildung, die Bekämpfung der Armut, sowie die Reduktion der sozialen Ungleichheit, die zu steigendem Wohlstand und daher zu einer Reduktion terroristischer Aktivität beitragen können. Entgegen der vorherrschenden Meinung, Terroristen seien relativ arm und wenig gebildet, ergibt sich in der Forschung ein anderes Bild. Eine höhere Bildung ist ausschlaggebend für die Rekrutierung strategisch geschulter Kämpfer zur Durchführung taktischer Kommandoarbeit. Beispielsweise müssen diese in der Lage sein, sich bei der Vorbereitung transnationaler terroristischer Attentate auch in einer ausländischen Kultur, gegenüber welcher sie mitunter eine tiefe Abneigung empfinden, zurechtzufinden. Empirisch belegt ist der Sachverhalt, dass Geberländer eher Staaten durch Entwicklungshilfe stützen, die häufiger Ursprung von terroristischen Anschlägen sind. Entwicklungshilfe soll Bildung fördern und Armut bekämpfen. Wichtig ist daher vor allem, was die Regierung des Entwicklungslandes aus der finanziellen Unterstützung macht. Bildungsinhalte müssen genauer unter die Lupe genommen werden.

Viele religiöse Schulen oder auch sogenannte Madrasas werden von Industrieländern finanziert. Dort wird der Schwerpunkt nicht auf Mathematik oder Naturwissenschaften gelegt, sondern auf eine religiöse Ausbildung, die vielen ihren zukünftigen Weg in terroristische Vereinigungen weist. Deshalb ist nicht gesichert, dass allein durch Armutsbekämpfung und Verbesserung der Bildung Terrorismus eingeschränkt oder gar beseitigt werden kann. Weiterhin gehen Geberländer davon aus, dass die vom Terrorismus betroffene Regierung ihre Repressionsmaßnahmen adäquat an das Verhalten der Terroristen anpasst, d.h. staatliche Ausgaben auf Bildung und Anti-Terrormaßnahmen verteilt. Somit ist die Förderung von Bildung – im Gegensatz zu den Ergebnissen von Krüger und Maleckova – nicht automatisch der Initiator für weitere terroristische Attentate. Das Hauptinteresse der meisten Unterstützerländer, ist allerdings meistens die Erschließung vorhandener Rohstoffvorkommen. Leider haben viele Geberländer nicht primär das Interesse Terrorismus zu bekämpfen, sondern versuchen unter Vorspiegelungen falscher Tatsachen, Eigeninteressen voranzutreiben und z.B. Diamanten, Uran usw. zu erschließen. Die Vereinigten Staaten von Amerika sind hier ein nennenswertes Beispiel. Unter dem Deckmantel von sog. Freihandelsabkommen versuchen die USA besonders im Mittleren und Nahen Osten ihre eigene Rohstoff- und Machtpolitik voranzutreiben. Sie suchten sich passende Handelspartner, um den Markt zu erweitern und den Wohlstand in diesem Drittland voranzutreiben. Doch auch das schafft wiederum Unmut in der Bevölkerung, da nicht alle davon profitieren. Primär stehen hier die Interessen des Geberlandes im Vordergrund und nicht die Wohlfahrtssteigerung der Bevölkerung. Die Beziehungen der „Geber-" und „Nehmer - Staaten sind mannigfaltig. Frankreich beispielsweise finanziert hauptsächlich ehemalige Kolonien, während Japan nach UN Wahlmustern differenziert (d.h. wer mit Japan stimmt, bekommt Hilfe). Die USA bevorzugen vorwiegend Israel und Ägypten bzw. demokratisch geprägte Länder im Nahen und Mittleren Osten. Nur wenn die Regierung wieder das Vertrauen der Bevölkerung zurückgewinnt, kann Armut gemindert, Bildung der Weg bereitet und Korruption bekämpft werden. Dann wird sich auch der Zulauf zu religiös, fanatischen Gruppierungen vermindern.

Entwicklungshilfe ist somit ein wichtiger Aspekt auf dem Weg zur Terrorbekämpfung, kann aber nicht als allumfassende Lösung betrachtet werden. Auf lange Sicht, hilft tatsächlich nur die Einsicht der westlichen Welt, sich Jahrhunderte lang auf Kosten der „unterprivilegierten" Völker Schadlos gehalten zu haben. Ihre Länder ausgeplündert zu haben und ihre Bevölkerung im Nebel der Bildungslosigkeit gehalten zu haben. Die impertinente Arroganz und Ignoranz der westlichen Welt ist die Ursache von Hass und Terror.. Wir rotten indigene Völker aus, vernichten ihre Umwelt, entscheiden was für Regierungen sie bekommen und zwingen ihnen schamlose Handelsverträge auf und fragen uns allen Ernstes „ wo kommt nur all dieser Hass her?". Allein diese Frage ist eine Herabsetzung des gesunden Menschenverstandes. Es ist diese Art von Ignoranz, die Amerika dazu bringt, „anti staatliche Bewegungen", wie z.B. in der Ukraine zu installieren und zu finanzieren, um so in der russischen Einflusssphäre einen „Krieg" zu provozieren. Durch die daraus resultierenden europäischen Sanktionen, wird ein russisch-europäisches Handelsabkommen ad absurdum geführt. Denn über eines sollte Europa sich im Klaren sein, die russischen Märkte werden in Zukunft für Europa geschlossen bleiben. Das schadet Europa, nicht Amerika (das seinerseits Europa in einen Knebelvertrag zwingen möchte – TTIP). Die ganze Welt empört sich über die Verteidigung der russischen Einflusssphäre, aber über Cuba, Argentinien, Chile, El Salvador, Panama, Grenada usw. regt sich niemand auf. Die USA haben ein vielfaches an Völker- und Menschenrechtsverletzungen auf ihrem Konto und spielen sich dabei als christliches und demokratisches Vorbild auf. Solange die Kolonialzeit romantisch verklärt dargestellt und ihre abscheulichen Verbrechen in Afrika (besonders in Namibia, Südafrika, Kongo) Indonesien, Indochina und Lateinamerika negiert werden, solange die ehemaligen Kolonien auch weiterhin ausgeplündert und wirtschaftlich und durch Kriege destabilisiert werden; ja, solange Menschen unterdrückt werden, dabei spielt es keine Rolle ob physisch oder finanziell, solange werden sich Menschen erheben um dagegen zu Kämpfen! Die einen werden es Freiheitskampf nennen, Die Herrschenden, Terrorismus.

„Der Ast der mit aller Kraft bis auf den Boden gedrückt worden ist ragt sofort wieder zum Himmel, sobald die Hand die ihn niederdrück losgelassen hat."

Anicius Manlius Torquatus
Severinus Boethius